DIE FOTOS
DES JAHRHUNDERTS

EVERGREEN is an imprint of
Benedikt Taschen Verlag GmbH

original French edition published by
Editions du Chêne – Hachette Livre

under the title "Les Cent Photos du Siècle"
Autorin: **Marie-Monique Robin**
Dieses Buch basiert auf einer Fernsehserie für
ARTE in Koproduktion mit der Agentur CAPA
und in Zusammenarbeit mit Mission 2000.

Konzeption: **Editions Binôme**
Herausgeber: **Serge Malik**
Koordination: **Angela Calvé**
Produktion und Herstellung: **La Cité**
Lithoherstellung: **SNO, Ivry-sur-Seine**

Übersetzung aus dem Französischen:
Hannes Goebel, Rouen
Redaktion: **Sabine Duda, Köln**
Umschlaggestaltung: **Catinka Keul, Köln**

Printed in Italy
ISBN 3-8228-6951-1

Marie-Monique Robin

DIE FOTOS DES JAHRHUNDERTS

Das Buch zur arte-Serie

evergreen

"Das Wesen der Fotografie ist nicht die Darstellung, sondern die Erinnerung." Roland Barthes

ALLES BEGINNT – IMMER – mit einer Begegnung, sei es eine wirkliche oder eine imaginäre. Es war 1989 während einer Reportage in Kuba. Ein Freund erzählte mir, daß Kim Phuc, das kleine Mädchen, das mit napalmverbrannter Haut eine Straße in Vietnam entlangrennt, in Havanna studiert. Betroffenheit. Wem ist nicht ein Schauer über den Rücken gelaufen angesichts dieses erschütternden Bildes, das für alle Zeiten wohl das stärkste Symbol des Vietnamkriegs bleiben wird?
Der Wunsch, Kim Phuc *kennenzulernen*, liegt dem vorliegenden Buch ***Die Fotos des Jahrhunderts*** zugrunde. Die Idee: Die Geschichte des 20. Jahrhunderts anhand der Geschichten der großen Fotos, in denen sie festgehalten ist, zu erzählen und deren Protagonisten und Fotografen überall auf der Welt wiederzufinden. Eine wundervolle Reise in Raum und Zeit, auf den Spuren persönlicher oder kollektiver Erinnerungen.
Die Auswahl der Fotos beruht auf fünf Kriterien: Der internationale Bekanntheitsgrad des Dokuments; sein emblematischer Charakter im Hinblick auf die Geschichte; seine Bedeutung für die Geschichte des Fotojournalismus oder manchmal auch der Fotografie allgemein; die Möglichkeit, seine oft anonymen Helden, seine Autoren oder deren Verwandten *kennenzulernen*, und schließlich das Vorhandensein einer "Anekdote", die zur Entstehung oder Wirkung des jeweiligen Bildes beigetragen hat. Über diese objektiven Eigenschaften hinaus bleibt natürlich ein Rest Subjektivität: Einige Fotos wurden spontan ausgewählt, weil sie das Herz höher schlagen bzw. es stocken lassen, oder weil sie in meinen Augen ein entscheidendes Teil des großen Puzzle sind, in dem das illustrierte Gedächtnis dieses Jahrhunderts entstanden ist. Man wird mir vorwerfen, Aufnahmen vergessen oder aber überraschend ausgewählt zu haben. Wenn ich die Wahl rechtfertigen müßte, würde ich sagen, daß es eine Gemeinsamkeit bei allen gibt: Den Wunsch, die Frauen und Männer zu würdigen, die mit dem Fotoapparat in der Hand oft unter Lebensgefahr ein Stück unserer Geschichte eingefangen haben. In einer Zeit, in der der Beruf des Fotojournalisten in Frage gestellt wird, war dies eine wirkliche Verpflichtung.

Marie-Monique Robin

1898

Das Grabtuch

© Secondo Pia/Museo del Sindone

→ **DAMALS**

Es ist eines der meistuntersuchten Objekte des 20. Jahrhunderts: Das Turiner Grabtuch, in das der christlichen Überlieferung zufolge der Leichnam Christi eingehüllt gewesen sein soll. Auf dem Leinentuch ist fahlgelb der Abdruck eines Gekreuzigten zu erkennen: die Wundmale entsprechen den in der Bibel beschriebenen; der Blütenstaub auf dem Tuch könnte aus Palästina, das Webverfahren aus der Zeit vor 800 stammen. Die 1988 durchgeführten Radiokarbontests hingegen datieren das Tuch erst auf das 13. Jahrhundert. In den nächsten Jahren sollen weitere Untersuchungen folgen.

001

Gianmaria Zaccone: "Durch dieses Foto ist das Grabtuch zu einem Gegenstand wissenschaftlicher Untersuchungen geworden."

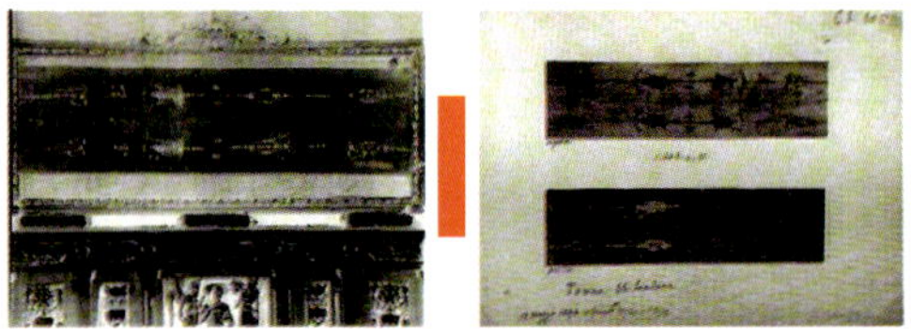

Das Original von Secondo Pia: Ein Negativ, das die Eigenschaften eines Positivs aufweist.

ES IST DER 28. MAI 1898. Secondo Pia, der sich über die Schale beugt, in der er eine Glasplatte entwickelt, ist wie vom Donner gerührt: "Ein Wunder!" sagt er zu seinem Gehilfen. Auf dem Negativ ist das positive Bild eines Toten sichtbar geworden, der die Hände über dem Schambein gekreuzt hat: Ein Phänomen, das die Gesetze der Fotografie außer Kraft setzt. Ein Negativ weist Licht und Schatten und eine Räumlichkeit auf, die im umgekehrten Verhältnis zum fotografierten Objekt stehen; erst durch einen Positivabzug wird der Originaleindruck des Objektes reproduziert. In dieser Nacht scheint das Verfahren eine Etappe übersprungen zu haben: "Wenn auf dem Negativ ein Positiv sichtbar wird, bedeutet das, daß sich das Objekt, das ich fotografiert habe, wie ein Negativ verhält", schreibt der Amateurfotograf, dem Erzbischof Riccardi anläßlich der Ausstellung des Tuchs in der Kathedrale von Turin die Fotografie der Reliquie in Auftrag gegeben hatte. Zwei 1000-Watt-Scheinwerfer beleuchten den Abdruck, den das Auge erst auf zwei Meter Abstand wahrnimmt. Secondo Pia unternimmt zwei Versuche mit 21 x 27 cm großen Glasplatten, die er eine bzw. zwei Minuten lang belichtet. Das Ergebnis ist unbefriedigend. Daraufhin belichtet er zwei 50 x 60 cm große Platten 14 und 20 Minuten lang mit einer Blende von 2 mm. Die erste der beiden Platten geht in die Geschichte ein: "Seit diesem Foto", sagt Gianmaria Zaccone, der eine Biographie über Secondo Pia verfaßt hat, "hat das Grabtuch aufgehört, eine einfache Reliquie zu sein, und ist zum Gegenstand wissenschaftlicher Untersuchungen geworden." ■

Ein Wunder

"Das ist das geheimnisvollste Foto des Jahrhunderts", sagt Professor Bruno Barberis, Präsident des Internationalen Zentrums für Sindonologie. "Bis zum heutigen Tag ist es keinem Labor gelungen, das Bild zu reproduzieren, das es uns enthüllt hat." Die einzige Gewißheit: Die Konturen sind nicht aufgemalt, da es keine Spuren von Farbpigmenten gibt. Die Vergilbung der Fasern, die den Abdruck sichtbar machen, ist nur oberflächlich und fehlt unter den Blutspuren: "Offensichtlich entstand das Bild erst, nachdem das Blut auf das Tuch gelangt ist. Auf Pias Negativ sind die Blutspuren das einzige, das als Negativ erscheint." 1978 wagt ein amerikanisches Labor die Hypothese, daß das Tuch-Bild das Ergebnis der Oxidierung der Leinenzellulose aufgrund einer sehr abrupten thermischen Reaktion ist, die eine "leichte Verbrennung" der Fasern hervorgerufen hätte. "Das Licht der Auferstehung", erscholl es sofort aus den Reihen vieler Gläubiger ... Eine weitere Eigenart des Bildes ist seine Dreidimensionalität. Zwei Amerikaner haben es unter dem von der NASA entwickelten VP 8 betrachtet, der es ermöglicht, Lichtintensität in Distanz umzurechnen. Ergebnis: Ein Reliefbild des Toten. "Ein Mysterium mehr ..."

Professor Bruno Barberis

"Nur die Blutspuren erscheinen als Negativ."

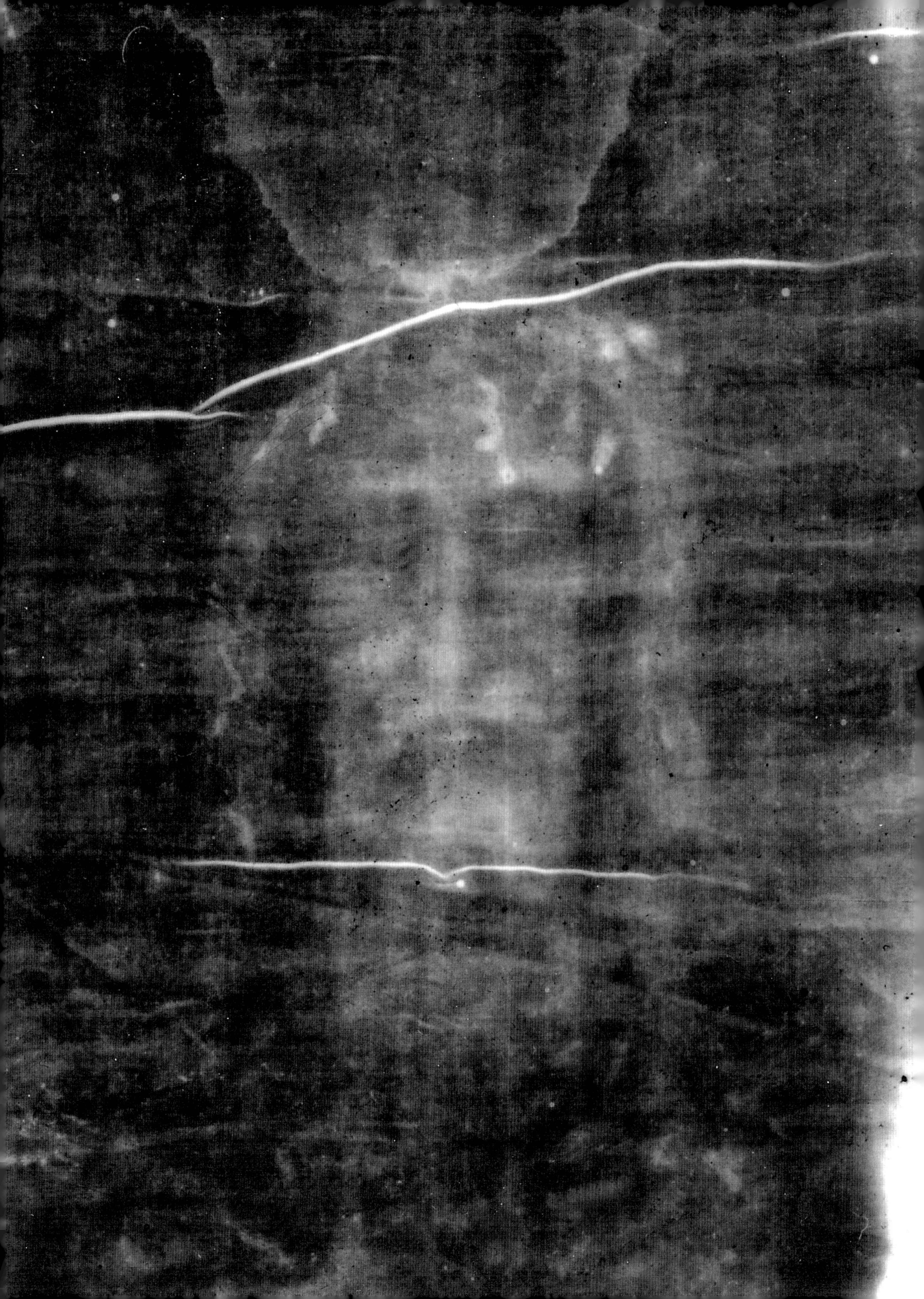

Der Boxeraufstand

© Bildarchiv Preussischer Kulturbesitz

→ DAMALS

Es ist der erste antikolonialistische Aufstand des 20. Jahrhunderts. An seinem Ursprung steht ein chinesischer Geheimbund, dessen Mitglieder Kampfsport betreiben – daher der Name "Boxer". Das Ziel: Die Ausländer, die sich den Kuchen der chinesischen Industrialisierung teilen, aus dem Land zu jagen. Zu Beginn des Jahres 1900 ermorden die Aufständischen Missionare und die zum Christentum übergetretenen Chinesen, bevor sie mit Unterstützung der Regierung die Botschaftsviertel überfallen. Die Reaktion ist gnadenlos: Tausende Boxer werden von den westlichen Truppen hingerichtet.

Professor Zang Haipeng: "Die Fotos der hingerichteten Boxer wurden in China erst veröffentlicht, als Mao Tse-tung an der Macht war."

Die gelbe Gefahr

"DIESES FOTO IST im August 1900 aufgenommen worden", erläutert Professor Zang Haipeng, Historiker in Peking. "Der Fotograf ist ein europäischer Journalist, der die westlichen Truppen begleitete. Nur sehr wenige Chinesen besaßen zu dieser Zeit einen Fotoapparat, und der Zugang zu den Richtstätten war ihnen untersagt." Der Wissenschaftler Gilles Baud-Berthier ergänzt in Paris: "Die Zeitungen setzten ihre besten Spürhunde auf das Thema an. Allen ging es darum, Belege für die 'gelbe Barbarei' zu erbringen." Die Fotos sind der Beweis dafür, daß das Blut der Missionare gerächt und auch im hintersten Asien das westliche Recht angewendet wurde. Die meisten der Exekutionen sind fotografiert worden, und die europäischen Befehlshaber kontrollierten sorgfältig den Inhalt der Aufnahmen. "Auf diesem Foto sieht man nur Asiaten", erläutert Gilles Baud-Berthier. "Im Vordergrund die chinesischen Vollstrecker, im Hintergrund die mit dem Westen verbündeten Japaner. Obwohl die acht Fremdmächte an der Niederschlagung des Aufstandes beteiligt waren, gibt es nur wenige Bilder, auf denen europäische Militärs zu sehen sind." Die Aufnahme, die mit einem Stativ und einer sehr langen Belichtungszeit gemacht wurde, setzt den Sieg ins Bild. "Das ist nicht einmal Propaganda: In Europa bestand ein Konsens über die Notwendigkeit, die westlichen Interessen zu verteidigen. Die Kolonisation an sich wurde nur selten in Frage gestellt." ■

“Die meisten rassistischen Klischees über Chinesen stammen aus dieser Zeit.”

Es dauert sechs Wochen, bis die Fotos der enthaupteten Boxer in Europa eintreffen, wo man fieberhaft auf Nachrichten aus China wartet. Seit der Belagerung der Gesandtschaften sind die Telegrafenleitungen gekappt, und mangels genauerer Informationen läßt die Presse ihrer Einbildungskraft freien Lauf. “Wochenlang wurden die Leser mit dem Terror der ‘gelben Gefahr’ gefüttert”, berichtet Gilles Baud-Berthier, “die gräßlichsten Gerüchte waren im Umlauf. Als die Bilder dann eintrafen, herrschte Erleichterung: vielfach veröffentlicht, ergänzten sie die geradezu karikaturhafte Vorstellung, die sich der Westen von den Chinesen gemacht hatte. Die meisten rassistischen Klischees stammen aus dieser Zeit.” Mit Ratten verglichen (der Zopf als Schwanz), nähren die Boxer die Furcht der Weißen vor “Fremden” jeglicher Herkunft. Für China bedeuten diese Fotos Erniedrigung: “Die Bilder wurden erst veröffentlicht, nachdem Mao Tse-tung an die Macht gekommen war”, berichtet Professor Zang Haipeng. “Sie erhielten Eingang in die Geschichtsbücher, um zu zeigen, in welchem Maß der Westen China Übel zugefügt hat. Wenn wir aber heute der antiimperialistischen Haltung der Boxer zustimmen, bedeutet das nicht, daß wir bereit wären, ihr Beispiel nachzuahmen …”

Gilles Baud-Berthier

Das Autochrom

→ DAMALS

Es ist die Epoche, in der Europa die Welt beherrscht. Und die Epoche, in der alle europäischen Länder – mit Ausnahme von Frankreich – von gekrönten Häuptern regiert werden. Der Erste Weltkrieg wird eine völlige Neuordnung der politischen Systeme in Europa nach sich ziehen: 1917 stürzt die russische Revolution Zar Nikolas Romanow, ein Jahr später wird in Österreich und Deutschland die Republik ausgerufen. Das Ende des Krieges bedeutet den Triumph der parlamentarischen Demokratien und eine neue, von den Vereinigten Staaten dominierte Weltordnung.

Das Leben in Farbe

Nathalie Boulouch: "Für die Presse war dies eine wirkliche Revolution."

ES WAR EINE "denkwürdige Sitzung", wie Léon Gimpel in seinem Tagebuch vermerkt. "Ich war nicht so sehr wegen der Würde der Personen aufgeregt als vielmehr aus Angst, meinen Auftrag nicht ausführen zu können." Die Aufgabe: das erste Porträt in "natürlichen Farben" aufzunehmen, das in der Presse veröffentlicht werden wird. Alles beginnt im Jahre 1904, als der Fotograf von *L'Illustration* das Verfahren der Autochrom-Platte entdeckt, das von Louis und Auguste Lumière entwickelt worden war. Léon Gimpel überredet die Brüder, ihre Erfindung exklusiv für die Redaktion der Zeitung vorzustellen. Am 10. Juni 1907 wird eine große Präsentation organisiert – ganz Paris ist hingerissen. Gimpel beschließt, dieses "achte Weltwunder" zu benutzen, um über ein aktuelles Ereignis zu berichten: den Besuch des dänischen Königspaares Frederik VIII. und Luise. Am Quai d'Orsay fotografiert er die Wohnräume, die man dem königlichen Paar zur Verfügung gestellt hat. Frederik VIII., der von den Aufnahmen fasziniert ist, schlägt vor, für ein Porträt zu posieren. Gimpel baut also seinen "Monumentalapparat" auf der Freitreppe des Ministeriums auf. Das Wetter "ist ideal, der Himmel bewölkt, starkes, diffuses Licht ohne Sonne". Er bittet das Herrscherpaar, "sich für einige Sekunden nicht zu bewegen, da das neue Verfahren keine kurzen Belichtungszeiten gestattet". "Wir stehen Ihnen vollständig zur Verfügung", antwortet der König in einwandfreiem Französisch. Die Aufnahme, die am 29. Juni in *L'Illustration* veröffentlicht wird, ist eine Sensation: Es war "der Höhepunkt meiner Karriere als Fotograf", wie Léon Gimpel später sagt. ■

"Wie funktioniert eine Autochrom-Platte? Sagen wir, es ist ein farbiges Diapositiv auf einer Glasplatte", erklärt Bertrand Lavédrine, Chemiker am Centre National de la Recherche Scientifique, die Erfindung der Gebrüder Lumière. "Der große Trick bestand darin, Stärkemehl ... aus Kartoffeln für die Farbrasterschicht zu verwenden." Die Stärkekörnchen werden in gleicher Menge blau, grün und rot gefärbt, gemischt und auf einer Glasplatte aufgebracht, die minimalen Zwischenräume mit Ruß abgedeckt. Das Ganze wird mit einer fotoempfindlichen Emulsion überzogen; sobald diese getrocknet ist, kann die Platte benutzt werden. "Für die Presse war das eine wirkliche Revolution", sagt die Historikerin Nathalie Boulouch. "*L'Illustration* hat hinsichtlich der Veröffentlichung von Farbfotos eine Pionierleistung vollbracht und wurde ab 1914 von dem amerikanischen Magazin *National Geographic* nachgeahmt." Inzwischen war es Léon Gimpel gelungen, den Nachteil der langen Belichtungszeit bei diesem Verfahren zu korrigieren. 1913 stellt er Platten vor, die Aufnahmen von bis zu 1/100 Sekunden erlauben.

Bertrand Lavédrine

"Der große Trick: Stärkemehl ... aus Kartoffeln."

"Armer Wilhelm II.!"

"Die Publikation dieses Fotos machte den deutschen Kaiser Wilhelm II. rasend vor Neid. Er hatte ebenfalls, in Monaco, für ein Autochrom posiert, aber die Aufnahme war mißlungen. Und das geschah ihm recht: Sein Großvater, der König von Preußen, hatte sich ein Drittel des Reiches dieser armen Dänen einverleibt ..." Wumms! Michael von Griechenland ist der Enkel Georgs I., dem jüngeren Bruder von Frederik VIII. und späteren König von Griechenland. "Kurz gesagt, der Mann auf dem Autochrom ist mein Großonkel." Und er fügt hinzu: "Ich liebe diese falsche Louis XVI.-Dekoration, die man auf der Freitreppe aufgebaut hat. Frederik VIII. war ein großer Fotofreund: Er besaß, wie damals alle Könige, eine Kodak und machte zahlreiche Aufnahmen von seiner Familie. Seit Erfindung der Fotografie waren die Mitglieder der europäischen Königshäuser deren beste Agenten. Und besonders für den Beruf des Königs war sie ein hervorragendes Medium: Man brauchte nicht mehr stundenlang für ein Porträt zu posieren. Klick!, und schon konnte man sein Bild durch ganz Europa schicken – und noch dazu in Farbe. Armer Wilhelm II.!"

Michael von Griechenland

Kinderarbeit

© **Lewis W. Hine**/Courtesy George Eastman House

→ DAMALS

Zwischen 1903 und 1913 erreichen Millionen europäischer Emigranten den Hafen von New York. Für viele von ihnen wird der amerikanische Traum zu einem Alptraum: In Elendsquartieren zusammengepfercht, leben sie unter den miserabelsten Bedingungen und sind darauf angewiesen, daß alle Familienmitglieder arbeiten. Einer Erhebung von 1910 zufolge arbeiten zwei Millionen Kinder im Alter von 10 bis 15 Jahren in Fabriken, Bergwerken, in der Landwirtschaft – zehn Stunden täglich, sechs Tage pro Woche. Erst 1938 wird die Kinderarbeit in den USA wirklich gesetzlich reglementiert.

Daile Kaplan: "Hine wollte Beweise für die Kinderarbeit vorlegen."

Das Land der Träume

OBWOHL MAN BEI SEINEM Anblick die Härte der Arbeit spürt, strahlt dieses Mädchen etwas sehr Würdevolles aus. Von zwei Reihen Garnspulen eingerahmt, hat es die Augen fest auf die Kamera gerichtet. Diese Aufnahme entstand 1908 in einer Spinnerei in Carolina. Der Fotograf heißt Lewis Hine, er arbeitet für das National Child Labor Committee (NCLC), eine Organisation, die für das Verbot der Kinderarbeit kämpft. Um die Öffentlichkeit auf das Problem aufmerksam zu machen, werden Beweise benötigt: Die Fotografie ist seine Waffe. Zehn Jahre lang zieht Hine durch die USA und verschafft sich – als Vertreter oder Bibelverkäufer getarnt – Zugang zu den Bergwerken von Virginia, den Glashütten in Indiana oder den Baumwollfeldern des Südens. Er kann sich nur flüchtige Notizen machen: "Mart Payne, 5 Jahre, pflückt zehn Kilo Baumwolle täglich", das Alter der Kinder oft nur anhand ihrer Größe einschätzen, die er mit der genau ausgemessenen Reihe seiner Jackenknöpfe vergleicht. "Er hatte einen so starken Glauben an die Sache, daß er sehr schnell wirklichen Kontakt zu den Kindern bekam", sagt die Historikerin Daile Kaplan. Dieses Vertrauen spiegelt sich in jeder seiner 5 000 Aufnahmen wider, die unter abenteuerlichen Umständen und oft ohne genügend Licht entstanden. So befragte Hine mit Hilfe seines Objektivs das amerikanische Gewissen. ■

LEWIS HINE

"Wir brauchen einen neuen Hine."

"Lewis Hine ist der erste Dokumentarfotograf des Jahrhunderts", sagt Daile Kaplan, Autorin von zwei Büchern über den Fotografen. "Er wollte den gesellschaftlichen Problemen ein Gesicht geben, damit sich die Öffentlichkeit mit den Opfern identifizieren kann." Zusammen mit dem NCLC organisiert Hine Ausstellungen und Vorträge, er veröffentlicht Artikel, mit denen er ein neues journalistisches Genre einführt: die Fotoreportage. "Sein wesentlicher Beitrag ist die Verbindung von Bild und Text zu einer neuen Form visueller Kommunikation zu dem Zeitpunkt, als die Fotografie Einzug in die Zeitungen hielt." 1912 bewilligt die Regierung die Mittel für eine Stelle, die Hines Informationen prüfen soll; 1918 wird ein erstes Gesetz zur Begrenzung der Kinderarbeit verabschiedet. Die Entwicklung ist von nun an nicht mehr aufzuhalten. "Heute bräuchten wir dringend einen neuen Hine, um die Ausbeutung von Kindern im Amerika der Jahrtausendwende anzuprangern", sagt Jeffrey Newman, der Präsident des NCLC. "Wer weiß schon, daß die meisten Früchte, die wir hier essen, von illegal beschäftigten Kindern in Kalifornien gepflückt werden?" Doch der Kampf ist schwieriger geworden: "Heutzutage gehen so viele gesellschaftliche Ereignisse durch die Medien, daß wir uns nicht mehr auf die Aufmerksamkeit verlassen können, die wir zu Hines Zeit hatten."

Jeffrey Newman

1912

Die Suffragetten

© Hulton Getty/Fotogram Stone Images

→ **DAMALS**

London, 1912: Emmeline Pankhurst ist eine der bekanntesten Frauen Europas. Zusammen mit ihren Töchtern Sylvia und Christabel führt sie die Bewegung der "Suffragetten" an, die das Wahlrecht für Frauen in England fordert. Spektakuläre Demonstrationen, Schlägereien und Verhaftungen – die Pankhursts sind zu allem bereit, um ihr Ziel zu erreichen. 1918 erringen sie einen ersten Sieg: Unter bestimmten sozialen Bedingungen dürfen Frauen ab 30 Jahren wählen. Zehn Jahre später sind sie, wie die Männer, mit 21 Jahren wahlberechtigt.

"Die Suffragetten sind die am häufigsten fotografierte soziale Bewegung der Jahrhundertwende, weil sie begriffen hatten, daß sie sich der Fotografie bedienen mußten, damit man über sie sprach." June Purvis, Professorin an der Universität von London, ist nicht zu bremsen, wenn es um die Geschichte der "Feministinnen der ersten Stunde" geht. Es ist die Zeit, in der das Foto allmählich die Gravur in den Zeitungen ablöst. Als erstes Blatt in Europa verwendet der *Daily Mirror* seit 1904 zur Illustration ausschließlich Fotografien. "Vor jeder Aktion", erklärt June Purvis, "informierten die Pankhursts die Zeitungen, die ihre Fotografen losschickten." Als Emmeline und ihre Töchter, die schon mehrfach verhaftet worden sind, in einen Hungerstreik treten, wird extra ein Gesetz verabschiedet, das verhindern soll, daß die "wütenden Frauen" vor Erschöp-

June Purvis

005

"Cat and mouse"

fung sterben. "Cat and mouse" genannt, sieht es vor, daß die Gefangenen ("Maus") ausreichend lange auf freien Fuß gesetzt werden müssen, um sich zu erholen, bevor sie von der Polizei ("Katze") erneut verhaftet werden, damit sie ihre Reststrafe verbüßen – und alles unter den genüßlichen Blicken der Fotografen, die jede Verhaftung und jede Freilassung verewigt haben.

Die Feministinnen der ersten Stunde

Richard Pankhurst: "Meine Mutter sagte, daß man die Welt nur im Kleinen verändern kann."

"ICH HABE NIE HERAUSGEFUNDEN, wer dieses Foto von meiner Mutter gemacht hat", sagt Richard Pankhurst, der Sohn von Sylvia Pankhurst. In seinen Händen hält er eine Aufnahme, die in keinem Geschichtsbuch fehlt: Eine auf einem Gerüst stehende junge Frau, die zu einer Gruppe von Schaulustigen spricht. Die Szene ereignet sich im Osten von London, mitten in einem Arbeiterviertel. "Meine Mutter gründete damals gerade eine neue Sektion der Suffragetten und malte 'Wahlrecht für Frauen' auf das Schaufenster des Geschäftes, das der Bewegung Unterschlupf gewährt hatte. Das war ihre Antwort auf Premierminister Asquith, der den Suffragetten vorgeworfen hatte, sie würden einen elitären Kampf führen und hätten keinen Kontakt zum Volk." Von den vielen Fotos der Bewegung ist dies das friedlichste. Die Aufnahme entstand 1912, einem für die Bewegung entscheidenden Wendepunkt. Die Pankhursts müssen feststellen, daß pazifistische Aktionen zu nichts führen und werden die ersten Terroristen des 20. Jahrhunderts: Sie legen Bomben in den Häusern von Politikern, setzen deren Briefkästen in Brand oder ketten sich am Gitter von Buckingham Palace an. Während des Derbys von 1913 begeht Emily Davison vor den Augen der Fotografen Selbstmord, indem sie sich vor das Pferd des Königs wirft. Sylvia zeigte "das Foto" ihrem Sohn und erklärt: "Wir können die Welt nicht in dem Maß verändern, wie wir es gerne hätten, aber wir können es im Kleinen tun." ■

Unter den Blicken der Fotografen verlassen die "wütenden Frauen" das Gefängnis.

Das verformte Auto

© Jacques-Henri Lartigue/Ministère de la culture/France/A.A.J.H.L.

→ DAMALS

Sie heißen Panhard und Levassor, Bugatti oder Ford, und es ist egal, ob sie mit Benzin, Dampf oder Elektrizität angetrieben werden: das Automobil ist eine der großen Attraktionen des beginnenden Jahrhunderts. Frankreich ist die Wiege der Autorennen, seit 1906 lockt der Grand Prix de l'Automobile Club de France die besten Rennfahrer der Welt an, die sich unter den faszinierten Blicken der Zuschauer messen. Der Entwicklung in der Automobilindustrie folgen Neuerungen im Straßenbau, in der Stahl- und Kautschukgewinnung, und die Welt der Arbeit und der Freizeit verändert sich grundlegend.

Florette Lartigue: "Mein Mann hat einen doppelten Effekt verwendet, um den Eindruck von Geschwindigkeit zu verstärken."

Optischer Trick

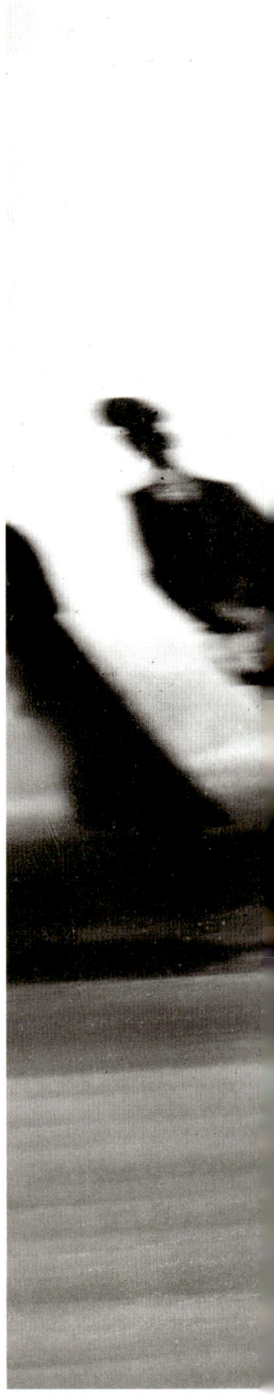

ES IST ALS "das verformte Auto" in die Geschichte der Fotografie eingegangen: das Bild eines Delage beim Grand Prix des ACF am 26. Juni 1912, der durch die Geschwindigkeit deformiert zu sein scheint. Urheber dieses technischen Kabinettstücks ist Jacques-Henri Lartigue, ein 18jähriger Fotograf, ausgerüstet mit einer Kamera für 9 x 12 cm-Platten. Von klein auf legt er Fotoalben an, in denen er, mit Texten und Skizzen versehen, minutiös sein Leben aufzeichnet. Zu jeder Aufnahme, die er an diesem Tag in Le Tréport macht, fertigt Lartigue auch eine Skizze an, um später in der Dunkelkammer zu vergleichen, ob die Fotografie mit dem, was er zu sehen geglaubt hat, übereinstimmt. Die Anmerkung zu diesem Bild: "Sehr gut." "Mein Mann war sehr stolz auf dieses Foto", erzählt Florette Lartigue, "weil ihm ein doppelter Effekt gelungen ist, der den Eindruck von der Geschwindigkeit noch verstärkt." Die Erklärung: Der Apparat ist mit einem Schlitzverschluß ausgerüstet, der von oben nach unten schließt, das Bild also stufenweise belichtet. Das Ergebnis ist eine Verzeichnung des Bildes, die die Räder oval erscheinen läßt. Außerdem hat Lartigue beim Auslösen die Kamera in Bewegungsrichtung des Autos mitgeschwenkt und so eine zweite Verzeichnung erzeugt: die der Zuschauer. "Eine geniale Idee", kommentiert John Svarkovski. ■

Nach jeder Aufnahme zeichnet Lartigue auf, was er mit seiner Kamera einzufangen geglaubt hat, um es später mit den Ergebnissen in der Dunkelkammer zu vergleichen.

John Svarkovski

"Lartigue war der erste, der so fotografierte, als würde er Schmetterlinge fangen", sagt John Svarkovski, der während seiner Arbeit im New Yorker Museum of Modern Art 1962 auf einen Schatz von über 100 000 Negativen stieß. "Noch nie bin ich jemandem begegnet, der so gut Bewegung einfangen konnte." Jacques-Henri Lartigue, Sohn aus (sehr) wohlhabender Familie, hat es nicht nötig, sich mit der Fotografie seinen Lebensunterhalt zu verdienen. Er fotografiert ausschließlich für sich selbst. Über achtzig Jahre lang fotografiert Lartigue das Album seines Lebens, um eine Spur von der Zerbrechlichkeit des Augenblicks zu bewahren. Die Suche nach dem Glück – das ist sein Motto. "Ein Schmetterlingsjäger bringt keine Schnecken mit nach Hause", schreibt er in seinen Erinnerungen. Selbst ein unentwegter Beobachter der Bewegung des Lebens, fängt er mit seiner Kamera "nur" die alltäglichen Wunder ein – und schreibt damit eine wunderschöne Chronik der Belle Epoque: Die elegante Welt der Pferderennen in Auteuil, Kokotten im Bois de Boulogne, die Familie Lartigue in einem blitzblanken Hispano Suiza oder Josephine Baker mit Zigarette: "Ich stopfe nur die Dinge aus, die mir das Leben zusteckt", wiederholte der Mann gerne, der es verstand, einem Rennwagen, der mehr als eine Tonne wiegt, Flügel zu verleihen.

"Noch nie bin ich jemandem begegnet, der so gut Bewegung einfangen konnte."

1917

Der Erste Weltkrieg: Die Propaganda

© **Ernest Brooks**/Imperial War Museum

→ DAMALS

Am 28. Juni 1914 wird der österreichische Kronprinz, Erzherzog Franz Ferdinand, in Sarajewo ermordet. Durch das Zusammenspiel der Bündnisse wächst sich der regionale Konflikt zu einem europäischen Krieg aus. Ende 1914 erstarrt die Westfront: Von der Nordsee bis zur Schweiz richten sich die Truppen in den Schützengräben auf einen Stellungskrieg ein. Um das Gleichgewicht der Kräfte zu durchbrechen, werben die kriegführenden Länder um die neutralen Staaten – der Konflikt wird in die ganze Welt getragen. Am 11. November 1918 endet der erste Weltkrieg der Geschichte.

007

Jane Carmicheal neben einer Goerz-Anschütz: "Ernest Brooks war in erster Linie ein Patriot."

AUF DEM FOTO SIEHT man ihn mit seiner Goerz-Anschütz und einer Aktentasche, in der er seine Glasplatten transportiert, in einem Schützengraben posieren: Ernest Brooks, ehemaliger Fotoreporter des *Daily Mirror*, ist der erste Fotograf, der 1916 vom Fotodienst der britischen Armeen rekrutiert wird. 1917 kommt er nach Nordfrankreich. Die dritte Schlacht um Ypern wird unbarmherzig geführt und kostet über 250 000 Frontsoldaten das Leben. Doch auf den Aufnahmen von Ernest Brooks ist davon nichts zu sehen: "Die akkreditierten Fotografen hatten keinen Zugang zur Frontlinie", erklärt Jane Carmichael vom Königlichen Kriegsmuseum in London. "Ihr Auftrag bestand darin, den Nachschub, der von der Dauer des Krieges zermürbt war, zu beschwichtigen." Männer, die in den Schützengräben Karten spielen, teetrinkende Offiziere oder Panzerparaden: die 40 000 Aufnahmen, die im Museum verwahrt werden, ziehen alle dasselbe Register. Brooks zeigt einen Hang zu kontrastreichen Silhouetten, die einfacher zu reproduzieren sind als Bilder mit Grauabstufungen. Sein berühmtestes Foto zeigt "ein Kommando unbekannter Soldaten im Gegenlicht, die den universellen Soldaten des Ersten Weltkrieges symbolisieren". Am 20. Oktober 1917 in *The Sphere* veröffentlicht und tausendfach auf Postkarten reproduziert, ist es "der Prototyp der Propagandafotografie" schlechthin. ■

ERNEST BROOKS

Theaterdonner

Oberstleutnant Aussavy

"Der Große Krieg ist der erste mediatisierte Konflikt in der Geschichte", sagt Oberstleutnant Aussavy, verantwortlich für die französischen Militärarchive. "Es war die Zeit, als sich die Fotografie zum Massenmedium durchsetzte, und die Militärs verstanden ihre strategische Bedeutung." Daraus folgt die Notwendigkeit, die Produktion und Verbreitung von Bildern zu kontrollieren, die dem Feind wichtige Informationen geben oder die Zivilbevölkerung demoralisieren konnten. Von 1915 an schufen die europäischen Nationen für ihre Armeen Film- und Fotodienste, die ein Monopol auf die gemachten Aufnahmen im Theaterdonner der Manöver sicherten. In London zählt man sechzehn offizielle Fotografen, in Frankreich sind es etwa dreißig, in Deutschland fünfzig. "Alle wußten, daß die Fotos nur Teilansichten des Krieges wiedergaben", erklärt die Historikerin Jane Carmichael, "aber ähnlich den offiziellen Fotos waren die Menschen in allen Ländern von starken patriotischen Gefühlen geprägt … Wir müßten auf die Auferstehung der Frontsoldaten warten, um uns ein Bild von der Hölle zu machen, die diese Männer durchlebt haben."

"Die Geburtsstunde der militärischen Fotodienste"

1918

Der Erste Weltkrieg: Die Wirklichkeit

© **Anonym**/L'Illustration/Sygma

→ DAMALS

Zwischen 1914 und 1918 sterben acht Millionen Soldaten an der Front, sechs Millionen werden zu Invaliden. Der Erste Weltkrieg ist auch der erste totale Krieg in der Geschichte. Um angesichts einer zunehmenden Mangelsituation den Anforderungen des Krieges entgegentreten zu können, mobilisieren die kriegführenden Länder auch Frauen und Kinder. Die Dauer des Krieges und das dramatische Sinken des Lebensniveaus führen zu Aufruhr und sozialen Unruhen. Als der Große Krieg zu Ende ist, durchlebt Europa auch eine seiner schwersten moralischen Krisen.

Jean-Pierre Verney: "Das war der erste Krieg, der von innen heraus fotografiert wurde."

Heimliche Bilder

ZUERST SIEHT MAN NUR den halbgeöffneten Mund, bevor sein im Tod erstarrtes Gesicht unter der Erde sichtbar wird. Bei der Leiche handelt es sich um einen französischen Frontsoldaten, der 1918 vor Verdun gefallen ist und von einem "Anonymus" fotografiert wurde. "Der Erste Weltkrieg war zugleich der erste Krieg, der von innen heraus fotografiert wurde", erklärt Jean-Pierre Verney, Historiker in Paris. "Die Soldaten machten Hunderttausende Aufnahmen, um das traumatisierendste Ereignis ihres Lebens festzuhalten. Sie haben das wirkliche Gedächtnis des Krieges geprägt." Als die Männer 1914 mit einer Blume im Gewehr in den Krieg ziehen, haben viele von ihnen eine Vest-Pocket von Kodak im Gepäck: "Sie drücken auf den Knopf – alles übrige besorgen wir", pries die Werbung. Einfacher und leichter als seine Vorgänger, wurde der kleine Apparat millionenfach in Europa verkauft, wo überall Fotoclubs aus dem Boden schossen. Das Bild des verschütteten Soldaten wurde während des Krieges nicht veröffentlicht; dafür sorgte die Zensur. Außerdem ist der Tod zu Beginn des 20. Jahrhunderts kein Motiv, das man fotografiert. Es ist eine Frage der Rücksicht, aber auch des Schamgefühls: Viele Tagebücher und Briefe der Frontsoldaten zeugen von der Unfähigkeit, die Schrecken des Erlebten mitzuteilen. Aus diesem Grund verschwinden die meisten ihrer Fotos unmittelbar nach dem Krieg auf dem Speicher – "um die Familie nicht zu erschrecken, aber auch, um zu vergessen." ■

"Die Frontsoldaten sind die Väter der Kriegsberichterstattung", sagt Gerd Krümeich, Historiker in Düsseldorf. "Erst Mitte der zwanziger Jahre wurden ihre fotografischen Schätze einem breiten Publikum bekannt gemacht. Daran hat in Deutschland die aufkommende pazifistische Bewegung einen großen Anteil gehabt. Bekanntestes Beispiel: Ernst Friedrichs Buch *Krieg dem Kriege*, das in vier Sprachen erschien und in ganz Europa einen Skandal auslöste. Der Autor hat die Privatarchive einfacher Soldaten durchforstet und Aufnahmen von Toten, aber auch von berühmten Kriegsverletzten zusammengestellt. In Frankreich erscheinen ab 1925 Bücher wie *Les Images secrètes de la guerre*, in denen fast alles gezeigt wird, abgesehen von Meutereien, Hinrichtungen oder Verbrüderungsszenen zwischen den Fronten. Der Siegeszug des Faschismus Ende der zwanziger Jahre führt zur Renaissance einer Kriegsliteratur, die die Aufnahmen aus dem Ersten Weltkrieg verwendet, um die nationale Stimmung zu schüren. Von den Nazis gedrängt, benutzt die deutsche Militärlobby sie, um die Wiederbewaffnung zu fordern."

Gerd Krümeich

"Die einfachen Soldaten sind die Väter der Kriegsberichterstattung."

1919

Zapata: Tod eines Helden

© Agustín Victor Casasola/Fototeca del INAH

→ DAMALS

Die erste lateinamerikanische Revolution des 20. Jahrhunderts: Nach 40 Jahren absoluter Herrschaft über Mexiko tritt Porfirio Díaz 1911 zurück. Seine Gegner sind das liberale Bürgertum, das Demokratie fordert, und die indianische Landbevölkerung, die sich mit Emiliano Zapata und dem Schrei nach "Land und Freiheit" erhoben hat. Die neue Regierung leitet eine Agrarreform ein und verabschiedet eine sozialistische Verfassung. Nach Zapatas Ansicht reichen die Reformen jedoch nicht: Er zieht sich in den Süden zurück und setzt den Kampf bis zu seiner Ermordung am 10. April 1919 fort.

Margarita Zapata: "Dieses Foto ist ein Aufruf, den Kampf meines Großvaters fortzusetzen."

"INDEM SIE ZAPATA ermordete, glaubte die Regierung, mit dem Zapatismus fertig zu werden: Das Foto von ihm im Sarg hat aus dem Helden einen Mythos gemacht." Margarita Zapata kennt die Geschichte ihres Großvaters bis in alle Einzelheiten: "Wie kann man den Verrat vergessen, dessen Opfer er wurde?" Als Emiliano Zapata sich am 10. April 1919 mit dem Colonel Jesus Guajardo trifft, ahnt er nicht, daß er in eine Falle geht: Der Offizier hat den Anführer der Aufständischen heimlich kontaktiert, um sich angeblich mit seinen Mannschaften zu ergeben. Die Begegnung findet auf einer Hacienda bei Chinameca im Bundesstaat Morelos statt. "Zapata traf mit einer Eskorte von zehn Begleitern ein, und Guajardo ließ Salut blasen. Sie haben ihn in dem Augenblick ermordet, als er die Ehrenformation abschritt." Die Leiche wird auf ein Maultier geladen und zum Kommissariat nach Cuautla gebracht. Dort macht der Lokalfotograf Jesus Mora die erste Aufnahme des Toten: Kopf und Oberkörper Zapatas sind blutüberströmt, er ist umringt von ungläubig blickenden Bauern. Am nächsten Tag trifft der Reporter Agustín Casasola direkt aus Mexiko-Stadt ein und macht ein zweites Foto: "Inzwischen hatten sie seine Kleidung gewechselt und seine Leiche gewaschen, um ihn in einem Sarg auszustellen. Mit der Bildunterschrift, Zapata sei im Kampf gefallen, wurde diese Inszenierung im ganzen Land verbreitet. Das Ziel war, die aufständischen Bauern zu entmutigen, indem man der Welt mitteilte, daß in Mexiko nun Ruhe und Ordnung einkehren würden. Es ist ein echtes Propagandafoto." ■

Viva Zapata!

Margarita Zapata war Sprecherin der Sandinistischen Befreiungsfront Nicaraguas. Als Vize-Präsidentin der Sozialistischen Fraueninternationale lebt sie heute bei Paris: "Ursprünglich symbolisierte dieses Foto die Niederlage. Doch dann entstand daraus der Mythos des Nationalhelden. Dieselben Personen, die Zapata ermordet haben, beriefen sich später auf ihn. Sogar der ehemalige Präsident Salinas: Er taufte seinen Sohn Carlos Emiliano und sein Regierungsflugzeug "General Zapata". In Mexiko tragen über 2000 Organisationen Zapatas Namen. Nach seinem Tod stieg Zapata in den Pantheon der Geschichte auf. So lange es unterdrückte Indios und Bauern ohne Land gibt, bleibt dieses Foto ein Aufruf, den Kampf meines Großvaters fortzusetzen."

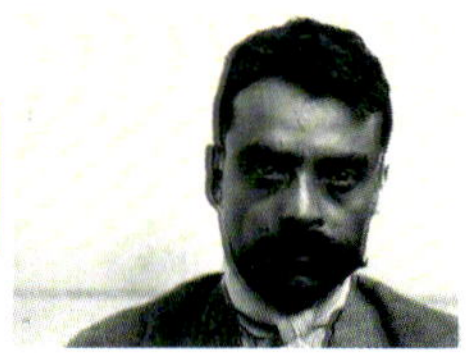

Zapata im Jahre 1914

"Nach seinem Tod stieg Zapata in den Pantheon der Geschichte auf."

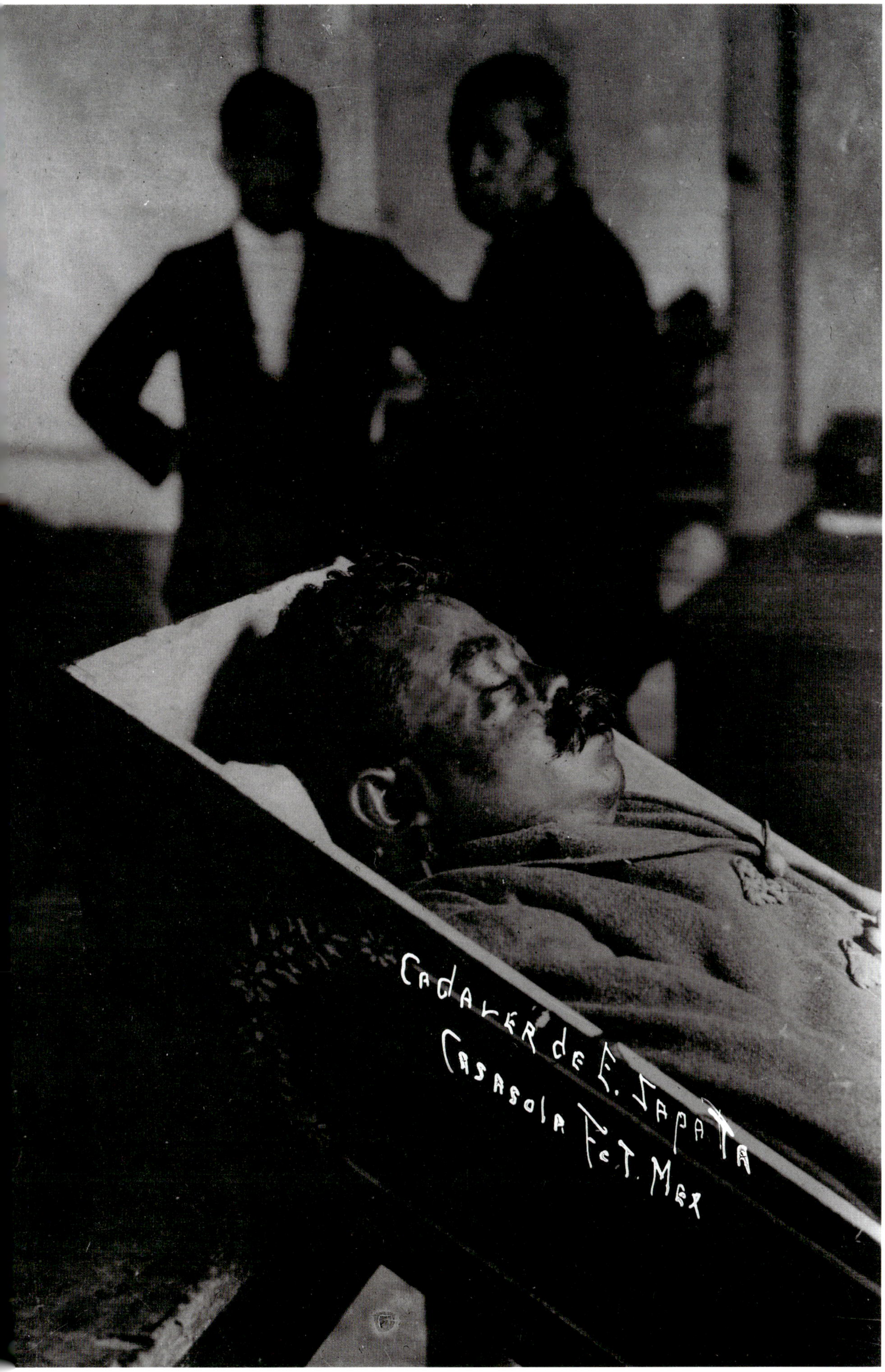

Ignacio Gutiérrez Ruvalcaba

Agustín Casasola, Gründer der ersten lateinamerikanischen Presseagentur, berichtete seit 1910 über die mexikanische Revolution. Er sammelte Tausende Aufnahmen vom zapatistischen Aufstand: "Casasola war kein zapatistischer Fotograf", sagt der Historiker Ignacio Gutiérrez Ruvalcaba, "ganz im Gegenteil. Für die Einwohner von Mexiko-Stadt, wo auch die Journalisten lebten, repräsentierte Zapata eine nach rückwärts gerichtete Bewegung. Er forderte Land für die Bauern, während sie die Demokratie wollten. Als dieses Foto veröffentlicht wurde, verkündeten die Schlagzeilen: 'Attila ist tot.' Aber in Morelos, der Hochburg der Zapatisten, betrachtete man die Sache mit Argwohn: Viele glaubten, daß alles vom Staat inszeniert sei, da die Leiche Zapata nicht ähnlich sähe. Ein Gerücht, daß Zapata noch am Leben sei, ging um. Es gab Bücher, Artikel, Legenden, die berichteten, er sei in den Bergen des Südens verschollen. Noch heute gibt es Leute, die schwören, daß Zapata erst in den fünfziger Jahren gestorben ist."

"Ein Gerücht, daß Zapata noch am Leben sei, ging um."

1920

Lenin

© G.P. Goldstein/David King Collection

Manipulation

David King: "Die Personen, die von den Fotos verschwunden sind, sind auch physisch verschwunden."

Das retuschierte

... und das gemalte Bild.

→ DAMALS

Moskau, 5. Mai 1920: Lenin spricht zu jungen Soldaten, die auf dem Weg an die polnische Front sind. Unterstützt von den Westmächten, die einen "Sperrgürtel" um die bolschewistische Republik herum errichten wollen, ist Kiew von den Polen eingenommen worden. Es herrscht ein grausamer Bürgerkrieg, in dem sich die Rote Armee und die konterrevolutionären "Weißen" bekämpfen. Auf den Stufen der Rednertribüne: Kriegsminister Leo Trotzki und Politbüromitglied Kamenew. Trotzki wird auf Stalins Befehl 1940 in seinem Exil in Mexiko ermordet; Kamenew 1936 hingerichtet.

ES IST DIE BEDEUTENDSTE Ikone der Oktoberrevolution, und es ist das beste Beispiel für die stalinistische Methode der Geschichtsfälschung. "Von dem Moment an, als Trotzki 1927 aus der Partei ausgeschlossen wurde, verschwand er auch systematisch von den Fotos", erklärt David King, der dreißig Jahre lang auf der ganzen Welt nach Fotos führender Bolschewiken gefahndet hat, bevor die Retuscheure die Originale fälschten. Heute besitzt der ehemalige Art-Director des *Sunday Time Magazine* eine Sammlung von 250 000 Aufnahmen, die sorgfältig geordnet in roten (!) Blechdosen aufbewahrt werden. Das Originalfoto von Lenin auf der Rednertribüne wurde zum letzten Mal auf einer Postkarte anläßlich des 10. Jahrestages der Revolution von 1917 veröffentlicht. "Danach beschnitten die Zensoren das Bild auf der rechten Seite", erklärt King, "um Trotzki und Kamenew zu eliminieren. Später wurden die beiden Geächteten durch fünf künstliche Treppenstufen ersetzt!" Und er präsentiert ein Kleinod aus seiner Sammlung: Ein Gemälde des Malers Isaac Brodsky aus dem Jahre 1933, ganz im Stil des sozialistischen Realismus, auf dem die Verschwundenen durch zwei eifrige Journalisten ersetzt worden sind. Das Gemälde, das im Lenin-Mausoleum hängt, ist millionenfach als Plakat vervielfältigt worden. "Was man jedoch nicht vergessen darf", betont David King, "ist die Tatsache, daß alle Personen, die von den Fotos verschwunden sind, auch physisch verschwanden." ■

> **“Ich bin sein Gespenst, der letzte Überlebende der Bronsteins in Rußland.”**
>
> Valeri Bronstein

Mit dem kantigen Gesicht, Schnurrbart und runder Brille gleicht Valeri Bronstein seinem Großonkel Leo Trotzki alias Lew Bronstein heute fast aufs Haar. “Ich bin sein Gespenst”, murmelt er, “der letzte Überlebende der Bronsteins in Rußland.” Als Stalins Schergen Trotzki von dem berühmten Foto entfernen, leben noch 19 Familienmitglieder in der Sowjetunion. Alle Männer, ebenso wie seine Schwester Olga, werden erschossen; die Frauen kommen in den Gulag. “Ich bin der einzige aus meiner Familie, der verschont wurde”, erzählt er. “Ich war zwölf Jahre alt und wurde in ein Waisenhaus gesteckt.” Die Überlebenden lassen alle Familienalben verschwinden, denn die Jagd nach den verbotenen Fotos ist bis zur Ära Gorbatschow so unbarmherzig, daß schon der Besitz einer Aufnahme, auf der ein Geächteter zu sehen ist, eine Verhaftung nach sich zieht. Erst unter Michail Gorbatschow wird die gnadenlose Zensur aufgehoben. So sieht Valeri Bronstein das Original erstmals 1989, in enem Buch von David King – ein Geschenk des Instituts für Marxismus-Leninismus.

1921

The Kid

© Roy Export Company Establishment

→ **DAMALS**

Er ist einer der berühmtesten Männer des Jahrhunderts: Charlie Chaplin. 1889 in London geboren, wandert er nach Amerika aus, wo er 1914 in 35 Kurzfilmen sein komödiantisches Talent beweist: Der Charlie, der die Geschichte des Stummfilms prägen wird, ist geboren. Mit *The Kid* beginnt seine Karriere als Regisseur abendfüllender Spielfilme, die mit Humor die Mißstände seiner Zeit anprangern. Zum Opfer der McCarthy-Politik geworden, wandert er 1951 in die Schweiz aus. Nach 21 Jahren Abwesenheit dann der Triumph in den USA: Hollywood verleiht ihm 1972 einen Ehrenoscar.

011

Jane Chaplin: "Als Kind machte mich dieses Foto eifersüchtig: Die beiden sehen wirklich wie Vater und Sohn aus."

ALLES LIEGT IN DEM Blick: Seite an Seite sitzen Charlie Chaplin und das Kind im Hauseingang, die Beine angezogen, und schauen in die Kamera. Ärmlich gekleidet, wirken sie beide eigensinnig und unbeteiligt. "Sie ähneln sich sehr", sagt Jane Chaplin. "Man könnte meinen, daß es mein Vater in zwei verschiedenen Lebensabschnitten ist." Das Foto entstand 1921 während der Dreharbeiten zu *The Kid*. Held des Films ist der sechsjährige Jackie Coogan, der Chaplin bei einem Vaudeville-Stück aufgefallen war. "Für meinen Vater war es Liebe auf den ersten Blick", erzählt Jane Chaplin. "Er befand sich in einer Krise, denn seine Ehe mit Mildred Harris befand sich auf dem Tiefpunkt, und sein erster Sohn war gleich nach der Geburt gestorben. Jackie Coogan brachte ihn auf die Idee, *The Kid* zu drehen" – eine Geschichte, die von dem ehemaligen Straßenjungen aus den Armenvierteln Londons geschrieben wird; eine Liebesgeschichte zwischen einem Vagabunden und einem sich selbst überlassenen Kind. "Mein Vater hat in diesem Film seine eigene Kindheit inszeniert, und daher rührt diese überwältigende Aufrichtigkeit, die den Zauber des Films ausmacht." *The Kid* wurde zu einem Meilenstein in der Kinogeschichte und Jackie Coogan ein internationaler Star: "Er konnte Gefühl in die Handlung bringen und Handlung ins Gefühl, und er konnte es endlos wiederholen, ohne seine Spontaneität zu verlieren", schreibt Chaplin in seinen Memoiren. "Wie mein Vater", fügt Jane Chaplin hinzu. "Die beiden sind wirklich wie Vater und Sohn." ■

Kind des Jahrhunderts

Jane Chaplin, 1958 geboren, ist das sechste von acht Kindern aus Chaplins Ehe mit Oona O'Neil. Sie verbrachte ihre gesamte Kindheit in Corsier-sur-Vevey, wo sich ihre Eltern 1952 niedergelassen hatten. Dünnhäutig und rebellisch, entdeckt sie im Alter von zehn Jahren das Foto: "Ich war sehr eifersüchtig auf Jackie Coogan, weil er meinem Vater so nah und vertraut zu sein schien. Als ich im gleichen Alter war, hatte ich ein Kindermädchen und bekam ihn kaum zu Gesicht. Unter der Woche sahen wir ihn ausschließlich beim Abendessen, und wir hatten nur fünf Minuten, um mit ihm zu sprechen. Manchmal träumte ich, daß ich in *The Kid* spielen würde. Ich machte ihm solche Vorwürfe, daß ich überlegte, meinen Namen zu ändern. Heute bin ich stolz darauf, seine Tochter zu sein, denn er war ein großer Künstler und hat mir seinen Willen zur Unabhängigkeit und zur Freiheit vererbt. Aber ich hätte nichts dagegen, wenn man mein Bild auf das Foto kleben würde, genau in die Mitte zwischen die beiden. So könnte ich den kleinen Coogan ansehen und ihm sagen: 'Aber in Wirklichkeit ist er mein Vater!'"

Familienfoto: Die Chaplins in Corsier-sur-Vevey

"Aber in Wirklichkeit ist er mein Vater!"

"Ein Foto, das Chaplins Geschichte ausdrückt."

David Robinson ist Filmhistoriker und Autor einer vielbeachteten Biographie über den Mann mit der Melone: "Es ist eine der berühmtesten Fotografien des Jahrhunderts, aber wir wissen nicht genau, wer sie gemacht hat. 1921 gab es in den Studios noch keine Standfotografen. Wahrscheinlich stammt sie von Jack Wilson, dem Kameraassistenten, dessen Frau und Baby im Film mitspielen. Zwischen zwei Einstellungen wird er die beiden Seite an Seite auf den Treppenstufen gesehen haben: "Wäre das nicht ein hübsches Foto?" Es ist eines der bekanntesten Fotos von Chaplin, weil es so sehr zu seiner Geschichte und zu der Person paßt, die er für sich erfunden hat. Trotz des späteren Reichtums hat er nie seine Herkunft aus ärmsten Verhältnissen geleugnet. Im Gegenteil, er verwies darauf und sagte gern: "Ich glaube, die Menschen lieben mich aufgrund dieser Demut des armen Mannes, die, davon bin ich überzeugt, universell ist."

David Robinson

Die Todesstrafe

→ **DAMALS**

12. Januar 1928: Ruth Snyder, 33 Jahre alt und zusammen mit ihrem Geliebten wegen des Mordes an ihrem Ehemann angeklagt, wird im New Yorker Gefängnis Sing-Sing hingerichtet. Zu ihrer Verteidigung hatte sie die unerträglichen Lebensumstände angeführt, die sie unter ihrem Mann erleiden mußte. Der Fall löst eine leidenschaftliche Debatte über die Todesstrafe aus, vor allem bei deren Gegnern und den Feministinnen. Ruth Snyder erhält über 2 500 Briefe von Frauen, die sie dazu beglückwünschen, daß sie sich gegen ihre Unterdrückung gewehrt hatte, sowie 164 Heiratsanträge.

Loretta Wendt: "Ich sehe in dem Foto nicht so sehr die tote Ruth Snyder als vielmehr den immensen beruflichen Erfolg meines Vaters."

DIES IST DAS ERSTE "gestohlene" Foto des Jahrhunderts. Aber auch das berühmteste, denn es ist die einzige Aufnahme, die jemals von einer Vollstreckung der Todesstrafe in Amerika gemacht wurde. Sie stammt von Thomas Howard, von der *New York Daily News* eigens hierfür beauftragt. "Weil bei der Hinrichtung keine Fotografen zugelassen wurden, holte man meinen Vater aus Washington, da er für die New Yorker ein Unbekannter war", erzählt seine Tochter Loretta Wendt. Der Plan: Mit einer am linken Fußknöchel befestigten Miniaturkamera soll Howard sich als schreibender Journalist ausgeben. Der Apparat ist nur mit einer einzigen Platte ausgestattet und wird durch einen Drahtauslöser in der Manteltasche bedient. Um das Klick-Geräusch zu verhindern, wird ein Auslöser angefertigt, der den Verschluß stufenweise öffnet. Das Problem der Entfernung wird durch einen Informanten gelöst. Einen Monat lang übt Howard in einem Hotelzimmer. Am Tag X schafft er es, so früh vor Ort zu sein, daß er sich seinen Platz aussuchen kann. Als der erste Stromstoß durch Ruth Snyders Körper fährt, drückt Howard auf den Auslöser: Die Platte wird ein erstes Mal belichtet. Beim nächsten Stromstoß wiederholt er den Vorgang; so entsteht auf dem endgültigen Bild der Eindruck einer Bewegung. In der Zeitung hat man die Titelseite bereits umbrochen und mit der Schlagzeile "DEAD!" versehen, es muß nur noch das Foto eingefügt werden. "Super! Du hast es!" Der Chefredakteur ist begeistert, als die Aufnahme aus dem Labor kommt. ■

Dead!

"Diese Leistung hat meinen Vater zum berühmtesten Fotografen seiner Zeit gemacht", erzählt Loretta Wendt, "sein Foto ist bis heute ein Meilenstein in den Annalen des amerikanischen Journalismus." Und ein Emblem in der Geschichte der Todesstrafe in den USA. Für die *New York Daily News* übertrifft dieser Scoop die kühnsten Träume: Mit einer Auflage von 1 556 000 Exemplaren stellt das Blatt einen Weltrekrod auf. "Für die Öffentlichkeit war das Foto ein enormer Schock, denn niemals zuvor war die Todesstrafe auf so ungeschminkte Weise dargestellt worden", kommentiert William Styron, Autor von *Sophies Entscheidung*, der ein Theaterstück über die "Affäre Snyder" geschrieben hat. "Den Gegnern der Todesstrafe gab das Foto Auftrieb. Aber im Grunde hat es leider nichts geändert." Thomas Howard hingegen wurde durch die Aufnahme einer der ganz Großen: Nachdem er eine Prämie bekommen hatte, wird er Chef der Fotografen im Weißen Haus. "Unser Leben wurde dadurch völlig umgekrempelt", erinnert sich Loretta Wendt, die damals fünf Jahre alt war. "Deshalb ist das für mich kein trauriges Foto."

"Im Grunde hat das Foto nichts geändert."

William Styron

Der Konditor

© August Sander

Lili Bremer: "Genau so war er, nur daß er an seinem Lebensende noch runder war!"

→ DAMALS

9. November 1918: Nach der Abdankung Kaiser Wilhelms II. rufen die deutschen Sozialdemokraten die Republik aus, die sich am 11. August 1919 in Weimar eine Verfassung gibt. Ausgeblutet von den Reparationszahlungen, die es an die Alliierten leisten muß, stürzt Deutschland in eine Krise, es kommt zu Inflation und Massenarbeitslosigkeit. Das Trauma des Krieges und eine allgemeine Unzufriedenheit bilden den Nährboden für Extremisten. 1924 sorgt die finanzielle Sanierung für eine Phase des Wohlstandes, die bis zur Krise von 1929 andauert.

DAS LACHEN DER 84jährigen Lili Bremer ist hell und bezaubernd. "Ohne den Krieg wäre mein Leben wirklich perfekt gewesen", seufzt sie. "Glücklicherweise hat mein Schwiegervater ihn nicht mehr erlebt, denn er hätte es nicht ertragen, seine Konditorei in Ruinen zu sehen." Der Schwiegervater heißt Hans Bremer und war Konditormeister. Im Jahre 1902 läßt er sich in dem vornehmen Kölner Stadtteil Lindenthal nieder, er hat zwei Angestellte und arbeitet hart. Als es in den zwanziger Jahren zur Wirtschaftskrise kommt, leitet er zwei Café-Konditoreien und beschäftigt 30 Angestellte. Seine Frau führt die Bücher, sein Sohn Franz ist der Juniorchef. "Mein Schwiegervater war sehr stolz darauf, daß er es geschafft hatte", erzählt Lili, die 1933 Franz Bremer geheiratet hat. "Er war weit über Köln hinaus bekannt. Als das berühmte Foto in der Backstube aufgenommen wurde, gehörte ich noch nicht zur Familie. Aber den Fotografen August Sander, der gegenüber der Konditorei wohnte, habe ich sehr gut gekannt." Die Aufnahme zeigt den Konditormeister in seiner Arbeitskleidung, selbstbewußt in die Kamera blickend. In den Händen hält er eine kupferne Rührschüssel und einen Schneebesen: "Offensichtlich bereitete er eine Cremefüllung vor. Genau so war er, nur daß er vor seinem Tod 1936 noch runder war! Aber er war ein reizender Mensch. Wenn er gewußt hätte, daß sein Foto um die Welt gehen würde! Von überall her habe ich Postkarten bekommen, sogar aus Amerika!" ■

Bild der Zeit

Unter den Nazis ist August Sander gezwungen, die Arbeit an seinem Projekt *Menschen des 20. Jahrhunderts* zu unterbrechen. Heimlich schließt er noch zwei Kapitel ab und fotografiert verfolgte Juden und politische Gefangene, darunter sein Sohn Erich, der in einem Konzentrationslager ums Leben kommt. "Das einzigartige an Sanders Werk ist, daß es ihm von einem geographischen und menschlichen Mikrokosmos ausgehend gelang, eine allgemeingültige Aussage über eine Epoche zu machen", erläutert die Historikerin Susanne Lange. "Es ging ihm weniger um die Rollenverteilung in einer Gesellschaft als vielmehr um die Entwicklung einer Zivilisation. Es ist ihm gelungen, das Individuelle des Einzelnen zu zeigen und ihn damit zugleich universell zu machen. Deshalb ist sein Werk nicht nur für die Kunst- und Fotografiegeschichte so grundlegend, sondern für die Geschichte im allgemeinen."

Susanne Lange

"Ein grundlegendes Werk für die Geschichte"

August Sander

Die Menschen des 20. Jahrhunderts waren sein Lebenswerk. "Er war davon besessen", sagt sein Enkel Gerd Sander. August Sander, 1876 geboren, beginnt 1902 als Porträtfotograf in Linz. Es ist die Zeit, in der die piktoralistische Fotografie, die mit romantisierenden Abzugsverfahren die Malerei zu imitieren sucht, ihren Höhepunkt hat. 1909 zieht Sander nach Köln, wo er sich von der "bürgerlichen" Fotografie weg dem Dokumentarischen zuwendet. Sein Ziel: "In absoluter Naturtreue ein Bild unserer Zeit" zu geben, indem er die "bestehende Gesellschaftsordnung" der Weimarer Republik zeigt. Sein Mittel: Porträts, in sieben Kapiteln unterteilt: Bauern, Handwerker, Frauen, die Stände, Künstler, die Großstadt, die letzten Menschen. "Alle Aufnahmen entstanden in einem Umkreis von 200 km um Köln", erzählt sein Enkel. "Einige Fotos machte er in seinem Atelier, die meisten jedoch bei den Menschen zu Hause oder in ihrer beruflichen Umgebung. Jedes Bild ist eine Inszenierung, die Person posiert mehrere Sekunden vor der Kamera." Das Ergebnis sind Tausende Aufnahmen, in denen Sander "die Identität der Menschen durch ihre Physiognomie" zu erfassen sucht, eine "subjektive Sichtweise", bei der jedes Porträt "einen sozialen Typus darstellt". So erklärt sich auch das Fehlen von Namen in den Bildunterschriften: "Mein Großvater wollte die Vielfalt der Menschen in seiner Zeit erfassen, nicht beurteilen. Sein Grundsatz war: 'Sehen, beobachten und denken.' *Der Konditor* ist eines der gelungensten Beispiele seiner Porträtkunst."

"Er wollte die Vielfalt der Menschen in seiner Zeit erfassen."

Gerd Sander

1928

Schwarze Erde

© Albert Londres/SCAM

→ DAMALS

Frankreich ist nach Großbritannien die zweitgrößte Kolonialmacht. In Schwarzafrika umfassen die Kolonien Äquatorial- sowie Westafrika. Als unerschöpfliche Quelle billiger Arbeitskräfte und wertvoller Rohstoffe werden die Kolonien von den Weißen verwaltet; die Kosten für Verwaltung und Infrastruktur durch eine Kopfsteuer finanziert: Der Aufbau wird jedoch ausschließlich von den ökonomischen Interessen der Kolonialmacht bestimmt, die Straßen und Eisenbahnen für den Transport exportfähiger Erzeugnisse baut. Zu Beginn der sechziger Jahre zerfällt das französische Kolonialreich.

"UNSER BERUF IST ES nicht, Freude zu bereiten oder Unrecht zu begehen; er ist es, den Finger auf die Wunde zu legen", schreibt Albert Londres in der Einleitung zu seinem Buch *Terre d'ébène*. 1928 reist der Journalist des *Petit Parisien* vier Monate durch die französischen Kolonien in Schwarzafrika und entdeckt die unmenschlichen Arbeitsbedingungen der Holzfäller:

"Der Wald! Das schreckenerregende Reich der Holzfäller! Ich habe Abidjan auf der Suche nach einer Abholzung verlassen. (...) Endlich, da ist ein schwarzer Verantwortlicher. Mit Händen und Füßen mache ich mich verständlich. "Holzfäller?" fragt er, "Männer, die sterben?" Er bedeutet mir, daß ich das Gesuchte weiter oben finde. (...) Die Schreie führen mich. Ich bin da. Hundert nackte Schwarze, an einen Holzstamm gespannt, versuchen, diesen zu ziehen. "Hüüh!" Der Vorarbeiter schlägt mit seiner Rute den Takt. Er brüllt. Die Menschen-Pferde sind (...) nur noch Muskeln. Die Köpfe gesenkt, ziehen sie. Schläge prasseln auf gespannte Rücken. Lianen peitschen ihnen übers Gesicht. Das Blut ihrer Füße weist die Spur. (...) "Ein Weißer!" Er ist sehr erstaunt." (...) "Mich interessiert der Wald," erkläre ich. "Ich wollte sehen, wie das Holz gemacht wird." (...) Er zeigt mir seinen Stock. "Den habe ich immer bei mir. Anders kann man hier nicht arbeiten. Das ist schade. Aber ich kümmere mich um sie. Ich bin derjenige in der Gegend, der die wenigsten Toten macht. Was wollen Sie, es ist schlimm, aber die Neger lassen sich nicht durch Maschinen ersetzen. Dazu müßte man Millionär sein. Es gibt nichts besseres als Motoren, die man mit Bananen antreibt." ■

René Mauriès: "Albert Londres ist ein Kämpfer gegen das Unrecht, der eine neue Form der Sklaverei anprangert."

Beweisstücke

René Mauriès, 1956 für eine Reportage über das Rif mit dem begehrten Albert-Londres-Preis ausgezeichnet, blättert in den Unterlagen seines Vorbildes: "Londres ist der Vater des investigativen Journalismus. Nachdem er die Strafkolonien, die psychiatrischen Anstalten und den Frauenhandel angeprangert hatte, wagte er sich an ein Tabu: Frankreich als Kolonialmacht. Aufgebracht kehrte er von seiner Afrikareise zurück. Er hatte geglaubt, Kolonialisierung bedeute die Emanzipation unterentwickelter Völker, mußte aber entdekken, daß das Mutterland der Menschenrechte eine neue Form der Sklaverei betrieb: die Holzfäller oder die 17 000 Schwarzen, die beim Bau der Eisenbahn vom Kongo an den Ozean vor Erschöpfung starben. Nach der Veröffentlichung seiner Reportagen setzte er seine Mission als Ankläger des Unrechts fort: Er richtete Anfragen an Minister und Abgeordnete. Die Reaktionen waren von beispielloser Heftigkeit. Die Kolonial- und Militärlobby warf ihm "Verleumdung" vor und bezeichnete ihn als "Juden" und "Verräter". Bis 1932, als er bei einem Schiffsunglück auf dem Roten Meer auf ungeklärte Weise ums Leben kam, kämpfte er für die Unabhängigkeit der Information. Er ist, um Léon Daudet zu zitieren, wirklich "eine Ehre für seinen Berufsstand".

"Albert Londres ist der Vater des investigativen Journalismus."

"Der Beweis, daß das, was er schreibt, wahr ist."

Didier Folléas

Als Didier Folléas, Lehrer am Gymnasium von Casablanca, bei einem Antiquar herumstöbert, stößt er auf einen Umschlag mit etwa hundert Schwarzweißfotos. "Albert Londres" ist handschriftlich darauf vermerkt. In Paris sucht Folléas das Archiv des *Petit Parisien* auf: Es handelt sich in der Tat um Aufnahmen des Reporters. Das Bild der Holzfäller wurde am 31. Oktober 1928 unter dem Titel "Vier Monate unter unseren Schwarzen in Afrika" veröffentlicht. "Ich habe eine Rechnung gefunden, die belegt, daß Londres seine Fotos in Casablanca entwickeln ließ. Casablanca war damals für alle Afrikareisenden eine obligatorische Etappe", erklärt Folléas. "Diese Aufnahmen sind erstaunlich. Sie sind weder ethnographisch noch propagandistisch, wie die Kolonien sonst zu dieser Zeit fotografiert wurden. Londres Reportage ist wie ein Drehbuch in einzelne Akte aufgegliedert, mit Handlung und Dialogen. Die Fotos illustrieren die Texte – und belegen, daß das, was er schreibt, wahr ist: seine Fotos sind Beweisstücke."

Albert Londres

1930

Haager Konferenz, 1 Uhr morgens

© Erich Salomon/Bildarchiv Preussischer Kulturbesitz

→ **DAMALS**

28. Juni 1919: Der Vertrag von Versailles wird unterzeichnet und Deutschland, das von den Verhandlungen ausgeschlossen war, mit allen Klauseln aufgezwungen: Die Rückgabe von Elsaß-Lothringen an Frankreich, immense Reparationszahlungen, Entmilitarisierung und Besetzung des linken Rheingebiets. Für Deutschland stellt dieses "Diktat von Versailles" eine Erniedrigung dar. 1930 beschließt die Konferenz von Den Haag eine Reduzierung der Reparationszahlungen und den militärischen Rückzug aus dem Rheinland.

015

Peter Hunter: "Mein Vater war der erste Paparazzo des Jahrhunderts."

ER KAM MIT EINEM riesigen Attaché-Case aus schwarzem Leder, einem Stativ und einer Mappe aus Pappkarton im Hôtel des Indes an. Der 85jährige Peter Hunter ist der Sohn von Erich Salomon, dem berühmtesten Pressefotografen aus der Zeit zwischen den Kriegen. Man nannte ihn den "König der Indiskreten", weil er die erste versteckte Kamera erfand. "Doktor Salomon" wollte seine Opfer in dem Luxushotel in Den Haag, wo die internationalen Sitzungen erst zu nächtlicher Stunde endeten, überraschen. Peter Hunter packt seine Schätze aus: Eine Ermanox von 1927 – "Nachts und ohne Blitzlicht fotografieren!" pries die Werbung damals –, einen acht Meter langen, geräuschlosen Drahtauslöser und schließlich hochempfindliche Glasplatten, die Belichtungszeiten von 1/8 Sekunde erlauben – eine Leistung für die damalige Zeit. "Mein Vater machte die Ermanox auf diesem Stativ fest und suchte sich mit dem Drahtauslöser einen unauffälligen Platz, um seine Aufnahmen machen zu können, ohne daß es bemerkt wurde. Er war der erste Paparazzo des Jahrhunderts." Auf diese Weise bekommt Erich Salomon am Ende der Konferenz von Den Haag die europäischen Minister, die im Salon eines Restaurants eingeschlafen sind, auf die Platte. Er hatte sich hinter einem Paravent versteckt. "Aber dann entdeckte der französische Finanzminister Chéron meinen Vater und sagte zu ihm: 'Wenn Sie nun schon einmal da sind, können Sie uns auch helfen, unser Problem zu lösen!'" ■

"König der Indiskreten"

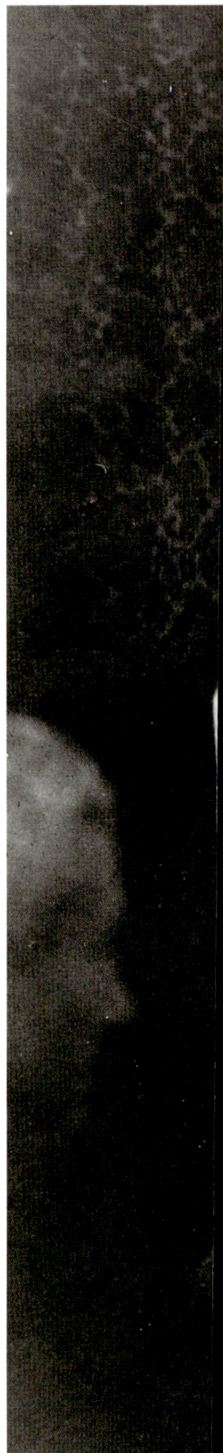

Der Vater des Fotojournalismus

Erich Salomon, 1886 in Berlin geboren, hatte seine ersten Erfolge bei der *Berliner Illustrirten Zeitung*, dem Prunkstück der europäischen illustrierten Presse mit einer Auflage von 2 Millionen Exemplaren. An seiner Seite einige der größten Fotografen des Jahrhunderts: Alfred Eisenstaedt, Felix H. Man, André Friedman – der spätere Robert Capa – und Tim Gidal. Erich Salomon wird zum Hoffotograf der hohen Politik. Aber auf seine Weise: Nicht eines seiner Fotos, das den Gepflogenheiten seiner Zeit entsprechen würde. Er, dessen Ruhm bis nach Amerika gedrungen ist, nennt sich "Bildhistoriker" und zeichnet seine Bilder mit seinem Namen: eine Premiere in der Geschichte der Fotografie. Ihm ist es zu verdanken, daß der Fotograf nicht mehr der anonyme 'Techniker' bleibt, sondern zu einem eigenständigen Journalisten wird. Als Hitler 1933 an die Macht kommt, verliert Berlin seine jüdischen Fotografen und deren Begabung: Alfred Eisenstaedt flieht in die USA und gehört bald zum festen Mitarbeiterstab von *Life*; André Friedman geht nach Paris, wo er die Agentur *Magnum* gründen wird; Tim Gidal gründet in London die *Picture Post*. Salomon hingegen wird in seinem Exil in Holland bei einer Razzia verhaftet und mit seiner Frau und seinem zweiten Sohn in Auschwitz umgebracht. Otto, der älteste Sohn, emigriert nach London, wo er unter einem Decknamen in die britische Armee eintritt: Peter Hunter.

ERICH SALOMON

1933

Hitler

© Heinrich Hoffmann/Fotografarchiv Hans Döring

→ DAMALS

30. Januar 1933: Nach dem Wahlsieg der Nazis wird Adolf Hitler zum Reichskanzler ernannt. Seine Gegner werden ausgeschaltet, die Parteien aufgelöst, und die Verfolgung der Juden zunehmend systematisiert. Der Diktator, der sich auf einen starken Propagandaapparat stützen kann, erfreut sich einer immensen Popularität: Dank seiner Politik der großen Bauvorhaben und der Militarisierung der Wirtschaft gelingt es ihm, die Arbeitslosigkeit zu beseitigen. Nach zwölf Jahren absoluter Macht geht Hitler als der größte Verbrecher des Jahrhunderts in die Geschichte ein.

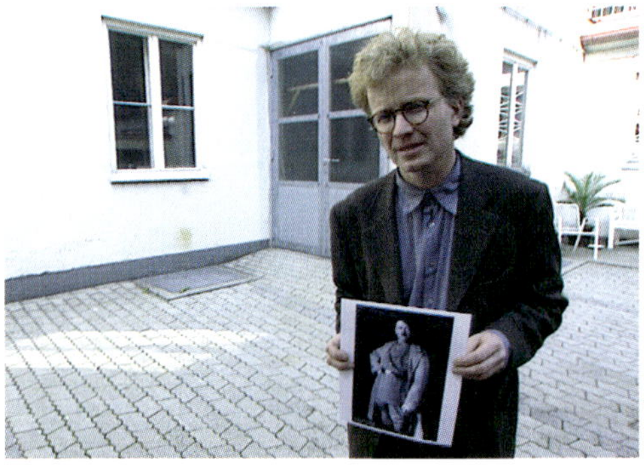

Rudolf Herz: "Die Nazidiktatur beruhte auf dem Führerkult. Daher die Bedeutung des Porträts."

Der Führer

SEPTEMBER 1923, Schellingstraße in München. In einem Hinterhaus das Schild "Photohaus Hoffmann". Dort hat ein gewisser Adolf Hitler, der einer obskuren "Nationalsozialistischen Arbeiterpartei" vorsteht, einen Termin. Niemand in Deutschland kennt sein Gesicht: Er hat seinen Freund Heinrich Hoffmann gebeten, ein Porträt von ihm anzufertigen. Die beiden Männer haben sich 1920 kennengelernt und teilen die gleichen rechtsextremen Überzeugungen. Bei dieser ersten Fotositzung entsteht eine Aufnahme, die nach dem mißglückten Putschversuch im November 1923 überall verteilt wird: Das Paar Hitler/Hoffmann, das zu der Schaffung des Führermythos beitragen wird, ist geboren. "Hitler war sehr linkisch und konnte sich nicht ins rechte Bild setzen", sagt der Historiker Rudolf Herz. "Das hat er alles bei Hoffmann gelernt." In 22 Fotositzungen konstruiert sich Hitler ein Image: Kleidung, Frisur, Körperhaltung, Gesichtsausdruck, alles ist ausprobiert und eingeübt worden. "Das Ziel war, ihn als Erlöser Deutschlands darzustellen. Die Anziehungskraft der NSDAP bestand nicht in ihrer Ideologie, sondern in dem Glauben an einen Führer. Daher die Bedeutung des Porträts." Der Höhepunkt dieser Inszenierung ist ein Foto aus dem Jahr 1933 mit dem Titel "Reichskanzler Adolf Hitler": Militärmantel mit dem Eisernen Kreuz aus dem Ersten Weltkrieg, die Insignien der NSDAP, die gescheitelten Haare diagonal ins Gesicht gekämmt, ein eindringlicher Blick, der durch die Ausleuchtung noch betont wird, ein entschlossener Mund. "Dies ist die vollendete Stilisierung des Führers in der Tradition der preußischen Königporträts." ■

Mai 1945. Heinrich Hoffmann wird von den Alliierten verhaftet, sein Besitz, darunter 2,5 Millionen Aufnahmen, konfisziert. Er kommt ins Gefängnis von Nürnberg, wo die Prozesse gegen die Hauptverantwortlichen des Naziregimes bevorstehen, und muß sein Archiv öffnen, um Beweismaterial für die Anklage zu liefern. Während seines eigenen Prozesses wird Hoffmann in die Kategorie 1 – dazu zählen die wichtigsten Naziverantwortlichen – eingestuft, da er "durch Bildpropaganda ganz wesentlich dazu beigetragen hat, daß Hitler an die Macht gelangte". Zu zehn Jahren Zwangsarbeit verurteilt, wird er jedoch vorzeitig entlassen. 1957 stirbt er im Alter von 72 Jahren.

"Schuldig in Kategorie 1"

HOFFMANN und die Entnazifizierung.

"Einer der blühendsten Betriebe des Nazi-Regimes"

Gisela Twer war 20, als sie bei Heinrich Hoffmann als Redakteurin eingestellt wurde. Ihre Aufgabe: Die Bildunterschriften zu den Fotos zu schreiben. Das ehemalige Studio war inzwischen zu einem Betrieb mit 300 Beschäftigten und einer Abteilung "Presse und Verlag" geworden. "Hoffmann war der Leibfotograf Hitlers: Er besaß das Monopol auf Fotos aus seinem Privatleben und später, während des Krieges, für Aufnahmen aus seinem Bunker und aus dem Generalhauptquartier. Eva Braun, die Hitler in dem Münchener Studio kennengelernt hatte, wo sie als Verkäuferin arbeitete, tauchte nie auf den Bildern auf. Hoffmann veröffentlichte die Fotos in Büchern, deren Auflagen in die Hunderttausende gingen: *Hitler, wie ihn niemand kennt*, *Hitler in den Bergen* oder *Hitler und die Kinder*. Aufnahmen wie diese von 1933 wurden an alle Bürgermeisterämter, Behörden und Betriebe des Landes verkauft. Mit dem Gros der Produktion wurde die Nazipresse beliefert, zum Beispiel *Der illustrierte Beobachter*, dessen Mitbegründer Hoffmann war. Sein Betrieb gehörte zu den blühendsten des Naziregimes."

Gisela Twer

Mexiko 1934

© Henri Cartier-Bresson/Magnum Photos

→ DAMALS

1934: Lazaro Cardénas wird zum Präsidenten von Mexiko gewählt. Er genießt eine hohe Popularität und läßt 16 Millionen Hektar Land an die Kleinbauern und Indios verteilen, er verstaatlicht die Ölkonzerne und schafft die Grundlagen für eine wirkliche Volksdemokratie. Mexiko wird zum Ziel zahlreicher Exilanten aus anderen lateinamerikanischen Staaten, die vor den autoritären Regimes ihres Landes fliehen, aber auch für Flüchtlinge aus dem Spanien Francos, und nimmt bald eine politische, soziale und kulturelle Spitzenposition auf dem Kontinent ein.

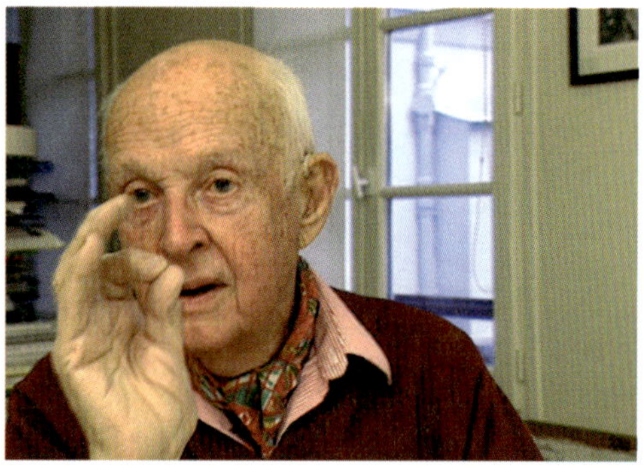

HENRI CARTIER-BRESSON

"Es ist wie beim Angeln in einem Fluß: Man lauert der Forelle auf, die der Fliege auflauert – und hopp!"

Die Liebesspinne

"DIE LIEBESSPINNE – es hat mir Spaß gemacht, diese charmante Aufnahme so zu nennen – zeigt uns zwei hübsche mexikanische Lesbierinnen, die in flagranti und, ich glaube, ohne ihr Wissen nach der HCB-Methode fotografiert wurden: nur den entscheidenden Moment festzuhalten. Hier ist alles verhüllt, nur das Wesentliche nicht, und der Anstand wird auch trotz dieser gewagten Erotik gewahrt. Der Betrachter kann in aller Unschuld genießen. Was für ein Anmut!" Der Text stammt von dem Schriftsteller André-Pierre de Mandiargues. "Wir waren über ein halbes Jahrhundert lang befreundet", sagt Henri Cartier-Bresson. "Er war von dieser Aufnahme begeistert." Dann erzählt der Fotograf mit offensichtlichem Vergnügen die Geschichte dieses Bildes: "Das war 1934 in Mexiko. Ein befreundeter Maler hatte einem Gesandten die Junggesellenwohnung dekoriert. Alle tranken einen Tequila nach dem anderen, nur ich nicht, da ich die Ruhr hatte … Mein Freund Tonio Salazar und ich sahen uns ein wenig in dem Haus um. Als wir ganz oben waren, hörten wir ein leises Geräusch, wir öffneten die Tür … Ich habe meine Leica immer dabei, Tonio nahm eine Lampe, und ich drückte ab. Ich habe noch zwei oder drei Aufnahmen gemacht, aber es war schon zu spät: Es gibt nur den einen entscheidenden Augenblick. Was man auf dem Foto nicht sieht, ist, daß mein Freund, der nicht krank war wie ich, sich zu den Mädchen gesellte … Danach sind wir alle vier nach unten gegangen, als wäre nichts passiert." ■

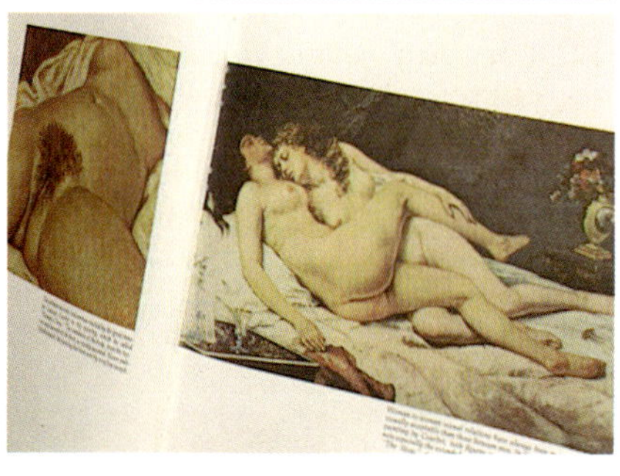

Cartier-Bresson und wie er die Welt sieht

"Die Liebe ist blind ... Ich kann das Körperliche nicht vom Geistigen trennen. Puritanismus ist etwas Furchtbares: Wenn es weder Lust noch Sinnlichkeit gibt, dann gibt es auch keine Kunst, keine Musik, dann ist Ödnis ... Ich bin mit der Malerei aufgewachsen. Für mich ist das Foto eine Art Appendix, eine unmittelbare Zeichnung. Fotos sind Skizzen, keine Kunst ... Meine Leidenschaft ist der fotografische Schuß ... Das ist Empfindungsvermögen, das Gegenteil didaktischen Denkens: Es ist das Vergnügen, die Geometrie, die Intuition. De Gaulle hat gesagt: "Fotografen müssen so sein wie die Artillerie – genau zielen, schnell schießen und sich aus dem Staub machen!" Das ist eine gute Definition. Man darf nicht wollen – das kann sehr gefährlich sein –, man muß bereit sein, offen, nehmen und geben. Wenn das Thema dann da ist, peng! ist es geradezu physisch ein Orgasmus ... Ich glaube, wir sind Taschendiebe und Zeitzeugen: Wie Schriftsteller führen wir ein Tagebuch, und der Kontaktstreifen erzählt all das, was wir von einer Sekunde auf die andere gesehen haben, und das ist sehr indiskret ... Ich reise nicht sehr gerne, ich bin gern in einem Land, um dort zu leben. Eleganz ist Langsamkeit. Sich Zeit nehmen. Rodin sagte, was man mit der Zeit macht, wird von der Zeit respektiert. Ich bin kein Nostalgiker, für mich gibt es höchstens verpaßte Fotos und Gelegenheiten, aber eigentlich nicht einmal das: Das Leben ist ein ewiges Sich-ändern, alles verschwindet und wird ständig neu geboren ... Ich habe mich etwas zu lange mit dem Fotografieren aufgehalten. Wenn man das macht, was man Reportage nennt, kann man nichts anderes machen: Man wird von seinem Auge gejagt wie der Mörder vom Kommissar. Seit ich damit aufgehört habe, fühle ich mich frei ... Das Zeichnen ist meine Passion. Ich mache Aktzeichnungen, wenn es regnet oder kalt ist, ich zeichne Bäume; ich male sehr gerne Köpfe, wohingegen das fotografische Porträt für mich zum Schwersten gehört, was es gibt. Es ist sehr heikel, jemandem eine Leica zwischen Hemd und Haut zu schieben ... Was heißt das schon, zum "Fotografen des Jahrhunderts" ernannt worden zu sein? Ich habe Glück im Leben gehabt, das ist alles. Und nun ist es gut, daß ich alt bin ... Ich bin lebendig. Und Anarchist, aber gewaltfrei. Es lebe Bakunin!"

Und Gott schuf Magnum

"Chim und Capa sind nicht tot", sagt Henri Cartier-Bresson. "Sie sind nur gerade nicht anwesend. Ihr Geist beherrscht Magnum nach wie vor." April 1947: David "Chim" Seymour, George Rodger, Robert Capa und "HCB" gründen die Agentur Magnum, eine Kooperative von Fotografen, deren Ziel es ist, die Texte zu kontrollieren, mit denen die Magazine ihre Fotos versehen, und die Rechte an den Bildern zu behalten. "Wir wollten uns nicht zu den Domestiken der Presse machen lassen und uns auch unsere Themen selbst aussuchen, was zu dieser Zeit einer Revolution gleichkam. Jeder von uns hat 400 Dollar in das Abenteuer gesteckt. Und was den Namen betrifft, versprachen wir uns jedesmal, wenn wir uns wiedertreffen, eine Flasche Champagner." "Das Abenteuer" wird zur ersten Adresse in Sachen Fotojournalismus. Und die fotografischen Essays sind das größte Gut der Agentur. 1954: Robert Capa wird in Indochina getötet. 1956: David "Chim" Seymour stirbt in Ägypten. "In diesem Beruf", sagt Henri Cartier-Bresson, "geht man auf lange Reisen, und für einige dauern sie noch länger ..."

Ein Mann des des Jahrhunderts

Henri Cartier-Bresson, 1908 geboren, entstammt einer Industriellenfamilie aus dem Pariser Raum. Von Kindesbeinen an ist er von Malerei umgeben: Der Vater zeichnet gerne, ein Onkel ist Maler – der Junge träumt von Pinsel und Palette. Für immer. Seine Vorbilder sind Goya, Degas, Cézanne, Delacroix, Matisse. Er hat Kontakt zu den Surrealisten und lebt dann einige Zeit an der Elfenbeinküste. 1931 stößt er auf ein Foto von Martin Munkacsi: "Kinder am Ufer des Tanganyka-Sees" – es ist Liebe auf den ersten Blick. Er kauft sich eine Leica und streift durch Europa und Mexiko, das ihm zu einer Art zweiter Heimat wird. Bereits ein angesehener Fotograf, macht er einen Ausflug ins Kinofach und arbeitet mit Jean Renoir zusammen. 1940 gerät er in deutsche Kriegsgefangenschaft, 1943 gelingt ihm die Flucht. Das Museum of Modern Art in New York organisiert nach Kriegsende eine posthume (!) Ausstellung seiner Bilder. Drei Jahre lang bereist er Asien: Indien (ein weiterer "Heimathafen"), China, Birma, Indonesien, Japan. Dann die UdSSR, die USA sowie erneut Mexiko. 1972 zieht Cartier-Bresson einen Schlußstrich unter die Reportage, um sich dem Zeichnen zu widmen: "Wenn ich die Leica hervorhole, dann um die Menschen zu fotografieren, die ich liebe: meine Frau Martine, meine Tochter Melanie und Freunde."

1936

Stalin und Guelia

© Kalaschnikow/David King Collection

→ DAMALS

“Väterchen der Völker” läßt er sich am liebsten nennen. Nach Lenins Tod 1924 wird Josef Stalin zum uneingeschränkten Herrscher über die elf Republiken der Sowjetunion, die er mit der systematischen Eliminierung politischer Gegner, Terror und einem Kult um seine Person regiert. Millionen Unschuldiger werden während seiner Regierungszeit ermordet. Als Demagoge nutzt er seine beiden großen Erfolge unermüdlich aus: Den Sieg über die Nazis und den Aufstieg der UdSSR zur Weltmacht Nr. 2. Sein Tod im März 1953 löst im ganzen Land Erschütterung aus.

Ein Bild des Unheils

Guelia Markizova: "Es war wie in einem Traum."

AN DIESEM TAG sei sie "das glücklichste Mädchen auf der ganzen Welt gewesen". Auf den Archivbildern sieht man, wie Guelia fröhlich den Genossen Stalin küßt, dem sie einen Blumenstrauß überreicht hat. Die Augen der kleinen Mongolin strahlen vor Freude, und der Diktator sieht sie mitfühlend an. "Klick", machte Kalaschnikow, der seinen Namen zu Recht trug. Guelia Markizova, die jüngere Tochter von Ardan Markizov, stellvertretender Parteisekretär der Republik Innere Mongolei, ist an diesem 7. Januar 1936 sieben Jahre alt. Um die "Errungenschaften der Revolution" in dieser entfernten Provinz der Union zu feiern, lädt Stalin eine 67köpfige Delegation in den Kreml ein. Guelia, die "von dem Führer der Partei fasziniert" war, überredet ihren Vater, sie mitzunehmen. Doch dort angekommen, langweilt sie sich furchtbar. Frech setzt sie sich über das Protokoll hinweg und steht mitten in dem auf mongolisch gestammelten Vortrag einer Kolchosebäuerin auf. "Ich will Stalin sehen", verkündet sie und schlüpft mit dem Blumenstrauß auf die Tribüne. "Stalin drehte sich um und lächelte", erzählt sie heute, "er setzte mich auf den Tisch, und ich strahlte vor Glück." Am Ende der Feier überreicht Stalin ihr eine rote Schachtel. "Für Guelia Markizova vom Führer der Partei" ist darauf eingraviert. Sie enthält eine "kostbare goldene Uhr" und einen Plattenspieler. "Es war wie in einem Traum; sich den Alptraum, der folgen sollte, vorzustellen, war unmöglich." ■

Guelia Markizova

Für Guelia ist der Traum von kurzer Dauer. Ein Jahr später erreichen die Säuberungen die Innere Mongolei, und am 11. Dezember 1937 wird ihr Vater wegen "Vorbereitung der Ermordung Stalins" verhaftet. Guelia und ihre Mutter Dominica werden nach Turkmenistan deportiert, das Foto und Stalins Geschenke nimmt sie mit. "Wir bewunderten ihn auch weiterhin", seufzt Guelia. "Es war für uns unvorstellbar, daß er etwas mit dem tragischen Schicksal unserer Familie zu tun haben könnte." Doch das Unglück geht weiter: Im November 1940 wird ihre Mutter mit durchschnittener Kehle in dem Kinderkrankenhaus gefunden, in dem sie arbeitet. Nach offizieller Darstellung hat sie "Selbstmord begangen". Erst 1996 entdeckt Guelia, als sie in den KGB-Archiven nachforscht, die Wahrheit. In dem 800-Seiten-Dossier stößt sie auf einen Brief des NKGB-Chefs von Turkmenistan an die Moskauer Zentrale; darin bittet er um Anweisung, wie mit "der exilierten Dominica Markizova" zu verfahren sei, "die das Foto von Stalin und ihrer Tochter bei sich hat, mit dem sie sich rühmen könnte". Die Antwort, mit blauem Stift auf den Brief geschrieben, lautet: "Ausmerzen".

Juri Borissov

"Eine Ikone stalinistischer Propaganda"

Das Foto von Guelia und Stalin wird millionenfach verbreitet: auf Plakaten, Postkarten und in Schulbüchern. Die Skulptur, die Georgi Lavrov nach diesem Bild anfertigt, wird in drei Millionen Exemplaren in den Polikliniken des gesamten Landes aufgestellt. "Dieses Foto hat meine Generation geprägt", erzählt der russische Historiker Juri Borissov, "die Propaganda nutzte es, um Stalins Familien- und Bevölkerungspolitik zu versinnbildlichen: Man sieht sofort, daß das kleine Mädchen keine Russin ist. Zu einem Zeitpunkt, als es um die – erzwungene – Konsolidierung einer Union kulturell und ethnisch sehr unterschiedlicher Republiken ging, war dies sehr wichtig."

1936

Migrant mother

→ **DAMALS**

29. Oktober 1929: An der Börse von Wall Street lösen sich 16 Milliarden Dollar in Luft auf. Das ist der erste Börsenkrach des Jahrhunderts. Amerika versinkt in der Großen Depression: Tausende von Unternehmen melden Konkurs an, 13 Millionen Arbeitslose irren auf der Suche nach Arbeit durch das Land, “Migranten” nennt man sie. Als Roosevelt 1932 zum Präsidenten gewählt wird, verkündet er ein ehrgeiziges Programm: Mit großen öffentlichen Bauvorhaben, Subventionen für die Landwirtschaft und der Neustrukturierung der Banken soll sein “New Deal” die Wirtschaft wieder ankurbeln.

019

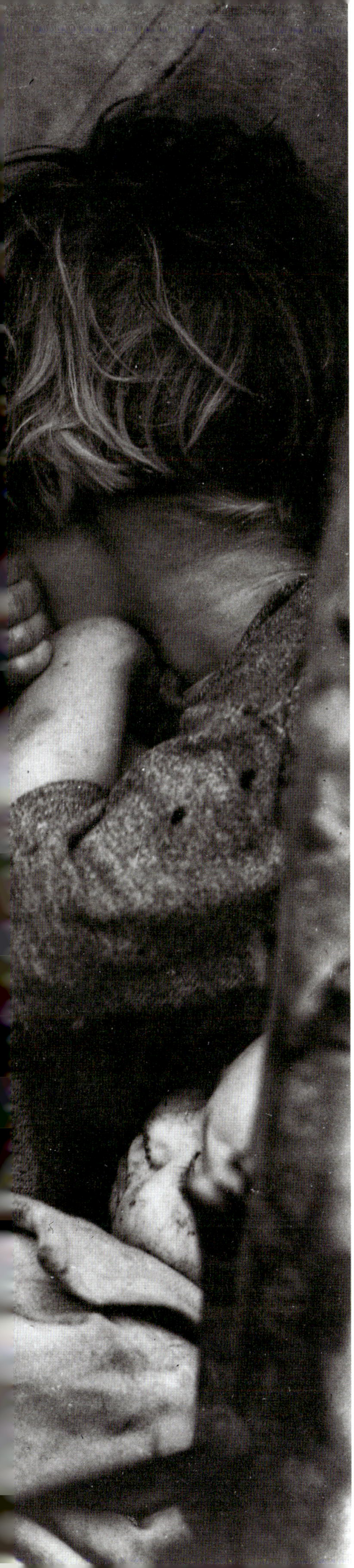

Abgeschrieben

Kathleen McIntosh: "Rechts von meiner Mutter, das bin ich."

DAS WETTER IST NASSKALT an diesem 6. März 1936, als Dorothea Lange beschließt, nach Hause zurückzufahren. Einen Monat lang hat sie die Saisonarbeiter an der Westküste fotografiert. Am Straßenrand bemerkt sie ein Schild, das auf ein Lager von Erbsenpflückern hinweist. Die Fotografin, die es eilig hat, ihre beiden Kinder wiederzusehen, fährt daran vorbei. Dreißig Kilometer weiter jedoch macht sie kehrt: "Ich bin meinem Gespür gefolgt und nicht dem Verstand", schreibt sie 1960. Über einen schlammigen Feldweg erreicht sie ein notdürftiges Lager, in dem sich Migrantenfamilien drängen: "Ich sah eine ausgehungerte und verzweifelte Frau, und wie von einem Magneten angezogen näherte ich mich ihr." Dorothea Lange bleibt nur zehn Minuten, die Zeit, um einige Worte mit Florence Thompson zu wechseln, einer 32jährigen Witwe und Mutter von sechs Kindern, die soeben "die Reifen ihres Autos verkauft hat, um Lebensmittel kaufen zu können", und die überlebt, indem sie das gefrorene Gemüse von den Feldern und die Vögel ißt, die die Kinder fangen." "In Wirklichkeit", erzählt Kathleen McIntosh, das kleine Mädchen, das sich auf dem Bild rechts an seine Mutter schmiegt, "sind wir in dem Lager von Nipomo gelandet, weil der Keilriemen des Autos gerissen war. Wir warteten darauf, daß es repariert würde, um nach Watsonville weiterzufahren, wo es angeblich Arbeit gab." Dorothea Lange macht sechs Aufnahmen. Die letzte Fotografie ist die beste, sie wird zum Inbegriff derjenigen, die vom amerikanischen Traum ausgeschlossen sind. ■

019

Vicki Goldberg: "Eine Form von Regierungspropaganda."

Dorothea Lange

Alles beginnt in San Francisco, wo die junge Fotografin ein Studio eröffnet hat. Dorothea Lange ist bereits eine renommierte Porträtistin, wechselt aber angesichts der Heerscharen von Arbeitslosen und den Armenspeisungen in der Stadt in den Dokumentarbereich. Roy Stryker von der Farm Security Administration in Washington ist von ihren Bildern beeindruckt. Seine Behörde ist für die von Roosevelt lancierten Landreformen zuständig. Das Ziel: Subventionen für die ruinierten Bauern. Zur Bewilligung der notwendigen Gelder benötigt der Präsident die Zustimmung des Kongresses und der öffentlichen Meinung. Die Fotografie wird zu seiner Waffe. Auf Vorschlag von Roy Stryker gründet die FSA eine Abteilung "Fotografie"; Dorothea Lange wird eingestellt. Sechs Jahre lang erfüllen elf Fotografen den Auftrag, das Elend der Opfer der Großen Depression zu dokumentieren. "Das war eine Form von Regierungspropaganda", meint die amerikanische Historikerin Vicki Goldberg. "Zum ersten Mal benutzte eine Regierung das Foto als Kommunikationsmittel." Resultat: 270 000 Aufnahmen, davon etwa 100 000 von der Urheberin der "Migrant mother", die als *das* Foto der FSA und der Dorothea Lange im Gedächtnis geblieben ist: "Dabei habe ich doch wirklich nicht nur ein Bild gemacht", sagte die Fotografin kurz vor ihrem Tod.

Dorothea Lange macht sechs Aufnahmen: Stück für Stück nähert sie sich Florence Thompson, die ihr Baby stillt. Das Bild ergibt sich von alleine: Der Säugling ist eingeschlafen, Kathleen und ihre Schwester schmiegen sich an die Mutter, die Kamera sieht nur ihre Nacken. Das Gesicht der Frau ist schön, trotz der Sorgenfalten. Mit verlorenem Blick stützt sie das Kinn auf die Finger. "Die Stärke dieser Aufnahme liegt in dem Bezug zu unserem kulturellen Erbe, vor allem zum Topos der Madonna mit Kind aus der Renaissance", kommentiert Vicki Goldberg. "Das Bild ist eine wahre Ikone, man kann es umdeuten oder für andere künstlerische Zwecke benutzen." Im Spanischen Bürgerkrieg taucht das Bild auf Flugblättern der Republikaner auf; später verwenden es die Black Panther mit der Unterschrift: "Poverty is a crime, and our people are the victims" – Mutter und Kinder haben eine schwarze Hautfarbe und krause, dunkle Haare. Auf der Titelseite der venezuelanischen Zeitschrift *Bohemia* werden die Personen zu Indios. Auf der ganzen Welt wird "Migrant mother" zum Sinnbild menschlichen Elends.

In ihrem kalifornischen Heim fördert die 67jährige Kathleen McIntosh Dutzende vergilbter Zeitungsausschnitte zutage. Teils geschmeichelt, teils aufgebracht zeigt sie auf den Nacken eines fünfjährigen Mädchen: "Unser Foto ist um die ganze Welt gegangen, aber wir haben nie einen Pfennig dafür gesehen. Deshalb verlange ich von Journalisten, die mich interviewen wollen, 1 000 Dollar." In einem Interview, das ihre Mutter 1978 der *Tribune* gab, liest man: "Ich habe es satt, das menschliche Elend zu verkörpern, schließlich hat sich mein Leben doch verbessert." Florence Thompson kündigt rechtliche Schritte an, um die Verbreitung der Aufnahme zu verbieten. Zu einem Prozeß kommt es nicht: Nichts deutet darauf hin, daß das Foto gegen ihren Willen entstand. Im Gegenteil. Und fünf Jahre später zögern ihre Kinder nicht, das Foto im Zusammenhang mit einem Spendenaufruf in der *New York Times* zu veröffentlichen: Ihre Mutter ist an Krebs erkrankt und kann sich keinen Krankenhausaufenthalt leisten. Innerhalb weniger Wochen treffen 15 000 Dollar aus allen Ecken des Landes ein. Vergebens: Am 16. September 1983 stirbt Florence Thompson im Alter von 79 Jahren.

Das Foto wurde für ein Plakat der Black Panthers verfremdet.

"Poverty is a crime, and our people are the victims."

Florence Thompson

"Als ich das Foto zum ersten Mal sah, habe ich mich geschämt."

1936

Die Volksfront

© Willy Ronis/Rapho

→ DAMALS

Frankreich, Mai 1936. Die Volksfront gewinnt die Wahl, der Sozialist Léon Blum wird Regierungschef. Zwei Millionen Arbeiter treten in den Streik, um auf der Stelle einzufordern, was ihnen versprochen worden war. Am 7. Juni unterzeichnen die Arbeitgeber und die Gewerkschaft CGT die Matignon-Vereinbarung: Neben Lohnerhöhungen sind die 40-Stunden-Woche sowie zwei Wochen bezahlter Urlaub vorgesehen. Das arbeitende Frankreich ist euphorisch. Ablehnung in der Welt der Wirtschaft und Regierungsfehler stürzen das Land jedoch in die Krise: Im Juni 1937 muß Léon Blum abtreten.

WILLY RONIS

"Ein denkwürdiger Tag, der den Beginn meiner Laufbahn bedeutet."

Fête Nationale

"ES WAR EIN DENKWÜRDIGER Tag." Das will etwas heißen, wenn es aus dem Mund eines Mannes kommt, der fast das ganze Jahrhundert hautnah miterlebt hat. "Nie wieder habe ich eine solche Menge von Menschen gesehen, die so jubelnd den Nationalfeiertag beging", fährt Willy Ronis fort, "all die, deren Herz links schlug, waren auf der Straße." Es ist der 14. Juli 1936, einen Monat zuvor ist die Matignon-Vereinbarung unterschrieben worden, die bedeutendste soziale Errungenschaft Frankreichs. Paris feiert, während die Arbeiter zum ersten Mal in den Genuß eines bezahlten Urlaubs kommen. "Sie kamen von überall her, mit Kind und Kegel. Ich war damals 26 Jahre alt, Amateurfotograf und wollte mit meiner 6 x 9 cm Ziehharmonika-Kamera eine Erinnerung an diese Veranstaltung einfangen." Léon Blum und seine Minister gehen an der Spitze der Demonstration. In der Rue de Rivoli entdeckt Ronis ein kleines Mädchen, das auf den Schultern seines Vaters sitzt: "Sie fiel mir auf, weil sie eine Jakobinermütze trug und die Faust emporgereckt hatte. Ich habe zwei Bilder gemacht: Auf dem ersten hebt sie die linke Faust, auf der zweitens die rechte – ich hatte sie darum gebeten, weil man auf einer Demonstration traditionell die rechte Faust hebt." Das Foto, das schon am nächsten Tag in einer Zeitung erscheint, wird zu einem Symbol der Volksfront. "Für mich", sagt Willy Ronis, "bedeutet es auch den Beginn meiner Laufbahn: Am Abend dieses denkwürdigen 14. Juli beschloß ich, Fotograf von Beruf zu werden." ■

"Ich fotografiere das Alltägliche", sagt Willy Ronis. "Die Scoops oder die Viertel der Schönen und Reichen interessieren mich nicht. Ich erzähle gerne das Leben der einfachen Leute und zeige die kleinen Freuden des Alltags." Er träumte davon, Musiker zu werden, konnte sich nicht satt sehen an der Malerei und wurde einer der größten französischen Fotografen. Seit über 60 Jahren läßt Willy Ronis seinen teilnehmenden Blick schweifen, eine Kamera in der Hand und eine Partitur im Kopf. Jedes Foto ist für ihn eine Harmonie, die den Melodien des Lichts entspringt: "Wie sehr mich ein Thema emotional auch berühren mag, sorge ich mich doch immer um die Form. Ich suche eine Komposition, die ein Gleichgewicht zwischen Fläche und Linie, zwischen Schatten und Licht herstellt. Ich liebe Perspektiven, die Räumlichkeiten herstellen, mit ergänzenden, aber selbständigen Linien, wie in der musikalischen Fuge, wie im Leben."

WILLY RONIS

"Das Leben ist wie eine musikalische Fuge."

"Die Jakobinermütze hat meine Mutter genäht."

"Sie waren dazu bestimmt, die Republik zu verkörpern", sagt Willy Ronis zu ihr, als sie sich zum ersten Mal in einem Pariser Café treffen. Und er schenkt ihr eine Uhr, auf deren Ziffernblatt das Foto mit ihr abgebildet ist. "Oh, danke", murmelt Susanne Trompette errötend. An diesem berühmten 14. Juli 1936 war die Tochter eines Eisenbahners sieben Jahre alt. Das erste Mal sah sie das Foto kurz vor dem Krieg; später im Fernsehen, anläßlich des 60. Jahrestags der Volksfront. "Mein Vater war sehr glücklich, denn es war die Feier der errungenen Siege nach den Streiks. Er hatte darauf bestanden, daß meine beiden Brüder, meine Mutter, die mir diese Mütze als Symbol der Freiheit genäht hatte, und ich an der Demonstration teilnahmen. Ich freue mich wirklich, daß ich Sie nun nach 62 Jahren heute kennenlerne."

Susanne Trompette

1936
021

Spanischer Bürgerkrieg

© Robert Capa/Magnum Photos

→ DAMALS

Spanien Februar 1936: Die Kommunisten, Anarchisten und Sozialisten der "Frente popular" gelangen an die Macht. General Franco löst einen Putsch des Militärs aus, es kommt zum Bürgerkrieg. Die Nationalisten werden von Mussolini und Hitler unterstützt; Tausende internationale Brigadisten, darunter Intellektuelle wie André Malraux und Ernest Hemingway, kommen den republikanischen Kräften zu Hilfe. Der Krieg um Spanien, in dem mehr als eine halbe Million Menschen ihr Leben verlieren, endet im April 1939 mit dem Sieg des Caudillo. Die Diktatur, die er errichtet, hat bis zu seinem Tod 1975 Bestand.

Richard Whelan: "Robert Capa benutzte seine Leica, um gegen den Faschismus zu kämpfen."

ER WAR 23 JAHRE, und er wollte mit der Leica in der Hand kämpfen. "Für Robert Capa", erklärt sein amerikanischer Biograph Richard Whelan, "war diese kleine und schnelle Kamera eine Waffe, mit der er gegen den Faschismus angehen wollte. Mit seinen Fotos wollte er Geld für die republikanische Sache beschaffen." In diesem Sommer 1936 kommt dem Fotografen das Glück zu Hilfe. Lucien Vogel, Gründer und Chef der Illustrierten *Vu*, lädt ihn ein, in seinem Privatflugzeug mit ihm nach Spanien zu fliegen. Capa und seine Lebensgefährtin Gerda Taro kommen so nach Katalanien und machen sich von dort nach Südspanien auf, wo heftige Kämpfe toben. Am Morgen des 5. September planen die Anarcho-Syndikalisten der CNT eine Offensive an der Front von Cordoba. Capa und Gerda Taro schließen sich dem Regiment von Alcoy an, das aus 300 Milizionären besteht. Ihnen stehen die Nationalisten unter General Mola gegenüber, die in dem Abschnittsbereich von Cerro Muriano das Feuer eröffnen. Auf einer von Capas Aufnahmen ist eine Gruppe Republikaner abgebildet, die ihre Gewehre schwingen: Ganz links sieht man einen Mann, der größer als die anderen ist. Er trägt ein helles Hemd und einen Patronengürtel. Dies ist der Mann, der nur wenig später durch eine Kugel der Faschisten umkommen wird. Von einem Schützengraben aus fotografiert Capa den Milizinonär genau in dem Augenblick, als dieser von der Kugel getroffen das Gleichgewicht verliert, das Gewehr schon aus der Hand. ■

Ikone

Die Aufnahme, die im September 1936 in *Vu* und im Juli 1937 in *Life* publiziert wird, ist eine Sensation: *Picture Post*, die berühmte englische Illustrierte, ernennt Robert Capa zum "größten Kriegsfotografen der Welt". "Zum ersten Mal hat ein Reporter den Krieg von innen heraus fotografiert", erklärt John Morris, der das Bild in den USA veröffentlichte – drei Jahre, bevor er den Urheber kennenlernte. "Das Foto wurde sofort zum Sinnbild der Absurdität des Spanischen Bürgerkrieges, ja, aller Kriege. Und in der Geschichte des

"Dieses Foto inspirierte Generationen von Reportern."

Fotojournalismus markiert es die Geburtsstunde der engagierten Fotografie, die ganze Generationen von Reportern beeinflußt hat."

John Morris: "Ich habe eine Art Bruder verloren."

Robert Capa

Er sah gut aus, war brillant, und alle, Ingrid Bergman eingeschlossen, wurden bei ihm schwach. Robert Capa – alias André Friedman, 1913 als ungarischer Jude geboren – emigriert nach Berlin, wo er in die Lehre geht. Als Hitler an die Macht kommt, packt er jedoch seine Koffer, den unbändigen Haß auf die Braunhemden nimmt er mit. Die nächste Station ist Paris, wo er David Seymour (Szymin), den zukünftigen "Chim", Gerda Taro, eine zwanzigjährige deutsche Emigrantin und die große Liebe seines Lebens, sowie Henri Cartier-Bresson, der sehr wichtig für ihn werden wird, kennenlernt. 1935 ändert André Friedman seinen Namen und bereist die Welt: China, die UdSSR, die Landung in der Normandie ... 1947 gründet er mit "Chim", Cartier-Bresson und George Rodger bei einer entsprechenden Flasche Champagner die Agentur Magnum. Robert Capa wird reich und berühmt: Er wohnt in den großen Pariser Hotels, seine Freunde heißen John Houston, Picasso und Ernest Hemingway. Und doch setzt er seinen fotografischen Kampf an allen Freiheitsfronten fort – im Gedenken an Gerda, die im Sommer 1937 von einem spanischen Panzer überrollt wurde. "Von diesem Verlust hat er sich niemals erholt", sagt John Morris, der auf "Bobs" Geheiß zu Magnum gestoßen ist. Mai 1954: *Life* schickt Capa nach Indochina, um von dem Krieg dort zu berichten. Nach der Schlacht von Diên Biên Phu will Capa die Manöver der französischen Armee im Delta des Roten Flusses fotografieren. Auf seiner vorletzten Aufnahme sieht man Soldaten mit einem Minendetektor. Auf der letzten – Foto Nr. 11 – haben sich die Soldaten schon entfernt. Und dann: Nur noch ein schwarzer Rand. Eine Tretmine tötet Robert Capa, der "den Krieg verabscheute", wie den "Helden" seiner berühmtesten Aufnahme: in Aktion und in der Blüte seines Lebens. "So habe ich", sagt John Morris, "eine Art Bruder verloren."

Robert Capas letztes Foto, aufgenommen kurz vor seinem Tod.

"Ein bösartiges Gerücht"

Es ist eines der berühmtesten Fotos des Jahrhunderts. Der Beweis: Böse Zungen haben versucht, es herabzuwürdigen, indem unterstellt wurde, die Szene sei "gestellt" und der Milizionär niemals von einer Kugel der Faschisten getroffen worden. Wenn Robert Capa das gewußt hätte, hätte er sich mit Joe Rosenthal ("Sein Foto von Iwo Jima ist inszeniert"), Alberto Korda ("Nicht er hat das Foto von Che gemacht") und unlängst Hocine ("Die Madonna ist ein Schwindel") zusammenschließen können. Wenn ein Foto wirklich bedeutend ist, stört es – entweder die Mächtigen oder die Eifersüchtigen, manchmal beide zugleich. Deshalb sind entsprechende Gerüchte mit Vorsicht zu genießen! Das Gerücht kam zu Beginn der siebziger Jahre auf, als ein ehemaliger Korrespondent des *Daily Express* ein "Geständnis" kolportierte, das Capa ihm in einem Hotel in San Sebastian gemacht habe, und das Philip Knightly in seinem Buch über die Kriegsberichterstatter aufgriff. Der Historiker Mario Brotons, ein Freund des abgebildeten Republikaners, setzte den Spekulationen im September 1996 ein Ende: Nachdem er in den Militärarchiven recherchiert hatte, bestätigte er, was er schon immer wußte: Der – einzige! – Milizionär, der am 5. September 1936 an der Front von Cerro Muriano fiel, hieß Federico Borell Garcia, stammte aus Alcoy, war 24 Jahre alt, liebte das Leben und war überzeugter Antifaschist. Was Robert Capa sicherlich gefallen hätte.

1937

Der Zeppelin explodiert

© Sam Shere/Keystone

Eugen Bentele vor dem ausgebrannten Rumpf des Zeppelins: "Dies war das Ende eines wunderbaren Abenteuers."

→ DAMALS

6. Mai 1937: Bei der Explosion der *Hindenburg* kommen 36 Passagiere ums Leben. Vermutliche Ursache: Ein defekter Wasserstofftank. Die Luftschiffe, um die Jahrhundertwende von Ferdinand Graf von Zeppelin entwickelt, sind der Stolz Deutschlands. 1924 überquert der erste Zeppelin den Atlantik, zwei Fluglinien nach Brasilien und nach New York werden eröffnet. 1936 stellt Nazi-Deutschland das größte Luftschiff aller Zeiten, die *Hindenburg*, in den Dienst. Diese Titanic der Lüfte begeistert bis zu ihrer elften und letzten Reise über den Atlantik den internationalen Jet-Set.

"DIE *HINDENBURG* SETZT zur Landung an … Oh, mein Gott! Sie geht in Flammen auf! Sie brennt lichterloh! Das ist das dramatischste Ereignis, das ich jemals erlebt habe!" Die Stimme des Radioreporters Herbert Morrison geht in ein Wimmern über. Sam Shere, Korrespondent der Agentur Keystone, der neben ihm sitzt, gelingt es, drei Aufnahmen zu machen. Eine davon wird in die Geschichte eingehen: Man sieht darauf den in Flammen stehenden Zeppelin, einige Sekunden vor dem Aufprall auf dem Flughafen von Lakehurst. Mit 97 Passagieren an Bord hatte der Himmelsriese die Reise am 4. Mai 1937 in Frankfurt begonnen. Sechzig Stunden später überfliegt er die Wolkenkratzer von Manhattan, wo die Menschenmassen ihn jubelnd begrüßen. 150 Meter über Lakehurst kommt das Luftschiff zum Stehen. Dreißig Journalisten, darunter 22 Fotografen, erwarten die *Hindenburg* am Fuß des Landemastes. Doch wegen eines Gewitters verzögert sich die Landung. Drei Stunden später bereiten sich 231 Männer rund um den dreibeinigen Mast auf das Andockmanöver vor: "Plötzlich tat es einen Schlag", erzählt Eugen Bentele, damals Mechaniker der *Hindenburg*, "und ich sah, wie das Luftschiff vom Heck bis zu meiner Motorkabine Feuer fing. Daß ich überlebte, war ein Wunder." Und er fügt hinzu: "Was bleibt, ist diese Aufnahme – sie zeigt das Ende eines wunderbaren Abenteuers." ■

Vicki Goldberg

"Die Bilder vom Zeppelin in Flammen bedeuten die Geburtsstunde des Scoops", sagt die Amerikanerin Vicki Goldberg, die ein Buch über die Macht von Bildern geschrieben hat. "Bis dahin wurde über Katastrophen dank der Aussagen der Überlebenden nur im nachhinein berichtet. Von nun an will das Publikum die Informationen live sehen. Die 'News', die die Zeit des Fernsehens ankündigt, ist geboren." Dank der Reaktionsschnelligkeit des Chefs von Keystone, der von London aus seine Pariser Filiale anruft, werden Sam Sheres Aufnahmen unverzüglich nach Europa geschickt: "Wenn Sie Abnehmer finden, die 30 000 Franc für das Foto zahlen, miete ich ein Flugzeug." Das ist der 25fache Preis eines Autos! Drei Zeitungen sind interessiert: *Excelsior*, *Paris-Soir* und *L'Illustration*. "Flug geht klar. Zahlen das Benzin", telegrafiert Bert Garaï an Dick Merril, den einzigen zur Verfügung stehenden Piloten, der den Atlantik überfliegen kann. Am 12. Mai erscheinen die Fotos von Sam Shere auf den Titelseiten der französischen Zeitungen. Dies ist der größte Erfolg der Agentur Keystone – und das Ende der Zeppelin-Industrie. "Acht Jahre lang waren sie ohne Zwischenfälle über den Atlantik geflogen, aber die Wirkung dieses Fotos war so stark, daß es den Tod der Zeppelin-Industrie bedeutete", merkt Vicki Goldberg an.

Von nun an will das Publikum "live" dabei sein.

Etwa 30 Journalisten, darunter 22 Fotografen, waren Zeugen der Katastrophe: Keinem gelang es jedoch, den Augenblick der völlig unerwarteten Explosion selbst festzuhalten.

1942

Leiden auf der Krim

© Dmitri Baltermants/Tatiana Baltermants

→ DAMALS

Juni 1941: Hitler überfällt die Sowjetunion mit drei Millionen Soldaten. Die Wehrmacht überrascht Stalin und rückt an drei Fronten vor: Im Norden wird Leningrad eingekesselt, Kiew fällt im Süden. Nachdem die Nazis die Krim genommen haben, rükken sie über Kertsch, wo sie 7 000 Partisanen niedermetzeln, in den Kaukasus vor. Der Einbruch des Winters und der zunehmend organisierte Widerstand jedoch lassen die Großoffensive auf Moskau scheitern. Am 5. Dezember beginnt der sowjetische Gegenangriff an der Kalininfront. Ein furchtbarer Zermürbungskrieg nimmt seinen Lauf.

Dmitri Baltermants' Karriere beginnt in den dreißiger Jahren. Stalin ist auf dem Höhepunkt seiner Macht und duldet nur die offiziell proklamierte Kunstdoktrin: den sozialistischen Realismus. Auch die Fotografie, der eine besondere Aufgabe zugewiesen wird, hat sich daran zu halten. Sie soll die "ungebildeten Massen erziehen", indem sie den Patriotismus aus Begeisterung über die "heroischen Errungenschaften" des Kommunismus fördert. Jedes Foto soll ein visueller Zeuge des großen utopischen Traumes sein. Dmitri Baltermants, ein über-

DMITRI BALTERMANTS

"Das Auge der Nation"

Tatiana Baltermants: "Mein Vater wurde der 'sowjetische Robert Capa' genannt."

zeugter Kommunist, wird zum Großmeister der sowjetischen Ikonographie. Seine Fotos erscheinen in der Revue *Ogonyok* und werden von seinen Landsleuten an Schlaf- und Wohnzimmerwände geheftet. Baltermants, den man "das Auge der Nation" nennt, ist ein nationaler Star. Nachdem "Der Tod auf der Krim" bekannt wird, gehört der Fotograf allen renommierten Jurys bei internationalen Fotowettbewerben an. Er stirbt 1990 im Alter von 78 Jahren, in dem Augenblick, in dem das System, für das er sein Leben lang gearbeitet hat, zusammenbricht. "Ihn überfiel keine Nostalgie", versichert Tatiana. "Mein Vater wußte, daß sich das Rad der Geschichte drehen muß."

"Der Meister der sowjetischen Ikonographie"

FEBRUAR 1942. Die Rote Armee erreicht die Halbinsel Kertsch; die Schneeschmelze fördert die Leichen der Opfer der Wehrmacht zutage. Dmitri Baltermants, der für die Zeitung *Iswestija* über den "Großen Vaterländischen Krieg" berichtet, legt sein Gewehr beiseite und fotografiert die verzweifelten Frauen, die den Mann, den Bruder, den Sohn suchen. "Während des gesamten Krieges habe ich nur fünf oder sechs Fotos gemacht", erzählt er später, "der Krieg läßt sich nicht fotografieren." In Moskau entwickelt er seine Filme "aus reiner Neugier", denn er weiß, daß sie nicht durch die Zensur kommen. "Der Auftrag der sowjetischen Fotografen war es, die Moral der Bevölkerung aufrechtzuerhalten, indem man die Siege unserer Armee zeigte", erklärt seine Tochter Tatiana. Beim Entwickeln wird das Negativ vom "Tod auf der Krim" beschädigt: Im oberen Teil der Aufnahme, auf der ein grauer, gleichförmiger Himmel zu sehen ist, sind zwei Löcher. Baltermants nimmt eine Fotomontage vor, in dem er ein zweites Negativ mit einem stark bewölkten Himmel unterlegt, wodurch die Dramatik noch verstärkt wird. Erst 1962, anläßlich einer Ausstellung in Hamburg, wird das Foto gezeigt und gewinnt den ersten Preis. *Life*, *Paris Match* und *Stern* reißen sich um die Aufnahme. Man spricht von dem "sowjetischen Robert Capa". "Mein Vater war sehr stolz auf dieses Kompliment", erinnert sich Tatiana. ■

Warschauer Ghetto

→ **DAMALS**

Oktober 1940. Die Nazis errichten das Warschauer Ghetto, wo rund 450 000 Juden eingesperrt werden. 100 000 von ihnen sterben innerhalb eines Jahres vor Hunger oder infolge von Epidemien. Vom Sommer 1942 bis Januar 1943 werden 300 000 Menschen in das Vernichtungslager Treblinka deportiert. Im Mai 1943 erheben sich die 50 000 Überlebenden gegen ihre Henker: Der Warschauer Ghettoaufstand wird blutig niedergeschlagen. Es gibt keine Überlebenden. Am Abend des 19. Mai 1943 vermerkt General Stroop in seinem Tagesrapport: "Es gibt kein jüdisches Viertel mehr in Warschau."

Tsvi Nusbaum: "Es ist ein vergangenes Ereignis, das mir ständig gegenwärtig ist."

Shoah

"ES IST

DIE BEGEGNUNG FINDET in Israel statt. Tsvi Nusbaum ist mit zwei Fotos gekommen: dem des kleinen Jungen aus Warschau und einem von sich als Zehnjährigem. Die Ähnlichkeit ist verblüffend. "Ich wurde 1935 in Polen geboren", erzählt der New Yorker Arzt. "1942 wurde meine Familie in Treblinka umgebracht. Eine christliche Familie in Warschau versteckte mich, einen Onkel und eine Tante. Nach der Liquidierung des Ghettos brachten die Deutschen ein Gerücht in Umlauf: Sie versprachen, die in Warschau versteckten Juden gegen eine Kolonie von Deutschen, die sich in Palästina niedergelassen hatten, auszutauschen. Mein Onkel beschloß, sein Glück zu versuchen. So fanden wir uns am 13. Juli 1943 im Hotel Polski wieder, das die Nazis zum Sammelplatz bestimmt hatten. Als die Stunde der Abreise kam, rief ein Offizier die Namen auf, aber ich stand nicht auf der Liste: Ich sah, wie mein Onkel und meine Tante auf einen Lastwagen kletterten und wurde von Panik ergriffen. Ich versuchte, zu ihnen zu laufen. In diesem Moment richtete ein Soldat seine Maschinenpistole auf mich und befahl mir, die Hände zu heben. Schließlich wurden wir nach Bergen-Belsen gebracht, wo wir auf den Austausch warteten, der niemals stattfand. Doch so bin ich mit dem Leben davongekommen." ■

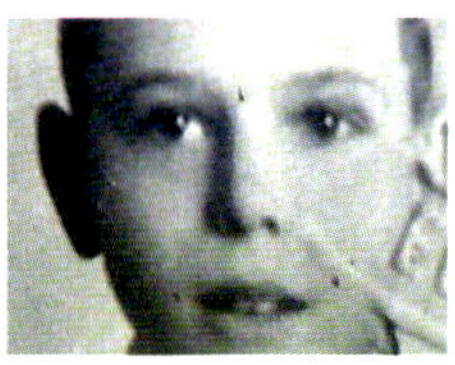

Tsvi Nusbaum im Alter von zehn Jahren.

NICHT WICHTIG, WER DAS KIND IST."

"Gründungsmythos des Staates Israel"

Israël Gutman

Israël Gutman, Forscher in der israelischen Holocaust-Gedenkstätte Yad Vashem, bestätigt, daß das Foto 1943 aufgenommen wurde. "Es gehört zu einem bebilderten Bericht, den der zuständige SS-Gruppenführer Jürgen Stroop an Heinrich Himmler schickte, um zu belegen, daß das Ghetto auch wirklich zerstört worden war. Wenn man die Genauigkeit der Nazi-Dokumente kennt, kann man das Datum unmöglich anzweifeln."

"Es heißt, die Aufnahme sei im Ghetto entstanden. Nun waren aber die meisten Kinder bis 1943 schon ums Leben gekommen ..."
"Das ist unwahrscheinlich", gibt Gutman zu. "Aber es ist nicht entscheidend. Wichtig ist, daß dieses unbekannte Kind zum Gründungsmythos des Staates Israel gehört, es verkörpert das Drama der Shoah."
"Weiß man, was aus ihm geworden ist?"
"Es gibt mehrere Personen auf der Welt, die behaupten, dieses Kind zu sein, aber es ist nicht so wichtig zu wissen, wer es ist." Der Soldat auf der Aufnahme, Joseph Blösche, wurde 1969 von einem Gericht in der DDR zum Tode verurteilt, sein Vorgesetzter Jürgen Stroop 1952 in Warschau gehenkt.

1944

Die Landung in der Normandie

© Robert Capa/Magnum Photos

→ **DAMALS**

6. Juni 1944: Die Alliierten landen an der Küste der Normandie, um Europa vom Joch des Faschismus zu befreien. Es ist der berühmte "D-Day", der unter striktester Geheimhaltung von Eisenhowers Generalstab vorbereitet worden ist. Für die größte Militäroperation aller Zeiten, der man den Namen "Overlord" gegeben hat, werden mindestens 600 000 vor allem britische und amerikanische Soldaten mobilisiert. Die Invasion überrascht die Deutschen, die zwar mit einer Landung gerechnet haben, nicht aber mit diesem Zeitpunkt und Ort. Für Hitler ist dies der Anfang vom Ende.

Edward Regan: "Das Wasser ging mir bis zur Nase."

Leicht verschwommen

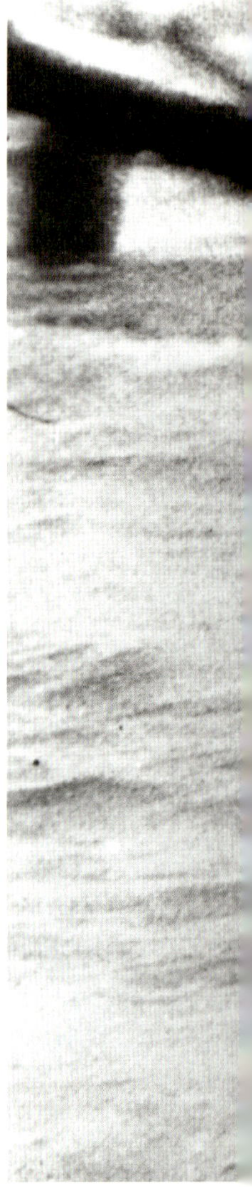

"DIESES FOTO MARKIERT einen wichtigen Abschnitt in meinem Leben: den Übergang vom Jugendlichen zum Erwachsenen." Edward Regan ist gerade 18 Jahre alt, als er an Bord eines Kriegsschiffes geht. Das Ziel ist "Omaha Beach", so der Codename von Saint-Laurent-sur-Mer, das als "blutiger Omaha" in die Geschichte eingeht. In dieser Nacht herrscht eine starke Dünung, und der Soldat "steht Todesängste aus". Im Morgengrauen wird der Befehl gegeben, sich zur Landung fertig zu machen. Das leichte Landungsboot läuft etwa 20 Meter vor dem Strand auf eine Sandbank. Die Dämmerung wird vom Artilleriebeschuß der 352. deutschen Division zerrissen, der in dem Augenblick einsetzt, als die Klappen der Landungsboote heruntergelassen werden. Es ist die Hölle. Edward Regan wirft sich mit seiner 30-Kilo-Ausrüstung ins Wasser. Wegen des Beschusses und der Leichen kommt er kaum voran. "Als ich nicht mehr konnte, ließ ich mich in den Sand sinken, um zu Atem zu kommen. Das Wasser ging mir bis zur Nase. In diesem Moment wurde das Foto gemacht." Die Aufnahme, die in *Life* veröffentlicht wird, rührt seine Mutter zu Tränen. Sie bewahrt das Bild auf, während sie sehnsüchtig auf die Rückkehr ihres Sohnes wartet: "Schau", sagt sie zu ihm, als er zur Tür hereintritt, "das bist du, nicht?" Und Edward Regan antwortet ihr: "Ja, das bin ich. Und ich bin stolz darauf." ■

"Tränen der Wut."

John Morris

"Wir Journalisten spürten eine ungeheure Verantwortung in diesem Krieg", erzählt John Morris, der das Londoner Büro von *Life* leitete. "Die Fotos mußten Amerika zeigen, warum seine Männer so weit von zu Hause entfernt Krieg führten. Für Capa war es eine Pflicht, Zeugnis abzulegen." Drei Tage nach der Landung ist der Chefredakteur der Verzweiflung nahe: "Die ganze Welt wartete auf unsere Aufnahmen, und wir hatten noch immer keine Nachricht von Capa." Als die vier Filme eintreffen, werden sie unverzüglich ins Labor geschickt, mit der Anweisung, "sich zu beeilen". In seiner Hast stellt der Laborant eine zu hohe Trockentemperatur ein und vergißt, die Filme zu lüften. Resultat: Auf drei Filmen schmilzt die Emulsion. Auf dem vierten sind wie durch ein Wunder elf körnige und leicht verschwommene Aufnahmen erhalten geblieben. "Mir kamen die Tränen vor Wut", erinnert sich John Morris. Noch am gleichen Abend gehen die Fotos nach New York, wo *Life* sie mit folgender Bildunterschrift veröffentlicht: "In der immensen Erregung des Augenblicks hat die Hand des Fotografen gezittert. Deshalb sind die Aufnahmen verwackelt." Robert Capa, der Sinn für Humor hatte, gibt drei Jahre später seinem Buch, in dem er seine Erinnerungen an die Landung erzählt, den Titel: *Slightly out of Focus – Leicht verschwommen!*

"Vor Angst und erschöpft durch die Nässe und Kälte lagen wir bäuchlings auf einer schmalen Sandbank", schreibt Robert Capa. "Die einsetzende Flut drängte uns auf den Stacheldraht zu, von wo uns die Maschinenpistolen der Deutschen beschossen."

1945

Iwo Jima

© Joe Rosenthal/Associated Press

→ DAMALS

Februar 1945: Die Kapitulation der Deutschen steht unmittelbar bevor. Doch große Teile Asiens werden noch von Japan kontrolliert. Die Amerikaner wählen die Pazifikinsel Iwo Jima zur Operationsbasis, von der aus sie die Offensive gegen den Hauptverbündeten der Nazis durchführen können. Ein Drittel der eingesetzten Marines fällt bei dem Sturm auf die Insel, auf der sich die Japaner in unterirdische Stellungen zurückgezogen haben. Es ist eine der mörderischsten Pazifik-Schlachten in der ganzen Geschichte der USA. 23 000 Tote auf japanischer, 7000 auf amerikanischer Seite.

JOE ROSENTHAL

Von einem Tag auf den nächsten ist er einer der Großen.

“DAS FOTO DER FAHNE, das ist die Geschichte eines Wunders. Keiner der Überlebenden von Iwo Jima kann sagen, wie er das gemacht hat. Als würde man durch den Regen laufen, ohne naß zu werden. Es ist unerklärlich.” Joe Rosenthal ist 32 Jahre alt und Fotograf bei der Agentur AP, als er auf Iwo Jima landet.

An diesem 23. Februar 1945 teilt man ihm mit, daß sich eine Patrouille von 40 Marines aufgemacht hat, um den Suribashi, den höchsten Punkt der Insel, einzunehmen. Dort soll das Sternenbanner gesetzt werden. Rosenthal und ein Kameramann beeilen sich zwar, kommen aber zu spät: “Ich habe das Foto gemacht!” sagt ihm Sergeant Lou Lowery, Fotograf für die Marines-Zeitung, als die Patrouille ihm beim Abstieg begegnet. “Wir hätten um ein Haar aufgegeben”, vertraut Joe Rosenthal später der Zeitschrift *Collier* an. Es ist fast Mittag, als sie den Gipfel erreichen, auf dem eine 137 x 71 cm kleine Fahne weht. Plötzlich sieht Rosenthal fünf Marines, die einen sechs Meter langen Mast tragen. Ein sechster bringt eine sorgfältig zusammengelegte Fahne: “Die ist größer, man wird sie von überall her sehen”, ruft einer der Soldaten. Rosenthal hat sein Foto! Er schichtet einige Steine aufeinander, um höher stehen zu können und stellt das Objektiv ein: Blende 8–11 bei 1/400 Sekunde. Der Kameramann filmt die Szene aus der gleichen Perspektive. Ein Klick, und Joe Rosenthal wird zu einem der Großen. ■

Unfreiwillig

Sein Vater hieß John Bradley und war einer der sechs Soldaten auf dem Foto. James hat das tragische Schicksal dieser unfreiwilligen Helden rekonstruiert, die nach ihrer triumphalen Rückkehr Pressekonferenzen und Interviews über sich ergehen lassen müssen. “Von den sechs Bannerträgern sind drei auf der Insel gestorben, drei sind zurückgekehrt. Ira Hayes starb zehn Jahre später im Alter von 32 Jahren: Er trank sich zu Tode, weil er die Ehrungen, die mit diesem Foto verbunden waren, nicht mehr ertrug. René Gagnon starb mit 52 Jahren: Auch er konnte den Druck der Öffentlichkeit nicht verkraften. Nur mein Vater hat 50 Jahre geschwiegen. Er ist der einzige wirkliche Überlebende. Zu Hause gab es, als ich klein war, das berühmte Foto nicht zu sehen. Die Lehrer erzählten uns von der Heldentat meines Vaters. Bis er mir eines Tages sagte, daß die wahren Helden von Iwo Jima niemals zurückgekommen sind.”

James Bradley

“Nur mein Vater, der sich weigerte, mit der Presse zu sprechen, hat das Foto überlebt.”

Das meistverbreiteste Foto der Vereinigten Staaten.

Nach der Veröffentlichung des Fotos werden Millionen kleiner Fahnen in den Vereinigten Staaten aufgezogen, das Bild auf 3,5 Millionen Postern und 15 000 Werbetafeln reproduziert, 137 Millionen Briefmarken mit ihm bedruckt: Kein anderes Postwertzeichen wurde in der Geschichte der USA so oft verkauft. Als Illustration von Bundesanleihen hilft es, 200 Millionen Dollar zur Finanzierung des Krieges einzunehmen. 1954 weiht Präsident Eisenhower auf dem Nationalfriedhof von Arlington die größte Skulptur der Welt ein – eine detailgetreue Replik des Fotos.

Joe Rosenthal auf dem Friedhof von Arlington.

1945

Die Lager des Todes

© **H.Miller**/National Archives/ Courtesy of USHMM Photo Archives

→ DAMALS

Am 6. April 1945 befreit die Armee von General Eisenhower das Lager Ohrdruf, ein Außenlager von Buchenwald: Die Welt erblickt den Horror der Nazi-Todeslager. Die Zahl der KZ, die seit 1933 errichtet werden, um politische Gegner, Juden und Homosexuelle darin zu internieren, nimmt nach Beginn des Krieges drastisch zu. Im Januar 1942 wird die "Endlösung" beschlossen, d.h. die systematische Vernichtung sogenannter "minderer Rassen": Juden, aber auch Sinti und Roma. Millionen Menschen kommen in den Gaskammern der Todeslager um. Doch davor verschloß man die Augen.

Elie Wiesel: "Wir waren frei, aber es herrschte keine Freude, es gab keine Tränen. "

Der Schock

ER IST ALTERSLOS auf diesem Bild, der Mann, der ungläubig in die Kamera des Fotografen blickt. Elie Wiesel ist 16 Jahre alt, als die Nazis ihn im Januar 1945 von Auschwitz, das kurz danach von der Roten Armee befreit wird, nach Buchenwald bringen; bei ihm sein Vater, der diese erneute Prüfung nicht überlebt. "Dieses Foto wurde am 12. April 1945 aufgenommen, am Tag nach der Befreiung des Lagers von Buchenwald. Wir waren eine Gruppe hungriger, kranker Kinder im Block. Es war ein Todesblock, die Menschen starben, verließen uns jede Nacht. An diesem Tag kam ein Rabbi, ein jüdischer Militärgeistlicher der amerikanischen Armee. Er kam in das Lager, ging von Baracke zu Baracke und sagte auf jiddisch: 'Jüdische Brüder, ihr seid frei…' Ich kann mich nicht an den Fotografen erinnern: Da waren Offiziere und Soldaten, die kamen, um zu gucken, um Zeugen zu sein, und wahrscheinlich auch, um sich zu überzeugen, daß all das wahr ist. Da war ein großer Sergeant, der mir wie ein Riese vorkam: Als er uns sah, weinte er wie ein kleines Kind, er weinte und verwünschte die ganze Welt. Wir waren frei, aber es herrschte keine Freude, es gab keine Tränen, wir konnten noch nicht weinen, die Tränen kamen viel später. Ich glaube sogar, daß wir an diesem Tag den Schmerz, der sich lange in uns angesammelt hatte, in seinem Ausmaß noch besser verstanden haben. Vorher hatte niemand gewagt, einen solchen Schmerz zuzulassen. Er war da, und er brach doch erst später aus." ■

"Niemals in meinem Leben habe ich einen derartigen Schock erlebt", kommentiert General Eisenhower seinen Besuch des Lagers von Ohrdruf am 12. April 1945. 3 000 ausgemergelte nackte Leichen verwesen in ausgehobenen offenen Gräbern. Die amerikanischen Soldaten versuchten, den bis aufs Skelett abgezehrten Überlebenden Beistand zu leisten. "Eisenhower hatte eine historische Vision", meint der israelische Historiker Itzhak Arad. "Weil er weiß, daß die Welt nicht glauben wird, was er gesehen hat, fordert er alle Soldaten, die einen Fotoapparat haben, auf, Bilder zu machen. Eile ist geboten: Die Überlebenden müssen evakuiert, die Leichen begraben werden, um den Ausbruch von Epidemien zu vermeiden." Und doch erscheinen die Fotos nur im hinteren Teil der Zeitungen. "Überall wurde das Ende des Krieges gefeiert, aber trotz der visuellen Beweise wollte es die Welt nicht wissen. Erst viele Jahre später begann man, sich ernsthaft für die Fotos der amerikanischen Soldaten zu interessieren, wie für das von Henry Miller, das im Eingang der Gedenkstätte von Yad Vashem in Jerusalem hängt."

"Trotz der Fotos wollte es die Welt nicht wissen."

Itzhak Arad

Elie Wiesel

In den achtziger Jahren erst entdeckt der Friedensnobelpreisträger Elie Wiesel Millers Foto in der *New York Times*. "Ich hätte ihn gern kennengelernt, um ihm zu danken. Ich selbst glaube eher an das Wort als an das Bild. Ich glaube, daß diejenigen irren, die behaupten, ein Bild sage mehr als tausend Worte: Ein guter Satz ist mehr wert als tausend Bilder. Aber nicht in diesem Fall. Dieses Foto muß man verbreiten und aufbewahren für die Zukunft, für immer, bis ans Ende der Menschheit. Lebt das Gesicht, das ich hier sehe, noch in mir? Ich glaube, der wirkliche Elie Wiesel, der, der die nackte, brennende Wahrheit gesehen hat, ist der des Bildes. Ich möchte nicht, daß er mich verläßt, das wäre Verrat; nicht von ihm, sondern von mir, und ich möchte nicht, daß er sich von mir lossagt."

"Der wahre Elie Wiesel ist der des Fotos."

1945

Mussolinis Tod

© Vincenzo Carrese/Publifoto Olympia

→ DAMALS

Juli 1943: Die Alliierten landen in Sizilien. Der faschistische Großrat wendet sich gegen Mussolini, der auf Befehl des Königs verhaftet wird. Der Waffenstillstand wird unterschrieben. Von einem Nazi-Kommando befreit, gründet der Duce im noch von den Deutschen besetzten Norditalien die Republik von Salò. Am 28. April 1945 wird er von der italienischen Resistenzia in Dongo festgenommen, als er angesichts des deutschen Zusammenbruchs zu fliehen versucht. Mit seiner Geliebten und drei Genossen wird er erschossen und an den Füßen auf der Piazzale Loreto in Mailand aufgehängt.

Enrico Sturani

"Jetzt kannst du zurückkehren ..."

"Mussolini war der meistfotografierte Mann seiner Zeit", kommentiert Enrico Sturani, Fachmann für faschistische Ikonographie. Bis 1938 werden die Bilder von Privatfotografen gemacht, die sie als Postkarten an eine Bevölkerung verkaufen, die von dem Duce gebannt ist. Als seine Popularität sinkt, übernehmen Regierungsstellen das Geschäft. So werden mehr als 34 Millionen Postkarten von ihm verkauft! Das Komitee der nationalen Befreiung setzt diese Gepflogenheit fort und veröffentlicht das Foto der Piazzale Loreto mit der Bildunterschrift: "Milano, 29. April 1945. Die Gerechtigkeit des Volkes." Eine der Karten erhielt ein Exil-Italiener in Paris. Auf ihr stand: "Jetzt kannst du zurückkehren."

Rache

Gaetano Alfreta: "Ein unglaubliches Spektakel der Wut."

Das Gerücht

Im Sommer 1946 veröffentlicht die englische *Sunday Express* folgende Nachricht: Einem Gespräch zwischen Göring und einem Gefängnispsychiater zufolge habe Hitler seinen Selbstmord beschlossen, nachdem er das Foto des aufgehängten Mussolini gesehen habe. "Das ist absolut ausgeschlossen", versichert der Historiker Gerhard Hirschfeld. "Hitler hat von Mussolinis Hinrichtung am 28. April in seinem Bunker durch das Radio erfahren. Die Aufnahme wurde am 29. gemacht, deshalb kann er sie unmöglich vor seinem Selbstmord am 30. gesehen haben. Das Gerücht hält sich auch deshalb, weil es im Unterschied zu Mussolini im Fall Hitler kein Foto gibt, das beweist, daß die Bestie wirklich tot ist."

Gerhard Hirschfeld

ER ERINNERT SICH an einen "herrlichen Tag, die Mädchen fuhren auf ihren Fahrrädern in ihren bunten Kleidern durch die Stadt". Gaetano Alfreta wird von seiner Zeitung *Corriere della Sera* losgeschickt, um über die makabre Inszenierung zu berichten. Die Feuerwehr hat mit ihren Spritzen Mühe, die tobende Menschenmenge in Schach zu halten, die versucht, sich den aufeinandergelegten Leichen zu nähern: Mussolini, mit nackten Füßen, die Hemdärmel halb hochgekrempelt; Clara Petacci, im Kostüm, auf der Leiche des Geliebten liegend. "Von den Balkons schrien die Menschen Verwünschungen. Es war ein unglaubliches Spektakel der Wut. Die Erinnerung an die fünfzehn Märtyrer, die ein Jahr zuvor am gleichen Ort von den Schwarzhemden umgebracht worden waren, forderte Rache. Blut schrie nach Blut." Jetzt erst werden die Leichen mit den Füßen am Dachträger einer Tankstelle aufgehängt. An den Beinen der Petacci wird eine Sicherheitsnadel angebracht, die verhindern soll, daß der Rock nach unten rutscht. "Nein, kuck' dir mal an, was sie für Schlüpfer trägt!" zetert eine Frau in Alfretas Nähe, den "es schaudert". "Diese Inszenierung war für die Fotografen bestimmt und bediente sich antiker Symbole, mit deren Hilfe man öffentlich das Ende eines Diktators feierte", kommentiert der Historiker Enrico Sturani. "Die bilderstürmerische Wut entspricht der vorherigen Götzenverehrung." ■

"DIE BESTIE IST TOT."

Die rote Fahne

Ana Chaldei: "Der Ruhm des Fotos hat meinen Vater nicht vor Repressionen geschützt."

Sieg

→ DAMALS

30. April 1945. Hitler und Eva Braun begehen im Berliner Bunker Selbstmord. 20 000 Panzer der Roten Armee ziehen im Triumph in die Hauptstadt der Nazis ein und besetzen das Regierungsviertel. Eine Woche später, am 7. und 8. Mai, unterzeichnen die Deutschen die bedingungslose Kapitulation – in Reims vor den Amerikanern, in Berlin vor den Russen. Der Zweite Weltkrieg ist kaum beendet, als sich schon ein neuer Konflikt abzeichnet: Der Kalte Krieg, in dem sich die Vereinigten Staaten und die Sowjetunion gegenüberstehen werden.

ALS JEWGENI CHALDEI am 2. Mai 1945 nach Berlin fliegt, weiß er, welche Aufnahme er machen will. Sein Vorbild ist Joe Rosenthal, der die Marines unsterblich gemacht hat, als sie auf der kleinen Insel Iwo Jima die amerikanische Flagge hißten. Chaldei wählt einen bedeutungsschweren Ort: den Reichstag, dessen Brand 1933 den Nazis als Vorwand diente, die kommunistische Opposition zu eliminieren. Der Hausmeister der Agentur TASS gibt ihm rote Tischdecken, ein befreundeter Schneider näht ihm daraus drei riesige Fahnen mit Hammer und Sichel. Der Reichstag in Berlin steht in Flammen. Auf der Eingangstreppe des Gebäudes stößt Jewgeni Chaldei auf drei sowjetische Soldaten, die ihm auf das Dach folgen. Es ist Kowaljov, der die Fahne hißt. Der Fotograf verschießt einen ganzen Film und kehrt noch am gleichen Abend nach Moskau zurück. "Was ist denn das?" fragt sein Chefredakteur gereizt und zeigt auf den Soldaten, der Kowaljovs Beine festhält. "Hast du nicht gesehen, daß er an jedem Arm eine Uhr trägt? Das ist ein Plünderer! Ein Sowjetsoldat plündert nicht!" Chaldei kratzt mit einer Nadel die Uhr am rechten Handgelenk vom Negativ. Stalin hält die Fahnenträger für politisch ungeeignet und dekretiert, daß es sich bei den "Helden der Sowjetunion" um Militon Kantaria (Georgier wie er selbst) und den Russen Michail Jegorov handele. Die wahren Protagonisten des Fotos werden erst 1991, nach dem Ende der UdSSR, bekannt. ■

"Wenn Hitler wüßte, daß zwei Juden die beiden Banner des Sieges verewigt haben!"

JOE ROSENTHAL
JEWGENI CHALDEI

"Mein Vater war sehr stolz auf dieses Foto", erzählt Ana Chaldei, "auch wenn es ihn nicht vor Repression und Elend geschützt hat." Jewgeni Chaldei, 1917 geboren, stammt aus einer jüdisch-ukrainischen Familie. Als er gerade ein Jahr alt ist, wird seine Mutter bei einem Pogrom ermordet. Er fängt als Fotograf bei TASS an und ist mit 19 Jahren überzeugter Kommunist. Nach dem Krieg wird Jewgeni Chaldei ein Opfer des "Kampfes gegen den Kosmopolitismus", will sagen: gegen die Juden. TASS entläßt ihn. Bis zu Stalins Tod lebt er mehr schlecht als recht. 1957 von der *Prawda* angestellt, wird der bekannte Fotograf 1972 erneut und aus den gleichen Gründen entlassen. Er gerät in Vergessenheit. Die Anerkennung erfolgt erst 1995 – im Westen: Er wird zum Festival Visa nach Perpignan eingeladen. Dort begegnet er Joe Rosenthal, der ihn zu seiner berühmtesten Aufnahme inspiriert hat: "Wenn Hitler wüßte, daß zwei Juden die beiden Banner des Sieges verewigt haben", lächelt er unter dem Beifall des Publikums.

Hiroshima

© George Caron/Rechte vorbehalten

→ DAMALS

Am 6. August 1945 wirft die amerikanische Armee über Hiroshima die erste Atombombe der Geschichte ab. 100 000 Menschen kommen bei der Explosion ums Leben, um die 100 000 werden verletzt, verbrannt oder verstrahlt. Die japanische Stadt ist von der Landkarte verschwunden, für Amerika die Schmach von Pearl Harbour gerächt. Die zweite Atombombe, die am 9. August auf Nagasaki geworfen wird, hat die bedingungslose Kapitulation des Reiches der aufgehenden Sonne zur Folge. Das ist das Ende des Zweiten Weltkrieges.

Vicki Goldberg: "Diese Aufnahme, die am Tag des japanischen Kapitulationsangebotes publiziert wurde, wird zum Symbol des Sieges."

Apokalypse

ALS COLONEL PAUL TIBBETS am 6. August 1945 in das Cockpit seiner B 29 klettert, die er nach seiner Mutter auf den Namen *Enola Gay* getauft hat, ist er der Einzige in der Mannschaft, der die zerstörerische Kraft von "Little Boy" kennt – der "Spezialbombe", die unter größter Geheimhaltung im Pazifik zusammengebaut worden ist. Sie ist 3,5 m lang, wiegt 4,5 Tonnen und enthält 20 kg Uranium 235. Um 2.45 Uhr hebt der Pilot Richtung Japan ab, im hinteren Teil des Bombers sitzt der 25jährige Artillerist George Caron, vom fotografischen Dienst der Armee damit beauftragt, die Explosion von Little Boy mit einer K 20 zu fotografieren. Das Flugzeug ist zudem mit festinstallierten automatischen K 17-Kameras ausgerüstet, um Panoramaaufnahmen von der Zerstörung zu machen. Um 8.15 Uhr läßt die *Enola Gay* ihre Ladung, die 20 000 Tonnen TNT entspricht, über Hiroshima fallen. 45 Sekunden später erleuchtet ein ungeheurer Feuerball den Himmel, der bald von einer weißglühenden Wolke verschlungen wird, die sich bis in eine Höhe von 15 000 Meter ausdehnt: "Sie glich einem Pilz", berichtet Colonel Tibbets, der nach dem Abwurf um 151° abdreht, um der nuklearen Wolke zu entgehen. Hinten verschießt George Caron einen ganzen Film, es sind die einzigen Fotos der Explosion: Als der Bomber abdreht, haben die festinstallierten Kameras Himmel und Erde aufgenommen – aber von Little Boy ist nichts zu sehen. ■

Minaru Ohmuta

"Dieses Bild zeigt einen Bruch in der Geschichte der Menschheit, weil es das Ende der Welt versinnbildlicht." Minaru Ohmuta, Direktor der Gedenkstätte von Hiroshima, war 14 Jahre alt, als er zum Arbeitsdienst in einer Rüstungsfabrik in Kure, 30 km vom Zentrum der Atombombenexplosion entfernt, eingezogen wurde. "Ich sah die Atomwolke durch ein Fenster und erinnere mich, daß ich sie sehr schön fand. Was ich nicht wußte, war, daß unter dieser Wolke Hunderttausende Menschen eine wirkliche Hölle durchlebten. Aber davon zeigt dieses Foto nichts. 1973 hat die amerikanische Armee Japan einen Abzug von dieser Aufnahme geschenkt. Als ich sie zum ersten Mal sah, war ich erschüttert: Viele Freunde aus meiner Kindheit sind in Hiroshima umgekommen, und hinter dem Bild von diesem Pilz sehe ich ihre verkohlten und entstellten Gesichter wieder: Es ist ein andauernder Alptraum."

"Das Ende der Welt"

"Das Bild des Sieges"

Die Nachricht vom Bombenabwurf wird am 7. August bekanntgegeben, das Foto vom Atompilz jedoch erst am 11. August, einen Tag nach dem japanischen Kapitulationsangebot, veröffentlicht. "Vorher wäre es nur ein Bild der Zerstörung gewesen", sagt die amerikanische Historikerin Vicki Goldberg. "In Verbindung mit der japanischen Kapitulation wird es zum Symbol des Sieges." Die Aufnahmen von den verstrahlten Opfern von Hiroshima werden als geheim eingestuft und erst 1970 in den Vereinigten Staaten veröffentlicht. Im Gegensatz hierzu findet das Bild des Atompilzes als Symbol einer unbezwingbaren Macht massenhafte Verwendung: 1947 werden allein in Manhattan 55 Unternehmen gezählt, deren Logo durch das Foto von George Caron inspiriert wurde. Es taucht als Haushaltsartikel und als Haarschnitt auf. In Las Vegas wird sogar eine "Miss Atombombe" gekürt – ihr Bustier ein Pilz aus Baumwolle.

Miss Atombombe

Mahatma Gandhi

© Margaret Bourke-White/Life Magazine/PPCM

1946

→ DAMALS

Man nannte ihn den Mahatma (die große Seele). Der 1869 geborene Gandhi geht als Rechtsanwalt nach Südafrika, wo er im Kampf gegen die Rassendiskriminierung den gewaltfreien Widerstand praktiziert. In Indien stellt er sich an die Spitze der Unabhängigkeitsbewegung und führt Aktionen des zivilen Ungehorsams durch. Seine Waffe: Das traditionelle Spinnrad, das die Ablehnung der Kolonialindustrie symbolisiert. Am 15. August 1947 ruft Lord Mountbatten die Unabhängigkeit Indiens aus. Gandhi wird am 30. Januar 1948 von einem extremistischen Hindu ermordet.

Sean Callahan: "Die Ironie ist, daß Gandhi aufgehört hatte zu spinnen."

Mensch sein

MARGARET BOURKE-WHITE platzt fast der Kragen, als sie am 15. Juli 1946 in Gandhis Ashram in Poona ankommt: "Wenn Sie den Mahatma bei der Arbeit an seinem Spinnrad fotografieren wollen", sagt ihr der Sekretär des "halbnackten Fakirs" (Churchill), müssen Sie spinnen lernen!" Für die Starreporterin des *Life Magazine* ist das der Gipfel. „Es blieb ihr nichts anderes übrig", lacht ihr Biograph Sean Callahan. Es folgt eine zweite Bedingung: "Der Mahatma mag kein künstliches Licht, Sie müssen ohne Blitz arbeiten." Margaret Bourke-White bettelt: "Erlauben Sie mir nur zwei Blitzlichter!" Schließlich darf sie drei benutzen, das bedeutet: drei Fotos und keines mehr. Doch der Sekretär setzt ungerührt noch eins drauf: "Montags ist sein Tag der Meditation, Sie können also nicht mit ihm sprechen." Die entnervte Fotografin wird in eine winzige Kammer gelassen, in der Gandhi, im Schneidersitz, schweigend spinnt. Hinter ihm dringt gleißendes Licht durch das Fenster: "Das Gegenlicht hat den Streß noch verstärkt", sagt Sean Callahan. Der erste Blitz. Margaret Bourke-White wählt den Ausschnitt und drückt auf den Auslöser. Sean Callahan: "Im Moment der Aufnahme merkte sie, daß Blitz und Kameraverschluß nicht synchronisiert waren. Beim zweiten Mal funktionierte es, doch in ihrer Aufregung hatte sie vergessen, die Schutzhülle zu entfernen … Ihr blieb nur noch ein einziger Blitz. Die Aufnahme war perfekt. Die Ironie aber ist, daß Gandhi das Spinnen inzwischen eingestellt hatte und seine Presseschau las! Von diesem Tag an hörte Margaret auf, an die Unfehlbarkeit der Technik zu glauben." ■

Auf einem Bild sieht man sie auf dem Dach eines Wolkenkratzers, den Fotoapparat in der Hand: Margaret Bourke-White, die Tochter eines Ingenieurs, wächst mit der Technik auf. Ihre Leidenschaft: Die Welt der Industrie, die sie glänzend fotografiert, vor allem für *Fortune*, Henry Luces Illustrierte für Geschäftsleute. Als der Pressemagnat 1936 beschließt, *Life* zu gründen, vertraut er Margaret die Titelseite der ersten Nummer an. Das Thema: Der Bau eines Staudamms im amerikanischen Westen. Margaret Bourke-White erzählt die Geschichte der Arbeiter auf der Baustelle und begründet damit eine Reportageform, die das weltweite Ansehen des Magazins ausmachen wird: den fotografischen Essay. "Zehn Jahre später", erzählt Sean Callahan, "war *Life* auf der Höhe seines Ruhmes. Gandhis Mitarbeiter wußten das natürlich. Die Begegnung hat Margaret sehr verunsichert: Sie war eine kopfbestimmte Frau und verstand nicht, warum Gandhi die Technik haßte, wo Indien doch in einer unsagbaren Armut lebte. Im Laufe der Begegnungen mit dem Mahatma, den sie nun regelmäßig und sogar bis wenige Stunden vor seinem Tod fotografierte, änderte sie ihre Meinung. Über ihre Erfahrungen berichtet sie in einem illustrierten Buch unter dem Titel *Halfway to Freedom*."

MARGARET BOURKE-WHITE

"Für die Länder der Dritten Welt ist dieses Foto immer noch aktuell."

Ila Gandhi

Ila Gandhi, die Enkelin des Mahatma, stammt aus dem südafrikanischen Zweig der Familie. Sie ist Abgeordnete der Partei von Nelson Mandela und lernte ihren Großvater kennen, als sie 8 Jahre alt war. "Die Botschaft dieser Aufnahme ist für mich immer noch aktuell: In einer Phase der Globalisierung der Wirtschaft müssen die Länder der Dritten Welt dringender denn je von den reichen Ländern unabhängig werden, indem sie sich zum Beispiel auf ihre traditionellen handwerklichen Methoden besinnen. Anstatt unsere Rohstoffe zu exportieren, um sie anschließend als verarbeitete Erzeugnisse zurückzukaufen, müssen wir, wo immer das möglich ist, die Verarbeitung in die eigenen Hände nehmen: Das ist der einzige Weg, wie wir Arbeitsplätze schaffen und unsere Bevölkerung ernähren können."

Die Exodus

→ DAMALS

18. Juli 1947: Das Schiff *Exodus*, auf dem sich 4 500 Überlebende des Holocausts befinden, wird vor Haifa von den Engländern aufgebracht. In Palästina, seit 1917 unter britischem Mandat, leben zu diesem Zeitpunkt 650 000 Juden. 1939 hatte London beschlossen, die Einwanderung in die "nationale jüdische Heimstätte" zu begrenzen, wo sich die Attentate zionistischer Gruppierungen häufen. 1947 werden fünfzehn vom Mossad gecharterte Schiffe aufgebracht; ihre Passagiere in Lager auf Zypern deportiert. Die Operation *Exodus* ist die größte Aktion der jüdischen Untergrundorganisation.

"Der Mossad wußte, daß das Schiff aufgebracht werden würde: Die Operation *Exodus* diente vor allen Dingen der Öffentlichkeitsarbeit", sagt Jean-Paul Aymon, der damals für die zionistische Zeitung *La Terre retrouvée* arbeitete. Die Bilder von dem Schiff gehen um die ganze Welt und rufen überall Protest hervor; in Marseille warten Dutzende von Journalisten auf die Ankunft der "Käfigschiffe Ihrer Majestät". Als sich die schwimmenden Gefängnisse dem Port-de-Bouc nähern, demonstrieren Hunderte ihre Solidarität mit den "Unerwünschten", indem sie ihnen in kleinen Booten Nahrung bringen. Auf die Information des Regierungssprechers, eines gewissen François Mitterrand, hin, Frank-

-eich gewähre ihnen Asyl, antworten die Passagiere mit Spruchbändern: "Wir wollen Palästina!" Die Engländer entscheiden schließlich, die Passagiere in Lager nach Deutschland zu überführen: "Das war ein enormer psychologischer Fehler", so Jean-Paul Aymon. "Indem sie diesen Beschluß faßten, beschleunigten sie den Gang der Geschichte":

"Die Bilder riefen weltweit Protest hervor."

Vier Monate später billigt die UNO die Teilung Palästinas in zwei Staaten, einen jüdischen und einen palästinensischen. Und im Mai 1948 proklamiert Ben Gurion die Schaffung des Staates Israel.

Die Eingesperrten

Meïr Cohen: "Wir hatten unseren unerschütterlichen Glauben."

“ICH GEHE NACH Eretz Israel", sagt der 22jährige Meïr Cohen zu seinem alten Vater, als er das heimatliche Marokko verläßt. In Paris schickt ihn die jüdische Agentur in ein Lager nach Südfrankreich, wo ein Aktivist des Mossad ihm "einen falschen Paß auf den Namen Goldberg mit einem echt-gefälschten Visum für Kolumbien" aushändigt. Es geht in den Hafen nach Sète; etwa 200 Lastwagen sind in der Nacht mit Billigung der französischen Behörden dorthin unterwegs. Am 11. Juli schifft sich Meïr auf der *President Warfield* ein, einem alten Schiff, das für 700 Passagiere gebaut worden ist, und auf dem sich 4 500 Menschen drängen, darunter 655 Kinder. 23 Sprachen werden auf der Brücke, den Zwischendecks, in den Lade- und Kielräumen gesprochen. "Es war ein Fest: wir haben sieben Tage lang gesungen!" – alles unter den Augen der Engländer, die ihnen mit fünf Kriegsschiffen folgen. Als sich das Schiff der palästinensischen Küste nähert, hissen die Passagiere die blau-weiße Fahne mit dem Davidstern und taufen die *President Warfield* in *Exodus* um. Sie wird am 18. Juli siebenmal von den britischen Soldaten gerammt, die sie daran hindern wollen, in den Hafen von Haifa einzulaufen. Es gibt zwei Tote und 130 Verletzte. "Das ist der Augenblick, in dem das Foto gemacht wurde, wahrscheinlich von einem der Fotografen der 'nationalen jüdischen Heimstätte', die uns im Hafen erwarteten."

Am 20. Juli werden die Passagiere auf drei mit Stacheldraht bewehrte Schiffe verteilt und nach Frankreich zurückgeschickt. ■

1950

Der Kuß vor dem Rathaus

© Robert Doisneau/Rapho

→ DAMALS

1950: Frankreich ist zermürbt von der Verknappung und befindet sich mitten im Wiederaufbau; ohne Lebensmittelkarten und strikte Rationierung geht nichts. Es sind die Jahre des Marshall-Plans, als die ausgeblutete europäische Wirtschaft mit Dollars wiederbelebt wird. Die Franzosen entdecken die Konsumgesellschaft "made in USA", die Ferien, elektrische Haushaltsgeräte und die Langspielplatte. Die Euphorie über die Befreiung befreit auch die Kultur in all ihren Formen, und in Saint-Germain-des-Prés wird über Gott und die Welt diskutiert.

033

Casting

21 034
21 038
21 036
21 039

Robert Doisneau

"Paris ist ein Theater, und den Eintritt bezahlt man in Form von verlorener Zeit", sagte Robert Doisneau, der ewige Flaneur, so wie Baudelaire ihn sich vorgestellt hat. 1912 in der südlichen Banlieue von Paris geboren, flaniert er schon durch seine Kindheit. "In der banalen Umgebung, in der ich aufwuchs", schrieb er, "kam es vor, daß ich Zeitfragmente wahrnahm, in denen das alltägliche Universum von seiner Last befreit zu sein schien. Solche Momente zu zeigen, kann ein ganzes Leben ausfüllen." Das war bei Doisneau eindeutig der Fall. Den Fotoapparat in der Hand, immer auf der Jagd nach dem Phantastischen im Alltäglichen, wird er es auf über 350000 Aufnahmen bringen, mit denen er von dem Leben der großen und kleinen Leute aus der Region Paris erzählt. "Mein Vater mochte das Bild mit dem Kuß nicht besonders", erzählt Annette Doisneau. "Er verglich sich gerne mit einem Bilderangler, nicht mit einem Jäger; er wartete lieber darauf, daß die Fotos zu ihm kamen, als sie zu erzwingen. Und am Ende seines Lebens wiederholte er oft: 'Es macht mich traurig, wenn ich daran denke, daß ich nur dieses Foto zurücklasse.'"

Das Auge des Alltags

"Der ewige Flaneur" 1949 in einem Pariser Vorort.

Der Mann mit der Baskenmütze ist Anwalt in Montreal: Er hat das Foto bei einem Nachbarn entdeckt.

Annette Doisneau: "Mein Vater verglich sich eher mit einem Bilderangler als mit einem Jäger."

FRÜHJAHR 1950: Das Magazin *Life* bestellt bei der Agentur Rapho eine Reportage über "Verliebte in Paris". Es wird empfohlen, mit Statisten zu arbeiten, da es schnell gehen muß. Robert Doisneau engagiert zwei Schauspielstudenten, Jacques Carteaud und Françoise B. Auf dem Kontaktstreifen sieht man, wie das Paar herumschlendert. *Life* veröffentlicht sechs Küsse, darunter den vor dem Rathaus auf einer Viertelseite. Das Foto verschwindet in Doisneaus Archiven, bis ein Pariser Verleger 1986 beschließt, es als Poster zu drucken – ein Welterfolg. "Sofort erhielt mein Vater Dutzende Briefe von Leuten, die behaupteten, sich wiedererkannt zu haben", erzählt Annette Doisneau. Da ist zuerst der Anwalt aus Montreal, der das Poster bei einem Nachbarn sieht. Er schickt ein Foto, auf dem er mit dem Bild posiert. Dann gibt es zahllose Verliebte, die "freundlich darauf hinweisen, daß sie das Paar sind". Schließlich wird "die Geschichte zu einem Alptraum": Ein Paar möchte den Fotografen kennenlernen. Ein Abendessen wird organisiert: "Unglücklicherweise hat mein Vater ihnen zwar nicht gesagt, daß sie das Paar waren, aber er hat ihnen auch nicht gesagt, daß sie es nicht waren: Er wollte sie nicht enttäuschen." Die beiden verklagen Doisneau und fordern Entschädigung nebst Zinsen. Die Klage wird abgewiesen, das Paar geht in die Revision. Auch die Klage der Schauspielstudentin, die Tantiemen für die Autorenrechte verlangt, wird zurückgewiesen. "Diese Affären haben meinem Vater sein letztes Jahr gründlich vergällt", erzählt Annette. "Zum Schluß wollte er das Foto nicht mehr sehen." ■

"Dieses Foto assoziiert bei mir das, was ich 'das Reich der Sinne' nenne: Ein Mann, eine Frau, zwei Münder, zwei Körper, die Lust auf den anderen, der Wunsch, sich für immer zu lieben." Die Augen unter der Cordmütze suchen nach den Worten. Mit 18 Jahren

"Das Reich der Sinne"

kam Jacques Carteaud, der heute fest verwurzelt "wie ein Bauer" im Süden Frankreichs lebt, 1945 nach Paris, "um Theater zu machen". Um zu (über-)leben, posiert der attraktive junge Mann für Fotoromane, Werbung oder Modeaufnahmen. "So wurde ich dafür bezahlt, daß ich die Frau küsse, die ich liebe! Das war das reine Paradies!"

Jacques Carteaud: "Ich wurde dafür bezahlt, daß ich die Frau küsse, die ich liebe. Das reine Paradies!"

Der Kuß der Rosenbergs

→ **DAMALS**

USA, 5. Juli 1951: Julius und Ethel Rosenberg, der Atomspionage für die Sowjetunion beschuldigt, werden zum Tode verurteilt. Es ist die größte politische Justizaffäre der Nachkriegszeit. Der Kalte Krieg hat seinen Höhepunkt erreicht und zieht in den USA eine heftige antikommunistische Kampagne nach sich. An ihrer Spitze steht Joseph McCarthy, der eine regelrechte Hexenjagd organisiert. Die Rosenbergs beteuern ihre Unschuld. Trotz internationaler Proteste werden sie am 21. Juni 1953 auf dem elektrischen Stuhl hingerichtet.

Robert Meeropol: "Ich habe nie herausgefunden, wer das Foto gemacht hat."

"WENN DER McCarthyismus Amerika nicht in Hysterie versetzt hätte, würden meine Eltern noch leben. Deshalb kämpfe ich mit meinem Bruder Michael für die Wiederaufnahme ihres Prozesses." In seinem Büro in Springfield/Massachussets bewahrt Robert Meeropol, der bis zu seinem sechsten Lebensjahr Rosenberg hieß, das Familienarchiv auf. Nach der Hinrichtung seiner Eltern wurde er von der Familie Meeropol adoptiert. Er leitet die Stiftung Rosenberg, die Familien, die Opfer politischer Gewalt sind, unterstützt. Ihr Emblem: das berühmte Foto der Eheleute Rosenberg, aufgenommen im Frühherbst 1950. "Das war nach der Anhörung, bei der der Staatsanwalt meinen Eltern die verschiedenen Punkte der Anklage mitgeteilt hat; danach wurden sie zurück ins Gefängnis nach Sing Sing gebracht. Sie hatten sich mehrere Wochen lang nicht gesehen. Die anderen Gefangenen in dem Wagen machten ihnen spontan Platz. Es war dunkel. Plötzlich erhellte ein Blitz die Szene." Wir sehen das Paar, in einen letzten Kuß versunken, dessen Intensität atemberaubend ist. "Ich habe nie herausgefunden, wer dieses Foto gemacht hat, und das Negativ ist unauffindbar. Als wollte man die Erinnerung an meine Eltern definitiv auslöschen, indem man diese Aufnahme verschwinden läßt." ■

Die größte politische Justizaffäre der Nachkriegszeit.

Hexenjagd

William Reuben

"Das Foto hatte eine gewaltige Wirkung, weil es den Rosenbergs mit einem Schlag ihre Menschlichkeit zurückgab", erinnert sich William Reuben, der damals beim *National Guardian* arbeitete. "Während des gesamten Prozesses hatte die Presse das Bild eines teuflischen Paares gezeichnet, das seine Seele dem großen roten Satan verkauft habe." Der Journalist gründet ein Komitee zur Unterstützung der Rosenbergs, und eine internationale Kampagne fordert Begnadigung für das Paar. Tausende von Demonstranten versammeln sich vor den amerikanischen Botschaften in Paris, London und Rom, auf ihren Schildern das Foto des Kusses. Zwei Petitionen in Frankreich erbringen über 500 000 Unterschriften, darunter die des Präsidenten Auriol. Sogar der Papst interveniert. Vergebens: Präsident Eisenhower verwirft zwei Gnadengesuche und beruft sich "auf den bewußten Verrat einer ganzen Nation". "Wir sind unschuldig", antworten die Rosenbergs. "Wenn wir sterben, macht sich ganz Amerika schuldig." Am Tag nach ihrer Hinrichtung ziehen 10 000 Menschen an ihren sterblichen Überresten vorüber, die in einer Synagoge in Brooklyn aufgebahrt wurden.

"Die Aufnahme hat die Verteufelung der Rosenbergs beendet."

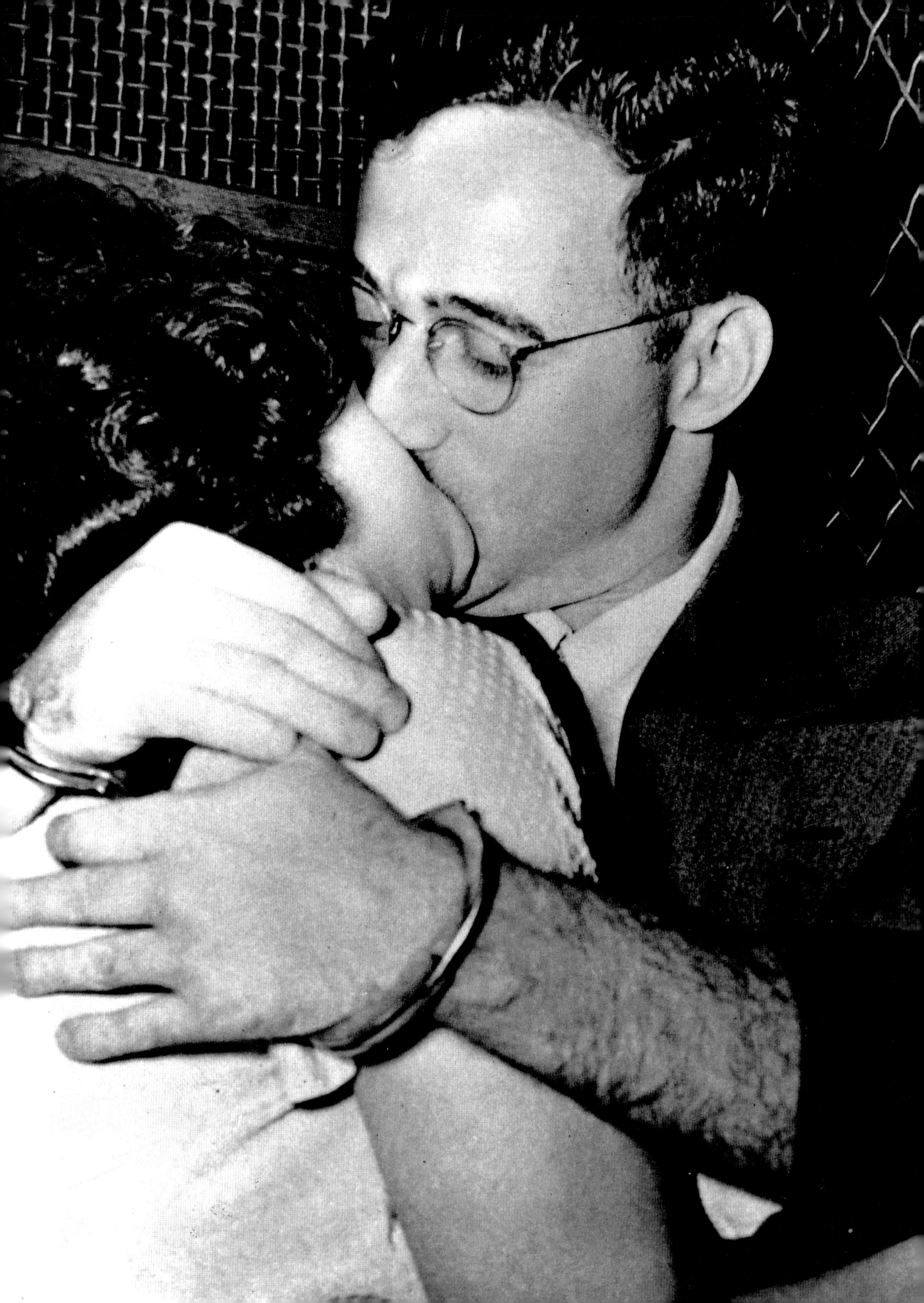

1951

Geburt im Kibbuz

© David Seymour/Magnum Photos

Saga

Eliezer Trito: "Myriam war das erste Baby, das in unserem Kibbuz geboren wurde."

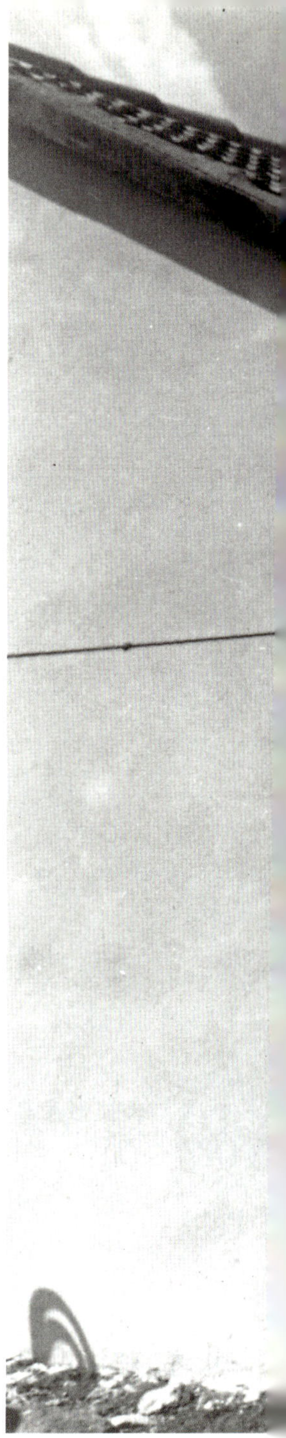

→ DAMALS

14. Mai 1948: David Ben Gurion ruft den Staat Israel aus. Sofort marschieren die Truppen der benachbarten arabischen Länder in Palästina ein. In fünf Jahren verdoppelt sich die jüdische Bevölkerung durch die Ankunft von 700 000 Einwanderern, unter ihnen 100 000 Überlebende der Todeslager. Während eine Million Palästinenser ins Exil gezwungen werden, lassen sich die Einwanderer in Kolonien nieder. Die Kibbuzim beruhen auf dem Prinzip des kollektiven Landbesitzes und verkörpern den Gründertraum des jungen hebräischen Staates.

DER JUNGE VATER strahlt übers ganze Gesicht. In seinen hochgestreckten Armen hält er ein Neugeborenes in einem makellos weißen Taufkleid. "Das hatten wir aus Italien mitgebracht", erzählt Eliezer Trito, "nie hätten wir gedacht, daß Myriam zum Symbol Israels werden würde." Das war 1951, drei Jahre nach der Gründung des hebräischen Staates. Zusammen mit fünfzehn anderen Familien ist Eliezer Trito, ein Bauer aus dem Süden von Neapel, in das Gelobte Land ausgewandert. Ihre Geschichte: Auf seinem Krankenlager in dem kleinen Dorf San Nicandro Garganico lernt Donato Manduzi, ein Invalide aus dem Ersten Weltkrieg, das Alte Testament kennen. Die Geschichte des erwählten Volkes zieht ihn in ihren Bann, und er bittet den Rabbi von Rom um die Konversion; die Hälfte der Dorfbevölkerung folgt seinem Beispiel. 1950 wandert die Gemeinde nach Israel aus, wo sie sich zusammen mit Juden aus Tripolis in der Kolonie Alma im Norden Galileas ansiedeln. "Dies ist vielleicht die erstaunlichste Saga der Geschichte Israels", schreibt David Seymour zu seiner Reportage. "Es ist faszinierend zu sehen, wie Italiener und Araber gemeinsam versuchen, ihr neues Vaterland aufzubauen." Die Siedler in Alma haben den Besuch des Fotografen, dessen Eltern durch den Holocaust umkamen, nicht vergessen. "Er fotografierte unseren Kibbuz mehrere Tage lang", erzählt Eliezer Trito. "Aber das wichtigste Ereignis war damals die Geburt von Myriam, des ersten Babys im Kibbuz." ■

035

"Chim war das Hirn der Agentur Magnum."

David "Chim" Szymin

Als David Szymin in Warschau geboren, ist "Chim" durch das tragische Schicksal der osteuropäischen Juden geprägt. Direkt nach dem Abitur emigriert er: zunächst nach Leipzig, dann nach Paris, wo er als Fotograf debütiert. Der junge Mann mit der schwarzen Seidenkrawatte ist vom Montparnasse der dreißiger Jahre hingerissen. Dort begegnet er Robert Capa und Henri Cartier-Bresson, mit dem er über Gott und die Welt diskutiert: "Chim hatte die Intelligenz eines Schachspielers", erzählt Cartier-Bresson. "Die Fotografie war für ihn der Bauer, den er auf dem Schachbrett seiner präzisen Intelligenz versetzte." Chim berichtet über die französische Volksfront und den Spanischen Bürgerkrieg. Als Hitler in Polen einfällt, emigriert er in die USA, wo er seinen Namen in Seymour ändert. Er verpflichtet sich in der amerikanischen Armee und erhält die Aufgabe, Luftaufnahmen zu interpretieren. April 1947: Chim, Cartier-Bresson und Capa gründen zusammen mit Rodgers die legendäre Fotoagentur Magnum. "Sie teilten den gleichen Humanismus und eine Ästhetik des Engagements, die ein Grundwert unserer Kooperative wurde", sagt der Fotograf Burt Glinn. "Aber das Hirn von Magnum war Chim. In den fünfziger Jahren steckte das Fernsehen noch in den Anfängen, und die Nachfrage nach Fotos war enorm. Die meisten von uns berichteten über die Gründung Israels. Das Foto von der kleinen Myriam ist charakteristisch für Chims Werk: Bis zum Schluß fotografierte er sehr viel Kinder." 1956: Chim macht eine Reportage über die Suez-Krise. Auf einer seiner letzten Aufnahmen sieht man ein Kind mit nackten Füßen, das in einer Straße von Port-Saïd einem Panzer gegenübersteht. Auf der anschließenden Fahrt zu den ägyptischen Stellungen gerät sein Jeep unter Beschuß und stürzt in den Kanal.

Burt Glinn

1954

Auf der Straße nach Cuzco

© Werner Bischof/Magnum Photos

→ DAMALS

Bis zum Zweiten Weltkrieg bleibt das Reisen ein Privileg der wohlhabenden Schichten. In der Ära des bezahlten Urlaubs für alle und des beginnenden Massenkonsums entsteht die Tourismusindustrie mit ersten Reiseveranstaltern und Charterflügen. Die Hippiebewegung, die sich nach Kalifornien, Ibiza oder Katmandu aufmacht, schafft in den sechziger Jahren einen neuen Markt: Immer mehr Länder der Dritten Welt kommen ins Programm, um die Ansprüche der Exotik-Fans zu befriedigen. Heute ist Tourismus ein Massenphänomen, jährlicher Umsatz: mehr als 500 Milliarden Dollar.

036

Marco Bischof: "Dieses Foto symbolisiert, was jeder von uns sucht: Die Leichtigkeit des Seins."

AUF DEM KONTAKTSTREIFEN befindet sich nur eine einzige Aufnahme: Der kleine Indio im Poncho, um ihn herum der Machu Picchu, die Straße nach Cuzco, behauene Steine. "Es ist beeindruckend", sagt Marco Bischof. "Ich habe mich immer gefragt, wie mein Vater dieses Foto im ersten Anlauf machen konnte." Das war genau am 1. Mai 1954. Werner Bischof, Fotograf bei der Agentur Magnum, befindet sich auf großer Amerikareise. In Mexiko läßt er seine schwangere Frau zurück und fliegt erst nach Chile, dann nach Peru. Bischof vertieft sich in die Geschichte der Inka-Zivilisation, die Architektur und Stätten, Sitten und Gebräuche der Andenbevölkerung, die die "pacha mama", die fruchtbare Erde, anbeten. Der Fotograf streift herum, in der Tasche einen Auftrag von Magnum: Für ein Kollektivprojekt über die Kinder der Welt will er einen kleinen Hirten fotografieren. Die Begegnung ergibt sich zufällig zwischen Pisac und Cuzco im geheiligten Tal: "Ich habe mir die Szene oft vorgestellt", erzählt Marco Bischof: "Mein Vater ist im Jeep unterwegs und hält an, um die Landschaft mit den Hängen zu bewundern. Und dann kam der vorbei, den wir in der Familie das 'Kind mit der Flöte' nennen. Ergriffen von der Schönheit dieses Anblicks, dieses Jungen, der Musik machend seinen Weg geht, macht er nur ein Foto. Für mich symbolisiert es das, wonach wir alle suchen im Leben: Die Leichtigkeit des Seins. Das Bild ist eine Art Testament meines Vaters: Zwei Wochen später verunglückt er, als er mit dem Auto in eine Schlucht in den Anden stürzte." ■

Einladung zum Reisen

Marco Bischof als Kind.

Eine Woche nach dem Tod von Werner Bischof wird sein zweiter Sohn Daniel, Marcos Bruder, geboren. Das Foto ist untrennbar mit der Geschichte der Familie verbunden: "Ich war damals vier Jahre alt, und ich begriff nicht, daß mein Vater tot war, denn meine Mutter hatte mir gesagt, er wäre bei den Indios geblieben und würde nicht wiederkommen. Später hing das Foto in unserem Eßzimmer, und für mich symbolisierte es den Tod meines Vaters. Mein Bruder und ich waren in Peru und haben die Orte aufgesucht, wo er gearbeitet hat, wo er starb und wo er begraben ist. Wir haben auch die Stelle gefunden, an der die Aufnahme entstanden ist: Sie ist unverändert. Natürlich haben wir auch versucht, das Kind auf dem Foto zu finden. Aber im Grunde ist es mir lieber, daß ich es nicht kenne: Das Foto ist schöner, wenn die Person anonym bleibt."

WERNER BISCHOF

"Es ist mir im Grunde lieber, daß ich seine Identität nicht kenne."

"Das Symbol einer Generation, ihrer Träume und ihrer Illusionen"

Er wollte Maler werden, er wurde Fotograf. Werner Bischof, 1916 in der Schweiz geboren, beginnt mit dem Fotografieren von Stilleben. Beeinflußt durch die" Neue Sachlichkeit" und deren Anspruch, das objektive Dasein der Dinge erfassen zu wollen, widmet er sich vor allem der Sachfotografie; seine Arbeiten sind abstrakt und exakt durchkomponiert, und dies ermöglicht ihm nach dem Krieg, zwei Dinge miteinander zu verbinden: den ästhetischen und den ethischen Anspruch. "1945 fotografiert Bischof Flüchtlingslager in Osteuropa", sagt der Schweizer Schriftsteller Hugo Loetscher. "Dort entdeckt er das Leiden in der Welt. Später berichtet er über den Hunger in Indien und den Krieg in Indochina, und immer richtet sich sein Blick auf Kinderschicksale. In der Aufnahme des Jungen mit der Flöte drückt sich der Wille aus, in einer Welt, in der es drunter und drüber geht, Ordnung zu schaffen: Das Kind verkörpert den Stolz der indianischen Rasse, es geht seiner Zukunft entgegen. Zehn Jahre, nachdem das Foto entstanden ist, hat es eine ganze Generation fasziniert. Es ist eine Einladung zum Reisen, das Symbol der Abwendung von der Konsumgesellschaft zu einem Zeitpunkt, da die Dritte Welt politisches Selbstvertrauen gewinnt. Es ist das Foto einer Generation, ihrer Träume und ihrer Illusionen."

Hugo Loetscher

1960

Che

© Alberto Korda

Alle Rechte vorbehalten

ALBERTO KORDA

"Für die Urheberrechte habe ich nie etwas erhalten."

→ DAMALS

6. März 1960: Eine Million Menschen ziehen anläßlich der Beerdigung der Opfer von *La Coubre* durch die Straßen von Havanna. Der französische Frachter war bei einem Attentat, für das die CIA verantwortlich gemacht wurde, in die Luft gesprengt worden. An Bord: Waffen, die Kuba in Belgien gekauft hat. Die Bilanz: 80 Tote und 200 Verletzte. "Das Vaterland oder der Tod – Venceremos!" ruft Fidel Castro von einer Tribüne in der Nähe des Friedhofes Colon herab. Dies wird eine der zentralen Parolen der kubanischen Revolution, die im Januar 1959 den Diktator Batista gestürzt hatte.

"DIESE AUFNAHME WAR nicht überlegt, es war reiner Zufall!" Alberto Korda, früherer Modefotograf, dann Berichterstatter des kubanischen Freiheitskampfes, arbeitet für die Zeitung *Revolución*, als er zufällig eine der größten Ikonen des Jahrhunderts fotografiert. Mit seiner Leica macht er gerade Bilder von Castro, der eine seiner legendären Reden hält. Jean-Paul Sartre und Simone de Beauvoir, die neben ihm stehen, lauschen gebannt. "Ich hatte Che, der sich im Hintergrund der Tribüne aufhielt, gar nicht gesehen", erzählt Korda, "bis er nach vorne trat und seinen Blick über die riesige Menge schweifen ließ. Ich konnte gerade eine Aufnahme im Querformat und eine zweite hochkant machen; ich hatte ein 90 mm-Objektiv. Dann zog sich Che wieder zurück. Ich werde nie seinen Blick vergessen, in dem sich Entschlossenheit und Leid mischten." Die Aufnahmen von Sartre und Beauvoir werden veröffentlicht, die von Che Guevara bleiben jedoch unbeachtet. Für sich selbst macht Korda einen Großabzug des ersten Fotos: "Das hochformatige gefiel mir besser, aber hinter Ches Schulter war der Kopf eines Mannes. Damals gab es noch keinen Computer, mit dem man das hätte korrigieren können." Er wählt einen Ausschnitt aus der zweiten Aufnahme, ein Profil zur rechten und eine Palme am linken Bildrand verschwinden: "Für mich war es das schönste Porträt von Che." Sieben Jahre später tritt das Foto seinen Siegeszug um die Welt an – ohne Kordas Signatur! ■

KODAK SAFETY FILM
KODAK PLUS X PAN FILM
037

Es ist das am meisten reproduzierte Foto des Jahrhunderts. Alberto Korda, virtueller Milliardär, hat beschlossen, einen Anwalt einzuschalten: "Aus Prinzip, denn es ist schon zu spät."

Ernesto Che Guevara

Er ist eine der Symbolfiguren der kubanischen Revolution. Ernesto Guevara, genannt "Che", der Fidel Castro im Exil in Mexiko kennengelernt hatte. Seine Sporen verdiente sich der junge argentinische Arzt, ein überzeugter Marxist, als "Commandante" bei den Guerillagruppen in der Sierra Maestre. Als die "Bärtigen" am 1. Januar 1959 triumphal in Havanna einziehen, ist er äußerst populär. Er ist als Botschafter der Revolution unterwegs, wird Industrieminister. Der schöne, geheimnisvoll wirkende Mann mit dem schneidenden Verstand ist der Prophet der freiwilligen Arbeit und der Weltrevolution. Am 8. Oktober 1967 wird er in Bolivien, wo er beim Aufbau der Guerilla hilft, ermordet.

Oktober 1967: Mit Zustimmung der CIA wird Che von bolivianischen Militärs umgebracht. Die Nachricht empört die ganze Welt. Giangiacomo Feltrinelli, Verleger in Mailand und Bewunderer der kubanischen Revolution, bringt das Che Guevara-Foto von Korda als Poster auf den Markt. Auflage: eine Million, Preis: fünf Dollar. Die Rechte werden mit "Copyright Feltrinelli" angegeben! "Bei einer seiner Reisen nach Kuba hatte ich ihm einen Abzug geschenkt", erzählt der Fotograf. "Ich habe nie einen Pfennig erhalten." Das Porträt des Mannes mit dem Stern auf der Baskenmütze wird zur Ikone der Jugend und so oft reproduziert wie kein anderes Foto in diesem Jahrhundert: Vom Quartier Latin bis an die amerikanischen Universitäten, vom Libanon bis nach Irland – überall verkörpert es die Reinheit des ewig jungen Rebellen, der für seine Überzeugung gestorben ist. "Er ist der neue Christus am Kreuz", meint Oliviero Toscani, Art director der Firma Benetton. Jahrelang erhebt Alberto Korda keinen Einspruch, denn als guter Revolutionär ist er zufrieden, daß sein Foto der "Sache" dient. Bis das Bild von der Industrie vereinnahmt wird: Swatch-Uhren, Fischer-Ski, Sony-CDs! Der Fotograf, ein virtueller Milliardär, beschließt, einen Anwalt einzuschalten: "Es geht mir nicht so um das Geld, das ich hätte verdienen können, sondern um das Prinzip."

"Er ist der neue Christus am Kreuz."

Oliviero Toscani

"MITEINANDER SCHAFFEN WIR EIN NEUES LEBEN."

Marilyn

© Eve Arnold/Magnum Photos

In Positur

EVE ARNOLD
"Dieses Bild ist ein Hilferuf."

→ DAMALS

Kaum eine Frau wurde so oft fotografiert wie sie: Norma Jean Baker alias Marilyn Monroe. 1926 in Los Angeles geboren, wird sie 1953 mit dem Film *Blondinen bevorzugt* zum Sexsymbol schlechthin. Ihr Bild ziert die Taschen der Arbeiter, sie ist das Hätschelkind der Intellektuellen, sie ist der Traum der ganzen Welt. Ihr privates Leben, gezeichnet durch Scheidungen und heftige Abenteuer, ist ein Fiasko. Sie geht nach New York, heiratet den Schriftsteller Arthur Miller. Ein erneuter Fehlschlag. Marilyn driftet ab. Ihr tragischer Tod 1962 trägt dazu bei, sie zur Legende zu machen.

DIE WÜSTE VON NEVADA, 1960. Unter der Regie von John Houston dreht Marilyn mit Clark Gable und Montgomery Clift *Misfits*, nach dem Drehbuch von Arthur Miller. Die Agentur Magnum bekommt die Exklusivrechte, und Eve Arnold bleibt zwei Monate: "Ich bin 34. Ich bin erschöpft. Wo soll das nur hinführen?" entfährt es Marilyn, deren Ehe mit Arthur Miller sich auf dem Tiefpunkt befindet. Die Dreharbeiten werden zu einem Alptraum. "Manchmal verschwand sie einen ganzen Tag lang", erinnert sich Eve Arnold. "Sie hatte Schwierigkeiten, ihren Text zu lernen." Marilyn kommt mit einer Überdosis Schlaftabletten ins Krankenhaus. Dann wird weitergedreht. Eve Arnold, die die ganze Zeit über fotografiert, kommt mit annähernd 1 000 Aufnahmen nach Hause. Eine davon wird bleiben: "Sie übte ihren Text für eine schwierige Einstellung, in der sie Clark Gable anschreien muß. Sie ist konzentriert und wirkt ruhig." Es ist die große Szene des Films, in der die Männer die wilden Pferde zusammentreiben, die zu Hundefutter verarbeitet werden sollen. "Mörder!" schreit die Protagonistin und verschwindet in der Wüste. Als die beiden Frauen in Manhattan die Kontaktstreifen durchsehen, "liquidiert" Marilyn 15 Prozent der Aufnahmen. Nicht aber dieses Foto: "Sie mochte dies Bild einer Frau, die in die Einsamkeit der Arbeit versunken ist. Sie ertrug es nicht mehr, als Sexualobjekt behandelt zu werden. Dieses Bild ist ein Hilfeschrei. Man könnte meinen, daß sie ruft: 'Helft mir! Ich bin in Gefahr!' Aber wer hat sie gehört?" ■

"HILFE! ICH BIN IN GEFAHR!"

EVE ARNOLD

Die Begegnung fand auf einer Party statt. Die eine ist Starlet in Hollywood, die andere eine junge Fotografin, die gerade eine Reportage über Marlene Dietrich veröffentlicht hat: "Wenn Sie es schon mit ihr so gut hingekriegt haben, stellen Sie sich vor, was Sie mit mir machen könnten!" Bereits als junges Mädchen imitiert die brünette Norma Jean Baker vor dem Spiegel stundenlang die Posen ihrer größten Hollywood-Idole: Marlene Dietrich und Clark Gable. "Gott hat ihr alles geschenkt", sagt Billy Wilder, der zwei Filme mit ihr gedreht hat. "Als ein Fotograf das erste Bild von ihr machte, war sie perfekt." Damals war sie 18 Jahre alt, und das Foto entstand am Fließband der Fabrik, in der sie arbeitete. Sie wird erst Mannequin, dann Starlet. Die blonde Marilyn ist geboren, die Karriere äußerst zielstrebig geplant: "Sie hat nicht mich gewählt, sondern Magnum", meint Eve Arnold. "Sie wußte, daß die Agentur weltweit arbeitet und daß man die Öffentlichkeit braucht, um ein Star zu werden." Zwischen 1950 und 1960 fotografiert Eve Arnold Marilyn sechsmal: "Sie war ein Genie, wenn es um das Fotografiertwerden ging. Sie posierte mit sehr viel Gespür und gab ihren eigenen Rhythmus vor. Diese Gabe, sich in der Sprache der Bilder auszudrücken, ermöglichte ihr, auf der ganzen Welt verstanden zu werden."

"Gott hat ihr alles geschenkt."

Lumumba

© Dietrich Mummendey/Corbis/Sipa Press

→ DAMALS

30. Juni 1960: Belgisch-Kongo wird unabhängig, Patrice Lumumba zum Premierminister ernannt. Gegenüber König Baudouin I. betont er, dies sei "ein entscheidender Schritt zur Befreiung des gesamten afrikanischen Kontinents". Am 18. August beschließt der amerikanische Sicherheitsrat, ihn zu eliminieren. Die belgischen Militärs unterstützen Moïse Tshombé, der die Sezession von Katanga proklamiert. Unter Colonel Mobutu kommt es mit Hilfe der CIA zu einem Staatsstreich. Lumumba wird verhaftet. Nach der Auslieferung an seine Feinde in Katanga wird er am 17. Januar 1961 ermordet.

Nach der Entlassung Kongos in die Unabhängigkeit schlägt Bechir Ben Yahmed, ein tunesischer Intellektueller, Patrice Lumumba ein Projekt vor: eine Zeitschrift, die Afrika und der Dritten Welt gewidmet ist. Den gleichen Vorschlag macht er auch Ernesto Che Guevara, aber beide lehnen ab: "Sie hatten andere Dinge im Kopf", sagt der Gründer der Zeitschrift *Jeune Afrique*. "Die Wirkung dieses Fotos war enorm. Zum ersten Mal sah man einen Unabhängigkeitskämpfer als Premierminister, der Staatsbesuche machte und von Staatsoberhäuptern empfangen wurde – und dann plötzlich wieder in der Situation eines Kämpfers war, den man einsperren und foltern konnte. Dieses Foto hat mich jahrelang sehr traurig gemacht, weil ich mir sagte: 'Wir schaffen es nicht. Die Gegner sind zu mächtig, und die Menschen, die für Veränderungen kämpfen, zu schwach, zu unerfahren, zu sehr auf sich gestellt.' Dieses Foto zeigt, daß die Unabhängigkeit nicht die Ankunft im Paradies ist, sondern nur

Bechir Ben Yahmed

Herold

"Dieses Foto ist tragisch und schön zugleich."

eine Tür, die den Weg für einen Kampf freigibt, der bis heute dauert. Ich habe über den Tod von Lumumba und Che Guevara geweint, und ich bin nicht der einzige gewesen. Diese beiden wurden von Millionen Menschen auf allen Kontinenten betrauert, weil sie unverdorben waren, weil sie stark waren – und weil sie schwach waren. Das macht die Schönheit dieser Zeit, dieser Sekunde, dieses Fotos aus: Es ist tragisch und schön zugleich."

Horst Faas: "Die Soldaten rissen ihn an den Haaren hoch, damit wir sein Gesicht fotografieren konnten."

"WARUM SIE IHN an den Haaren hochreißen? Um sein Gesicht vor unsere Kameras zu halten." Horst Faas, der Direktor des Londoner Associated Press-Büros, ist kein Mann mit Gewissensbissen: „Für mich war Lumumba eben die Nachricht des Jahres." An diesem 2. Dezember 1960 ist er Korrespondent der AP im Kongo, als er von der Verhaftung Lumumbas erfährt. Bei ihm ist Dietrich Mummendey, Deutscher wie er, der für United Press arbeitet. Der Premierminister, seit dem 28. November auf der Flucht, ist von Mobutus Männern in Port-Francqui verhaftet worden. An Bord einer DC3 wird er zurück nach Léopoldville geflogen. "Als erster stieg voller Triumph Gilbert Pongo, der Sicherheitschef von General Mobutu, aus", erzählt Horst Faas. "Dann kam Lumumba: Die Hände auf dem Rücken gefesselt, wurde er zusammen mit Maurice Mpolo, einem seiner Minister, brutal auf einen Lastwagen gestoßen. Die Soldaten begannen, auf sie einzuschlagen. Wir machten ein paar Minuten lang Aufnahmen. Lumumba sackte in sich zusammen: Da hat ihn ein Soldat brutal hoch gerissen, damit wir sein Gesicht fotografieren konnten." Beide Fotografen machen eine Aufnahme; die von Mummendey geht um die Welt. "Niemals werde ich diesen erschreckten Blick vergessen", schreibt er später in seinen Erinnerungen. "Er hat mit einer unendlichen Trauer in meine Kamera geblickt. Es war das letzte Mal, daß Journalisten Lumumba lebend gesehen haben: Sein Geist wird jedoch noch lange im Kongo und in ganz Afrika lebendig sein." ■

"Dieses Foto ist eine Anklage", sagt François Lumumba, der älteste Sohn des Herolds der afrikanischen Unabhängigkeit. "Aber es zeigt ausschließlich die kongolesischen Soldaten, die nur die Handlanger des Mordes an meinem Vater sind. Man sieht nicht die Agenten der CIA und gewisse belgische Konservative." François Lumumba, 1951 geboren, lebte mit seiner Mutter und seinen vier Geschwistern im Exil in Ägypten. Heute steht er im ehemaligen Zaire an der Spitze des "Mouvement national congolais": "Nach so vielen Jahren haben wir gelernt, mit dem Haß und dem Rachegefühl umzugehen. Dieses Foto bestärkt mich, den unvollendeten Kampf meines Vaters fortzusetzen. Unmittelbar bevor er zu Tode gefoltert wurde, schrieb er an meine Mutter Pauline: 'Ohne Würde gibt es keine Freiheit, ohne Gerechtigkeit gibt es keine Würde, und ohne Unabhängigkeit gibt es keine freien Menschen.'"

François Lumumba

"Man sieht nur die Handlanger der Mörder."

1961

Die Berliner Mauer

© Peter Leibing

Freiheit!

Konrad Schuman und PETER LEIBING
"Wir sind die besten Freunde geworden."

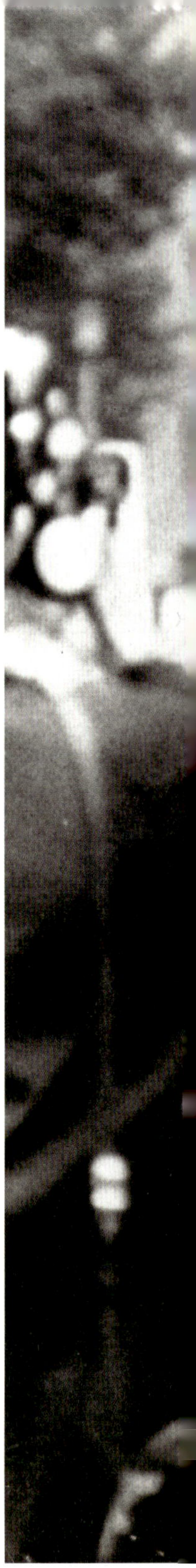

→ DAMALS

13. August 1961: Die Panzer des Warschauer Blocks sperren die Grenze, die Ost-Berlin von den westlichen Sektoren der Stadt trennt. Stacheldraht und Betonblöcke werden herangeschafft. Bewacht von den Grenztruppen, die Anweisung haben, auf Flüchtlinge zu schießen, trennt die Berliner Mauer, die die Abwanderung der Ostdeutschen in die Bundesrepublik beenden soll, auch zahllose Familien. Seit der Gründung der Deutschen Demokratischen Republik waren bereits mehr als drei Millionen Menschen in den Westen gegangen.

SIEBENUNDDREISSIG JAHRE später kann er es immer noch nicht fassen: "Ich war ein Anfänger in meinem Beruf, und ich machte ein Foto, das um die ganze Welt gegangen ist", sagt Peter Leibing. An diesem 13. August 1961 kommt der junge Mann gegen 13 Uhr in Berlin an. Der Fotograf ist Praktikant bei Conti Press, einer kleinen Hamburger Agentur, und hat mit Pferderennen debütiert; dies ist seine erste Nachrichten-Reportage. Er folgt dem Rat der Polizisten und fährt in die Bernauer Straße, wo mehrere hundert Menschen, Fotografen und ein Kameramann zusammengekommen sind. "Passen Sie auf", sagt ein Anwohner. "Er wird springen!" Peter Leibing bemerkt "einen Vopo, der einige Meter von der Demarkationslinie entfernt Zigarette auf Zigarette raucht". Der Fotograf macht seine Exacta – ein ostdeutsches Fabrikat – klar, stellt den Stacheldraht scharf und wartet, das Auge am 200 mm-Objektiv, ab. "Plötzlich rannte er los. Es dauerte nur wenige Sekunden, und ich konnte nur eine Aufnahme machen, weil es damals noch keinen Motor gab. Ich war der einzige, dem die Aufnahme glückte, weil ich gewohnt war, Pferde zu fotografieren, die über Hindernisse springen!" Es ist DAS Foto vom Bau der Mauer, das seinem Urheber keinen Pfennig einbrachte, da das Negativ der Agentur gehört, die ihn ausbildete. ■

"Ich bin stolz darauf, die Freiheit zu verkörpern."

Konrad Schuman

Der frischgebackene Volkspolizist war 19 Jahre alt und überzeugter Kommunist. Konrad Schuman hatte keine Gewissensprobleme, als man ihm erklärte, "daß die Grenze wegen Sabotage geschlossen werden müsse". Mit Waffe und Munition wird er in die Bernauer Straße beordert. Doch dann beginnt er, "ernstlich zu zweifeln": Eine Gruppe von jungen Ostdeutschen in einem Auto tut so, als wolle sie über die Grenze. Es stellt sich heraus, daß es Angehörige der Stasi sind, die die Vopos testen wollen. Ein "zweiter Zwischenfall" macht den Bruch endgültig: Ein kleines Mädchen, das die Ferien bei den Großeltern in Ost-Berlin verbracht hat, will zurück zu seinen Eltern in den Westen. "Ich habe sie daran gehindert, den Tod in der Seele – und begriff, daß ein Regime, das so weit ging, zu allem in der Lage war." Er beschließt zu fliehen. "Ich war extrem nervös. Ich konnte mich nicht entscheiden zu springen, weil ich Angst hatte, im Stacheldraht hängenzubleiben und von meinen Kollegen erschossen zu werden. Bis ich auf der anderen Seite einen Mannschaftswagen der Polizei mit offenen Türen gesehen habe. Das hat mir den nötigen Mut gegeben, und ich bin direkt auf ihn zu gerannt." Fünfundzwanzig Jahre später lernt Schuman Peter Leibing in einer Fernsehsendung kennen. "Ich war überzeugt, daß er mit meinem Sprung ein Vermögen verdient hatte. Aber da das nicht der Fall war, sind wir die besten Freunde geworden."

PETER LEIBING war 20 Jahre alt, als er das Foto seines Lebens machte.

1961

041

Lei Pheng

© Zhou Jun/Xinhua

→ DAMALS

1958 bricht Mao Tse-tung mit dem sowjetischen kommunistischen Vorbild und erläßt den zweiten Fünfjahresplan. Das ist die Phase des sogenannten "Großen Sprungs nach vorn", bei dem es um die Schaffung von Produktionsgemeinschaften geht, die die Wirtschaft auf kollektivistischer Basis restrukturieren sollen. Die Bilanz ist katastrophal: Fünfzehn Millionen Chinesen werden zwischen 1961 und 1962 Opfer einer großen Hungersnot. Die Mangelsituation betrifft alle Bereiche der Produktion. Es ist die schwerste Krise, seit Mao 1949 an die Macht gekommen ist.

ZHOU JUN

"Damit Lei Pheng größer wirkt, bin ich in die Hocke gegangen."

ER HEISST LEI PHENG, und nach Mao Tse-tung ist er der bekannteste Mann Chinas. Als Held der Arbeit ausgezeichnet, reicht Lei Pheng 1961 bei der Zeitung der Miliz des Nordostens einen Artikel ein. Zhou Jun, ein Militärfotograf, empfängt ihn: "Ich sagte zu ihm: 'Eigentlich könnte ich doch ein Foto von dir machen'", erzählt der 68jährige Rentner heute, der immer noch in Shenjang lebt, 600 km nördlich von Peking, wo auch die Aufnahme entstand. "Da er nicht viel hermachte, schlug ich ihm vor, sich eine Mütze und eine Maschinenpistole zu borgen." Den Namen des Mützenbesitzers hat die Geschichte vergessen; die Maschinenpistole gehörte Hu Youfen, der am Eingang des Gebäudes Wache stand. Zhou Jun macht fünf Fotos … in der Hocke: "Ich mußte Lei Pheng – er war kaum 1, 50 m – größer erscheinen lassen." Ein einziges Foto ist erhalten, das in der Zeitung der Miliz des Nordostens und später in der Tageszeitung der Volksarmee veröffentlicht wird. Erst nach dem Unfalltod von Lei Pheng – er wird am 15. August 1962 von einem Lastwagen überfahren – entdeckt die Politische Führung die Aufnahme für sich. Am 15. August 1963 verfaßt Mao Tse-tung einen Nachruf, der wegweisend für viele folgende Massenkampagnen wird: "Nehmen wir uns den Genossen Lei Pheng zum Vorbild." Die Retuscheure fügen dem kolorierten Bild einen Tannenbaum hinzu, "in China das Sinnbild der Ewigkeit", wie der Soldat Hu Youfen sagt. ■

Mythos oder Wahrheit?

Es ist schwierig, Wahres und Erfundenes in der Biographie von Lei Pheng auseinanderzuhalten. "Sicher ist nur", meint der Sinologe Jean-Philippe Béja, "daß er im Bezirk Wang-Cheng als Held der Arbeit ausgezeichnet wurde." Lei Pheng, ein Waise, gehört zur kommunistischen Jugend, bevor er als Fahrer zur Armee geht. Dort beginnt die Legende des guten Soldaten Lei Pheng. "Das Leben des Menschen ist begrenzt, aber der Dienst am Volk ist grenzenlos", sagt der Mann, der Zeit seines Lebens bereit ist, seine Socken durchzulaufen, um am "Vermögen des Volkes" zu sparen – ein herausragendes Beispiel kommunistischer Moral, die maoistische Version der christlichen Selbstlosigkeit. Nach dem Scheitern des "Großen Sprungs nach vorne" ist er der ideale Held. "Der Mythos Lei Pheng wurde geschaffen, um ein demoralisiertes Land moralisch zu stärken", erklärt Béja. Ab 1962 wird das Bild des kleinen Soldaten in allen Schulen und Behörden verteilt und in Büchern publiziert; sogar ein Film wird über ihn gedreht. Immer wieder wird die Legende durch neue Einzelheiten aufgefrischt. "Ich möchte ein Schräubchen im niemals rostenden Räderwerk der Revolution sein", soll der bekannteste Unbekannte Chinas gesagt haben.

Jean-Philippe Béja

Maos Held

1962

Die Kuba-Krise

© CIA

Kalter Krieg

Dino Brugioni: "Dieses Foto hat die Kuba-Krise gesteuert."

→ DAMALS

22. Oktober 1962: Der Präsident der Vereinigten Staaten Kennedy verhängt eine Seeblockade gegen Kuba: "Wir wissen, daß dort sowjetische Atomraketen stationiert worden sind", erklärt er. Als sich Russen und Amerikaner in der karibischen See gegenüberstehen, erreicht der Konflikt seinen Höhepunkt. Schließlich geben die Sowjets nach. Am 28. Oktober unterzeichnen Kennedy und Chruschtschow eine Vereinbarung, die den Abzug der Raketen regelt. Amerika erklärt, Kuba nicht zu überfallen und seine Raketen aus der Türkei abzuziehen. Noch nie war die Welt einem Atomkrieg so nah.

"DIESE AUFNAHME IST der größte Erfolg der CIA auf dem Gebiet fotografischer Aufklärung." Dino Brugioni arbeitet beim CIA in der Abteilung Fotografie, als aus Kuba ein Bericht von äußerster Dringlichkeit eintrifft: "Einer unserer Agenten hatte im Westen der Insel verdächtige Bewegungen der Russen wahrgenommen. Gleichzeitig verließen die Kubaner diesen Teil der Insel. Wir beschlossen zu überprüfen, was dort vor sich ging." Am 14. Oktober gibt Präsident John F. Kennedy seine Zustimmung zu einer Luftaufklärung mit dem berühmten Spionageflugzeug U2, das in 22 km Höhe fliegen kann und mit zwei mobilen Panoramakameras ausgerüstet ist. Die Bestürzung am 15. Oktober ist groß: "Auf den Negativen erkannten wir 19 m lange Objekte. In unserem Fotoarchiv fanden wir die Aufnahme einer Mittelstreckenrakete, die auf den Straßen von Moskau präsentiert worden war: Es war eine SS4, die innerhalb von sechs Minuten die Vereinigten Staaten erreichen konnte." Auf der Aufnahme sind auch Startrampen (Launch Pads) mit Lafetten (Erectors) und Tankwagen (Fueling Vehicles) zu sehen. Sofort wird ein Treffen mit dem Weißen Haus vereinbart: "Es war nicht schwer, den Präsidenten zu überzeugen", erzählt Dino Brugioni. "Einen schriftlichen Bericht kann man immer anzweifeln, Fotos nicht. Dieses Foto hat übrigens die gesamte Krise gesteuert." ■

Alexander Alexejew

Am 25. Oktober 1962 kommt es im Sicherheitsrat der Vereinten Nationen zu einem Eklat: "Wollen Sie immer noch leugnen, daß auf Kuba Raketen stationiert sind?" fährt Stevenson, der amerikanische Botschafter, seinen sowjetischen Kollegen Zorin an. "In Ordnung, zeigen Sie die Fotos!" "Die Vorlage der Dokumente hatte eine erhebliche Wirkung", erzählt Dino Brugioni, "das war der Beweis, daß die Sowjets logen. Dank der Fotos hatte Kennedy die uneingeschränkte Unterstützung der nationalen und internationalen öffentlichen Meinung." Alexander Alexejew, einige Jahre zuvor als KGB-Hauptmann in geheimer Mission nach Kuba gekommen, war seit Mai 1962 sowjetischer Botschafter dort. Er ist es, der Fidel Castro über Chruschtschows Absicht informiert, auf Kuba 42 Atomraketen zu stationieren. Von der Existenz der Fotos erfährt er durchs Radio: "Zorin wußte wirklich nichts über die Stationierung der Raketen", bestätigt er, "im Außenministerium waren nur drei Personen eingeweiht: Gromyko, ich selbst und Kusnezow, mein Stellvertreter. Die Fotos hatten in der Tat eine Signalwirkung, weil sie beide Länder dazu zwangen, über die nukleare Abrüstung zu verhandeln." Diese Ansicht teilt sein Kollege von der CIA: "Die Fotos haben die Menschheit vor einem Atomkrieg bewahrt."

"Die Fotos haben die Menschheit vor einem Atomkrieg bewahrt."

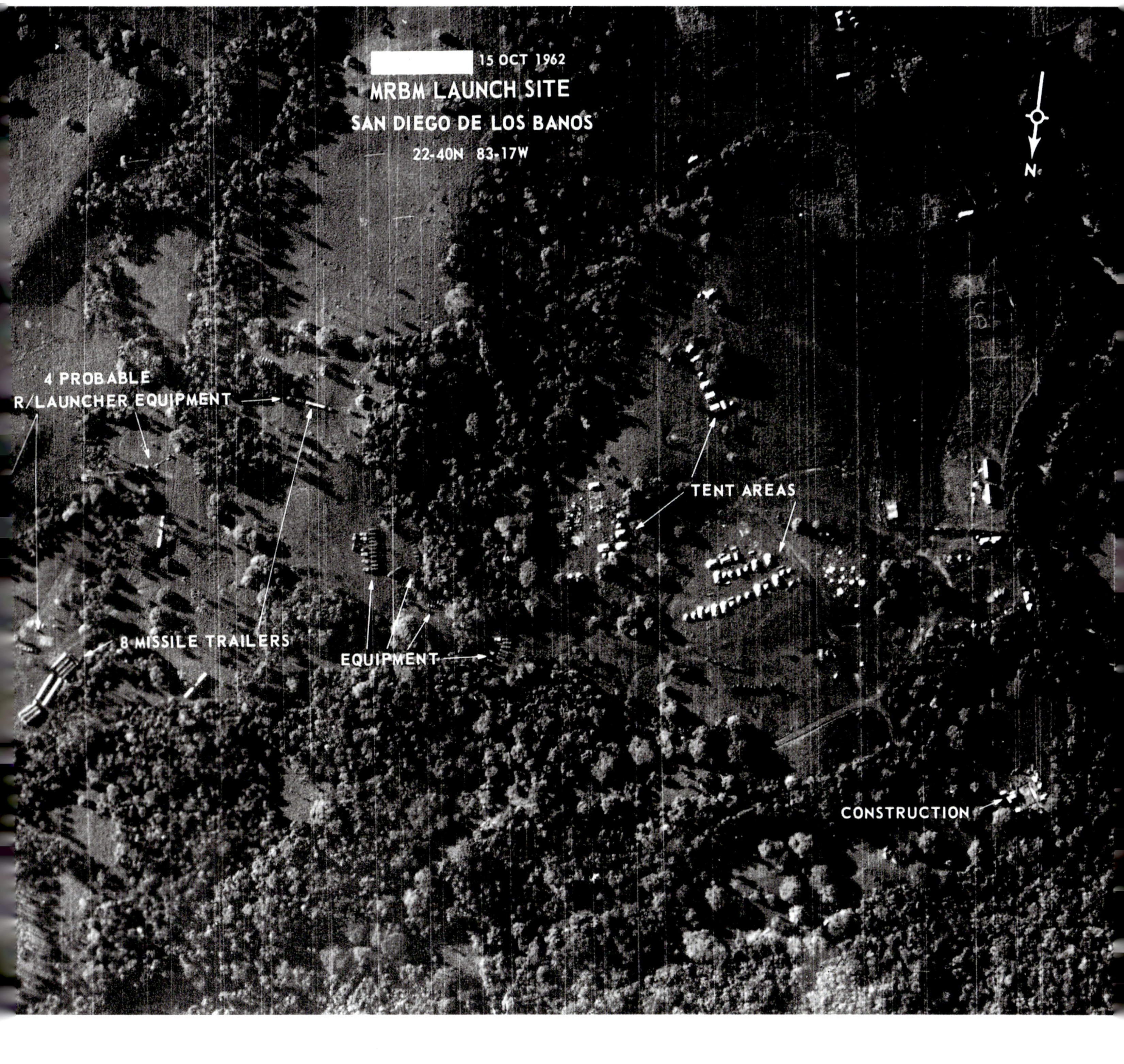

1963

Der Mord an JFK

© James W. Altgens/Associated Press

→ DAMALS

22. November 1963: Präsident John F. Kennedy, 46, wird während eines offiziellen Besuches in Dallas ermordet, als er mit seiner Frau Jackie und John Connally, dem Gouverneur von Texas, in einer offenen Limousine durch die Innenstadt fährt. Sogleich verhaftet die Polizei einen Tatverdächtigen, Lee Harvey Oswald, der zwei Tage später von einem gewissen Jack Ruby umgebracht wird. Die Nachricht lähmt die ganze Welt. Noch heute sorgt die Ermordung des jüngsten Präsidenten der Vereinigten Staaten für Gerüchte hinsichtlich der Identität der möglichen Auftraggeber.

Richard Trask: "Dieses Foto zeigt das Ende der amerikanischen Unschuld."

AN DIESEM 22. NOVEMBER 1963 hätte James Altgens sein Büro in der Associated Press in Dallas nicht verlassen müssen. Der 44jährige Fotonarr ist für die Vermittlung der Aufnahmen an die Kunden der Agentur zuständig. An diesem Tag will er aber selbst Fotograf sein: Er postiert sich in einer Unterführung, doch die Polizei schickt ihn zurück auf den Parkplatz des Texas School Book Depository, des Gebäudes, von dem aus einige Minuten später die fünf Schüsse abgegeben werden … Als die Präsidenten-Limousine kurz vor der Dealey Plaza auf seiner Höhe ist, drückt James Altgens den Auslöser: JFK lächelt, und Jackie hält ihren Hut im Fahrtwind fest. "Ich wollte eine zweite Aufnahme machen", erzählt Altgens später Richard Trask, der zwei Bücher über den Mord geschrieben hat, "da hörte ich einen Knall. Was dann kam, war der blanke Horror: Winzige Stücke des Kopfes des Präsidenten flogen mir vor die Füße. Ich war so schockiert, daß ich nicht auf den Auslöser drücken konnte. Später hat sich alle Welt über meinen Mangel an Professionalität lustig gemacht." Dann bemerkt er Jackie, die sich aufgerichtet hat und "Oh, no!" schreit. Altgens macht das Foto: Man sieht Clint Hill, den Sicherheitsbeamten, der Präsident Kennedy zu helfen versucht. Zu spät: JFK stirbt dreißig Minuten später. ■

"Oh, no!"

"Es war Ironie der Geschichte, daß keiner der Professionellen den Mord fotografieren konnte, da sie alle in dem Bus saßen, der der Limousine folgte", erzählt Richard Stolley, Chefredakteur bei *Life*. "Also wurde zur Jagd auf die Amateurfotografen geblasen!" Dazu gehört auch Abraham Zapruder, ein Schneider aus Dallas, dem ein ganz besonderer Coup gelungen war: Er hatte das Attentat mit seiner 8 mm-Kamera gefilmt. Sechs kurze Sekunden Film, die er für 150 000 Dollar exklusiv an das *Life Magazine* verkaufte: "Damals war das ein Vermögen", erzählt Richard Stolley. "Die Aufnahme von Altgens war in mehreren tausend Zeitungen auf Seite eins, und er erhielt dafür den World Press Award." Eine Stunde nach dem Attentat ist die Nachricht bereits um den Globus gegangen: "Das war das erste Weltereignis des Jahrhunderts, und für die illustrierte Presse war es der Anfang vom Ende: Beim Begräbnis von Kennedy in Arlington konnte sich das Fernsehen als Medium der Zukunft durchsetzen, denn zum ersten Mal wurde einen ganzen Tag lang ohne Unterbrechung live gesendet. Danach sollte für die Presse, aber auch für Amerika nichts mehr so sein, wie es einmal gewesen war."

"Das war das erste Weltereignis des Jahrhunderts."

Richard Stolley

GG 300

1964

Paul VI. im Gelobten Land

© Georges Ménager/Paris Match

→ DAMALS

4. Januar 1964. "Ich bin im Geist des Friedens und der Versöhnung gekommen", erklärt Paul VI. bei seiner Ankunft in Jordanien. Ein historisches Ereignis: Zum ersten Mal seit Petrus betritt das weltliche Haupt der Kirche das Gelobte Land. Der Pilger für den Dialog mit den anderen Religionen söhnt sich mit den Orthodoxen des Nahen Ostens aus und trifft jüdische und islamische Würdenträger. Der Nachfolger von Johannes XXIII. hat keine Scheu, sich unters Volk zu mischen und verändert das Bild des Papsttums grundlegend.

Pater Adib Badaoui: "Ich bin der Dritte rechts vom Papst."

"DAS WAREN DIE schönsten Tage meines Lebens!" Der im Libanon geborene Pater Adib Badaoui ist melkitischer Katholik, seine Gemeinde gehört zur nahöstlichen orthodoxen Kirche. Er ist gerade 36 Jahre alt, als ihn der Vatikan zum Zeremonienmeister für den Besuch Pauls VI. im Gelobten Land ernennt. "Sechshundert Fotografen haben von der Reise berichtet, darunter Georges Ménager von *Paris Match*. Er ist mir auf Schritt und Tritt gefolgt!" Als sich der Papst in Jerusalem auf den Kreuzweg begibt, herrscht ein unglaubliches Gedränge. Alle wollen ihn sehen und berühren. Da schlägt Abid Badaoui Paul VI. vor, in einer Kapelle an der sechsten Station des Passionsweges Zuflucht zu suchen.

"Eure Heiligkeit, darf ich fotografieren?" erkundigt sich Georges Ménager, der als einziger Reporter dort anwesend ist.

"Gewiß, mein Sohn, Ihr habt einen sehr anstrengenden Beruf", erwidert Paul VI.

"Ihr auch, Eure Heiligkeit."

Und der Papst kniet nieder und betet mit den Orthodoxen: "Das war ein historischer Augenblick", sagt Pater Badaoui. "Dieses Foto wird Paul VI. gerecht: Er ist von seinem Thron hinabgestiegen, um mit den Menschen seinen Glauben zu teilen." Auf dem Bild sieht man einen kleinen bärtigen Mann mit einer byzantinischen Mütze und Büchern in der Hand: "Das bin ich! Ich bin der Dritte rechts vom Papst!" ■

GEORGES MÉNAGER

Die Gute Nacht

Roger Thérond

"Mit dieser Reise hat der Vatikan die Öffentlichkeitsarbeit entdeckt."

"Das Gewicht der Worte, die Wucht der Bilder": Gemäß dieser Devise organisiert *Paris Match* für den Besuch des Papstes eine der größten medialen Operationen des 20. Jahrhunderts: 60 Korrespondenten, darunter 25 Fotografen gehen an Bord einer Karavelle, die zu einem Redaktionsbüro umgebaut wurde. Es ist die Zeit, in denen die Illustrierte nach dem Muster von *Life* "Ereignisse macht", wie ihr Chef Roger Thérond es ausdrückt. "Das war eine echte Herausforderung: Die gesamte Nummer ist auf dem Rückflug entstanden." Bei der Ankunft am Sonntag, dem 6. Januar, um Mitternacht steht die Ausgabe. Am frühen Morgen des folgenden Mittwochs ist sie an allen Kiosken Frankreichs erhältlich. Ein klarer Erfolg: *Match* wird über zwei Millionen mal verkauft. "Der Vatikan war zufrieden", sagt Thérond dazu. "Ich wurde von Paul VI. persönlich empfangen und habe ihm sämtliche Aufnahmen überreicht." Pater Badaoui: "Von dieser Reise hat die Kirche gelernt, daß sie die Presse braucht, um ihre Botschaft zu verkünden. Paul VI. hat dem universellen Verkünder des Evangeliums, Papst Johannes Paul II., den Weg geebnet."

1965

Die Geheimnisse des Lebens

© Lennart Nilsson/Life Magazine/PPCM

→ DAMALS

1895: Wilhelm Röntgen entdeckt die X-Strahlen. Über 50 Jahre lang dienen Röntgenaufnahmen, ein großer Fortschritt in der medizinischen Diagnose, dazu, Risikoschwangerschaften zu erkennen. Dann stellt man ihre schädliche Wirkung auf die Embryonen fest. Seit Beginn der siebziger Jahre kommt daher der Ultraschall verstärkt zum Einsatz. Auch er ermöglicht, Unregelmäßigkeiten zu erkennen. Die Bilder des ungeborenen Kindes verändern das Verhältnis zur Mutterschaft: Der Säugling wird eine Person, dessen Vergangenheit schon im Bauch der Mutter beginnt.

LENNART NILSSON

"Ich war sehr stolz, weil es eine Premiere war."

ALS KIND SAMMELT er Insekten, im Alter von 12 Jahren bekommt er sein erstes Mikroskop geschenkt. Der schwedische Bauernsohn Lennart Nilsson ist "vom Geheimnis des Lebens fasziniert". In seinem Labor im Carolinska-Institut in Stockholm erzählt er schließlich von seinem berühmten Foto: "Ich hatte mit Aufnahmen berühmter Leute begonnen. Dann interessierte ich mich für das, was das menschliche Auge nicht sehen kann. 1953 habe ich schließlich die ersten Bilder von Embryonen gemacht, die in den Krankenhäusern konserviert wurden. 1964 gelang es mir mit Hilfe eines Endoskops mit Weitwinkel und Elektronenblitz, einen Embryo im Uterus seiner Mutter zu fotografieren. Doch das Ergebnis war unbefriedigend, weil die Fruchtblase die Sicht beeinträchtigte. Ein Jahr darauf riefen mich die Ärzte an, um mir zu sagen, daß sie eine Bauchhöhlenschwangerschaft in der 16. Woche hätten; als sie die Bauchdecke der Mutter öffneten, sahen sie, daß der Fötus auf der Darmschlinge lag. Da er nicht lebensfähig war, entfernten sie ihn und legten ihn in eine Salzlösung. Ich legte den Fötus in eine Fruchtblase und das ganze in ein besonderes Aquarium. Ich installierte vier Lichtquellen und machte etwa zwanzig Aufnahmen mit unterschiedlicher Belichtungszeit. Das Bild wurde zuerst im *Life Magazine* veröffentlicht, das innerhalb von drei Tagen acht Millionen mal verkauft wurde. Auf der ganzen Welt war es eine Sensation. Ich war sehr stolz, weil es eine Premiere war." ■

In vitro

"Lennart Nilsson ist nicht nur Künstler, sondern auch Wissenschaftler: Wir haben ihn zum Doktor honoris causa des Carolinska-Institutes ernannt." Lars Hamberger, ein angesehener Professor für Geburtshilfe, zeigt Instrumente: winzige Endoskope, Makro-Linsen, ein elektronisches Mikroskop, "dessen Auflösung so hoch ist, daß es ein Molekül sichtbar machen kann. All diese Instrumente wurden eigens für Lennart angefertigt, der enge Kontakte zu deutschen und japanischen Herstellern hat." 1990 gelingt den beiden Freunden eine Heldentat: Sie filmen die künstliche Befruchtung einer Eizelle durch ein Spermium. Der Film wird mit dem Emmy Award ausgezeichnet. "Dank der technischen Entwicklungen können wir noch viel mehr sichtbar machen, nicht nur zur Freude des Betrachters, sondern auch für den Fortschritt in der Medizin: Die Zukunft gehört der fötalen Chirurgie."

"Die Zukunft gehört der fötalen Chirurgie."

LENNART NILSSON

und Professor Lars Hamberger

“Die Bildunterschrift läßt uns lächeln oder in Tränen ausbrechen.”

“Ein Tabu ist gebrochen”, schreibt *Paris Match* am 12. Februar 1966 in seinem Editorial, das der Titelgeschichte über die “Geheimnisse des Lebens” vorangestellt ist. Und die Illustrierte erklärt, sie habe vor der Veröffentlichung der Aufnahme von Lennart Nilsson “die religiösen Autoritäten” konsultiert. Dem Beispiel von *Life* und *Stern* folgend, schreibt *Paris Match* nicht, daß es sich um einen toten Fötus handelt. “Das ist kein Zufall”, versichert Bettyan Kevles, Autorin eines Buches über die Geschichte der Abbildung in der Medizin. “Dieses Foto erscheint, als sich die Frauenbewegung organisiert, die das Recht auf Empfängnisverhütung und Abtreibung fordert. Nilsson weiß, daß wir im 20. Jahrhundert von Bildern abhängig sind und daß das, was wir empfinden, auf dem beruht, was wir sehen. Als die Öffentlichkeit diesen ‘lebenden’ Fötus sah, der einem Engel gleicht, war sie davon überzeugt, daß Kinder vom Zeitpunkt ihrer Zeugung an bereits ganze Menschen sind. Dieses Foto wurde von Abtreibungsgegnern als Beleg angeführt, daß der Fötus auch ein autonomer Organismus ist, der seine Mutter sozusagen nicht mehr braucht, um zu leben. Dieses Bild ist der Beweis dafür, daß Fotos nicht für sich sprechen, und daß die Bildunterschriften unseren Blick auf sie bestimmen: Wenn man uns sagt, daß es ein lebendes Kind ist, sind wir entzückt; wenn man uns aber sagt, daß es ein abgängiger Fötus ist, empfinden wir Trauer. Die Bildunterschrift läßt uns lächeln oder in Tränen ausbrechen.”

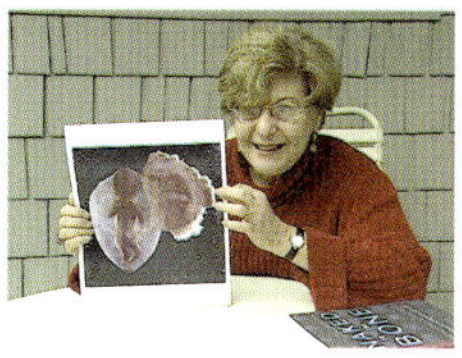

Bettyan Kevles

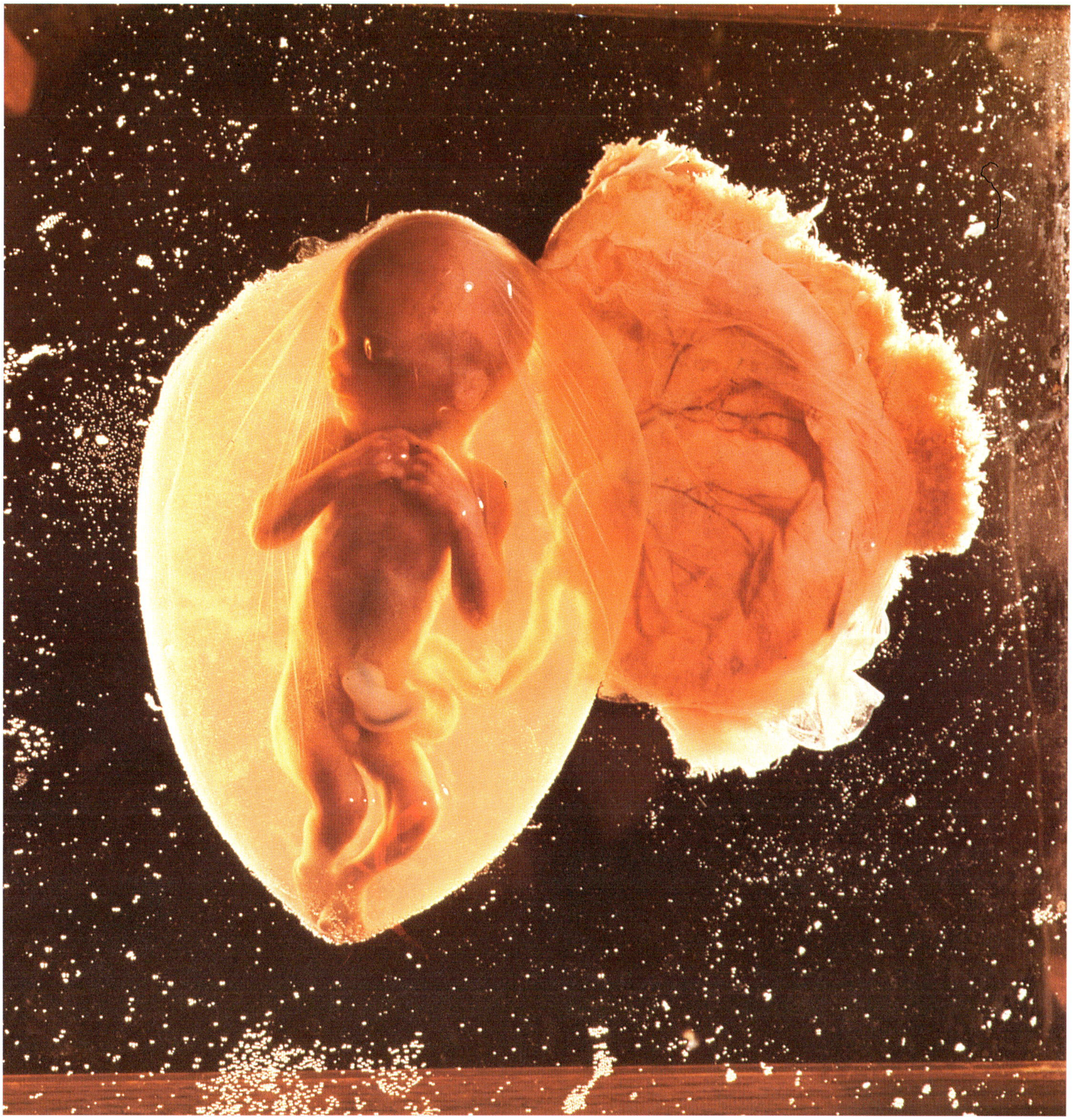

1966

Maos Bad

© Quian Sije/Xinhua

Galionsfigur

QUIAN SIJE

"Es wäre unverzeihlich gewesen, diesen symbolischen Augenblick zu verpassen."

→ DAMALS

1966: Mao Tse-tung ruft mit Unterstützung der in Rote Garden organisierten Studenten die "Kulturrevolution" aus, um "den Revisionismus und Individualismus" zu bekämpfen – gemeint sind die "Konservativen" der Kommunistischen Partei und die Intellektuellen. Während der Kult um seine Person den Höhepunkt erreicht, werden Millionen Familien aufs Land deportiert. Nach einer spektakulären Annäherung an die Vereinigten Staaten stirbt der Diktator 1976 im Alter von 83 Jahren. Die Zahl der Opfer seiner 30jährigen Herrschaft geht in die Millionen.

ZUM VIERTEN MAL schwimmt er vor den Kameras im Jangtse. Aber dieser 16. Juli 1966 geht als besonderes Datum in die maoistischen Annalen ein. "An diesem Morgen war der Vorsitzende außerordentlich gut gelaunt", erzählt Quian Sije, einer der vier offiziellen Fotografen Maos. "Er war gerade auf einer Reise durch die Provinz Hunan, die dabei war, ihren elften Schwimmwettbewerb auszurichten. Auf einmal sagte er, daß er baden wolle." Eine wohlbedachte Entscheidung: Der Jangtse, in China seit Urzeiten der "Mutterstrom" genannt, ist für seine gefährliche Strömung bekannt. "Das war sehr mutig", sagt Quian Sije, "es war der Beweis dafür, daß der Vorsitzende bei bester Gesundheit war." Mao Tse-tung begibt sich mit einem Dutzend Rotgardisten auf ein Motorboot; der Rest der Reisedelegation folgt in "zwei hölzernen Kähnen". Ziel ist die große Brücke von Changyang, wo die Sicherheitskräfte eine "ungefährliche Stelle" ausgemacht haben. An beiden Flußufern, die mit roten Fahnen geschmückt sind, drängen sich die Menschenmassen. Mao steigt von einer Leiter aus ins Wasser, während seine Leibwachen den Grund des Flusses abtauchen: "Der Vorsitzende schwamm 65 Minuten lang. Ich habe mindestens zwei Filme mit meinem 200 mm-Teleobjektiv verschossen. Ich wollte diesen symbolischen Augenblick nicht verpassen. Das wäre unverzeihlich gewesen: Ich hätte ja den Vorsitzenden schlecht bitten können, das Ganze zu wiederholen." ■

"Der Nationale Tag des Bades"

"Mao ist das Glück der Weltrevolution. Er fürchtet weder den Himmel noch die Hölle, nicht den Revisionismus, nicht die Reaktionäre noch die neun Laster": Das ist die Bildunterschrift zu dem Foto von Quian Sije, als es in der *Tageszeitung des Volkes* veröffentlicht wird. Die Aufnahme, von der Agentur Neues China in der ganzen Welt verbreitet, wird zum Sinnbild der Kulturrevolution: "Zu dem Zeitpunkt, als die Offensive gegen die Revisionisten in der Partei vorbereitet wird, soll gezeigt werden, daß Mao Tse-tung trotz seiner 73 Jahre in der Lage ist, das Land zu führen", wie der Sinologe Jean-Philippe Béja erklärt. In Wirklichkeit konnte er gar nicht mehr schwimmen, berichtet Maos Leibarzt in seinen Erinnerungen: "Er begnügte sich damit, sein enormes Gewicht treiben zu lassen. Seit diesem Foto ist der 16. Juli zum 'Nationalen Tag des Bades' geworden: In jedem Fluß, in jedem See, in allen chinesischen Meeren wird dann gebadet. Überall im Land und vor allem im Jangtse werden Schwimmwettbewerbe ausgerichtet. Nach Maos Tod läßt sich Deng Xiaoping in der gleichen Pose ablichten, als er das Programm der Vier Erneuerungen verkündet."

Jean-Philippe Béja

1967

Hügel 881

© Catherine Leroy

→ DAMALS

1965: Die Vereinigten Staaten intervenieren verstärkt in das seit 1954 geteilte Vietnam: Der kommunistische Norden wird von Ho Chi Minh regiert, im Süden herrscht der von den Amerikanern gestützte Diktator Diem. Seit 1960 herrscht Krieg zwischen der Armee des Saigoner Regimes und der von den Kommunisten im Norden unterstützten nationalen Befreiungsfront. 1968 sind 580 000 amerikanische Soldaten im Land. Als im März 1973 die letzten GIs "den Morast" verlassen, sind 55 000 Tote und 300 000 Kriegsversehrte auf amerikanischer Seite zu beklagen.

CATHERINE LEROY

"Mich trieb das Adrenalin."

Der Morast

SIE IST GERADE 21 Jahre alt, als sie nach Vietnam fliegt: "Ich wollte Fotografin werden, und man ging dorthin, um sich einen Namen zu machen." Catherine Leroy stellt sich, eine Leica im Gepäck, im Saigoner Büro der Agentur AP vor: "Ich sagte, daß ich Fallschirmspringerin bin und wurde sofort akkreditiert." Die junge Französin hat bald den Ruf, eine unverbesserliche Draufgängerin zu sein: "Mich trieb das Adrenalin. Nach jedem Einsatz zahlte AP fünfzehn Dollar pro Foto. Danach klappte ich vor Erschöpfung zusammen, unsäglich froh darüber, noch am Leben zu sein." An diesem Tag wird Catherine von einem Hubschrauber mit einer Einheit Marines unter heftigem Beschuß auf dem Hügel 881 abgesetzt: "Es war die Hölle. Überall lagen Tote und Verletzte." Eine nordvietnamesische Maschinengewehrstellung beschießt das gesamte Gelände: "Ich lag bäuchlings hinter den Büschen, als ich sah, wie ein Marine fiel. Ein Sanitäter rannte auf ihn zu. Ich machte vier Aufnahmen. Die erste zeigt den Sanitäter, der sich über seinen Kameraden, den er noch lebend glaubt, beugt; dann fühlt er ihm den Puls; auf dem dritten Foto blickt er voller Wut gen Himmel, und schließlich läuft er auf den Hügel zu und schreit: 'Ich bringe sie alle um!'" Kurz darauf wird Catherine schwer verletzt, aber sie arbeitet bis 1969 weiter in Vietnam. Dann wird die inzwischen angesehene Fotografin mit einer Reportage über das Hippie-Festival in Woodstock beauftragt. "Zwei Jahre lang habe ich keinen Fotoapparat mehr angefaßt." ■

Nie zuvor wurde so umfassend von einem Krieg berichtet, die amerikanische Armee läßt der Presse alle Freiheiten. Eine Akkredition als Journalist ist leicht zu bekommen, mit ihr ist man einem Hauptmann gleichgestellt und hat Zugang zur Front. Ergebnis: 70 Journalisten kommen ums Leben.

"Von keinem Krieg wurde so umfassend berichtet."

"Ich bin traurig, deshalb gehe ich nicht ans Telefon und öffne nicht, wenn jemand klopft." Dieser Spruch steht an der Eingangstür seiner Hütte, in der er lebt: "Nur die Einsamkeit bringt mir Frieden", sagt Vernon Wike. Der 51jährige Vietnam-Veteran lebt zurückgezogen in einem Wald in Arizona. Gegenüber seinem Sessel hängen die vier Fotos von Catherine Leroy: "Es war mein erster Einsatz als Sanitäter, und ich konnte Rocks Leben nicht retten. Seitdem verfolgt mich mein Versagen." Die Aufnahmen, die mehrfach veröffentlicht wurden, lösten damals Bestürzung aus: Mütter, die ihren Sohn zu erkennen glauben, schreiben an die Agentur AP. Die bittet Catherine, den jungen Toten zu identifizieren.

Vernon Wike

So begegnen sich Vernon und die Fotografin. Der Sanitäter wurde kurz darauf verwundet und zurück nach Hause geschickt und lebt seitdem von seiner Invalidenrente. Catherine ist viel herumgekommen, bevor sie den Fotojournalismus aufgab. "Für mich", sagt Vernon, "ist sie mehr als eine Schwester. Durch das Foto sind wir für immer vereint." Catherine nickt: "Ich habe hunderte Soldaten fotografiert, aber es sind namenlose Helden. Du aber bist dagegen ein Held mit einem Namen."

"Durch dieses Foto sind wir für immer vereint."

Der tote Soldat hieß Rock, und er war wie Vernon Wike 19 Jahre alt.

Peace and Love

1967

Protest gegen den Vietnamkrieg

© Marc Riboud/Magnum Photos

Jane Rose Kasmir: "Für mich gibt es ein Davor und ein Danach."

→ DAMALS

"Gebt unsere GIs frei!": Am 21. Oktober 1967 demonstrieren eine Million Menschen in Washington gegen den Vietnamkrieg, in den bereits 525 000 junge Amerikaner gezogen sind. Am Abend versuchen Demonstranten, in das abgeschirmte Pentagon einzudringen. Bilanz: Über hundert Verletzte. Nie hat es einen unpopuläreren Krieg gegeben.

SIE HEISST JANE ROSE, und sie war 17, als sie die "Flower Power" gegenüber der Macht der tödlichen Waffen verkörperte. "Dieses Foto ist der Wendepunkt in meinem Leben", bestätigt sie, "es gibt ein Davor und ein Danach." Das "Davor" sind die 60er Jahre, in denen das Kind des amerikanischen Baby-Booms "die Welt verändern" will. Seine Helden heißen Martin Luther King und Gandhi, seine Hymne ist der Rock'n Roll, und sein Kampf richtet sich gegen den Vietnamkrieg. Am Tag der "Demo in Washington" macht sich das junge Mädchen wie für eine Party zurecht: "Irgendwer hatte mir eine Chrysantheme hingehalten, und ich habe sie genommen." Das "Danach" sind die Enttäuschungen, das Ende der Hippiebewegung, Drogen, eine Massenvergewaltigung, das Leben am Rande der Gesellschaft. Bis zur Geburt ihrer Tochter Lisa Ann. Es bleibt das Foto, das sie "acht Jahre später" in einem Bildband von Magnum entdeckte: "Ich habe vor Rührung geweint." 1992 schreibt sie an Marc Riboud: "In meiner Jugend glaubte ich an die Veränderung der Welt im großen Stil. Jetzt versuche ich nur meine Liebe mit den Menschen, die mir nahestehen, zu teilen." ■

Er sagt, es sei "ein Geschenk des Himmels" gewesen. Marc Riboud, Fotograf bei Magnum, war nur ungern nach Washington geflogen, weil seine Frau kurz vor der Niederkunft stand. Obwohl er bis zum Einbruch der Nacht fotografiert hatte, war "das eigentliche Bild" noch nicht im Kasten. Schließlich fand er, wonach er Ausschau gehalten hatte: "In meinem Sucher zeichnete sich das Symbol für diesen herrlichen Tag ab!" Das "Blumenmädchen" ermöglicht ihm ein Jahr später, das letzte Porträt von Ho Chi Minh aufzunehmen – ein Knüller: "Als Pham Vaon Dong, der nordvietnamesische Premierminister, erfuhr, daß ich diese Aufnahme gemacht hatte, öffnete er mir alle Türen. Manchmal ist ein Foto ein Schlüssel." Oder ein Zeichen: In dem Moment, als Marc Riboud gerade sein berühmtestes Foto schießt, wurde sein Sohn Alexis geboren.

MARC RIBOUD

"In meinem Sucher zeichnete sich das Symbol für diesen herrlichen Tag ab."

"Das war keine Provokation", sagt sie. "Ich wollte mit ihnen einfach über Liebe sprechen." Die Augen auf die Soldaten gerichtet, die ihrem Blick ausweichen, faltet das junge Mädchen sanft die Hände. Dieses Foto, das letzte des Films, wird zum Symbol für Gewaltlosigkeit.

1968

Der Mord an Martin Luther King

© **Joseph Louw**/Life Magazine/PPCM

→ **DAMALS**

"Ich habe einen Traum...", sagt Martin Luther King, der Prediger der Gewaltlosigkeit, der gegen die Rassentrennung in den USA kämpft. Der schwarze Pfarrer und charismatische Führer der Bürgerrechtsbewegung wird am 4. April 1968 erschossen. In den großen amerikanischen Städten kommt es daraufhin zu gewaltsamen Ausschreitungen. Ein rechtsextremer Weißer, der sich zu dem Mord bekennt, wird im Schnellverfahren zu 99 Jahren Gefängnis verurteilt. Eine Woche später unterzeichnet Präsident Johnson das erste Gesetz gegen die Rassentrennung.

JOSEPH LOUW

"Als hätte ich eine Waffe gehabt und zurückgeschossen."

I have a dream

ES GAB NUR EINEN KNALL. Einen trockenen und lauten Knall, der Joseph Louw auf dem Balkon des Lorraine-Hotels in Memphis zusammenzucken ließ: "Ich sah, wie Martin Luther King mit nach hinten gebogenem Körper umfiel. Das geschah wie in Zeitlupe, und ich hatte Angst, er könnte sich den Kopf am Geländer des Balkons stoßen. Dann kamen seine Männer, und einer von ihnen, Andrew Young, schluchzte: 'Es ist vorbei.'" Der südafrikanische Journalist rennt in sein Zimmer, holt die Nikon und fotografiert wie besessen: "Es war, als hätte ich eine Waffe gehabt und zurückgeschossen. Ich stand unter Schock und handelte einzig und allein aus Wut. Ich mußte alles aufnehmen, die Panik, die Tränen, die fünf Menschen auf dem Balkon, die Finger, die auf die Stelle zeigten, von der aus geschossen worden war. Ich wollte, daß die ganze Welt erfährt, was geschehen ist." Joseph Louw, der gerade einen Dokumentarfilm über Martin Luther King dreht, ist der einzige Journalist, der vor Ort in Memphis ist. Am gleichen Abend noch werden ihm die Fotos zu Höchstpreisen aus den Händen gerissen, in den schwarzen Ghettos entlädt sich die Wut. "Man warf mir vor, mit meinen Fotos die Leute aufgehetzt zu haben, aber ein solch barbarischer Akt konnte nur Wut hervorrufen. Ich habe keine Sekunde daran gedacht, eine Nahaufnahme seines von der Kugel entstellten Gesichtes zu machen: Auch angesichts des Todes muß man Respekt haben und darf sich nicht wie ein Paparazzo benehmen." ■

Er nannte ihn Doc und war die rechte Hand von Martin Luther King. Auf dem Foto sieht man ihn im Vordergrund, die Hand in die Richtung ausgestreckt, aus der der Schuß kam. Nachdem Andrew Young zunächst Botschafter bei der UNO war, wurde er zum Bürgermeister von Atlanta gewählt, der Heimatstadt des ermordeten King. Er nimmt die Aufnahme in die Hand und zeigt auf einen jungen Schwarzen, der hinter der Leiche von Martin Luther King kniet: "Wir wissen bis heute nicht, wer das ist, und wie er auf diesen Balkon kam. Es wird gesagt, daß er zum amerikanischen Geheimdienst gehört. Deshalb glauben wir nach wie vor, daß James Earl Ray nicht alleine für das Verbrechen verantwortlich war, sondern daß es eine breite Verschwörung gab. Für Amerika ist die Sache erledigt, aber nicht für die Freunde und die Familie von Martin Luther King."

Andrew Young

"Für uns ist die Sache nicht erledigt."

Mai 68

© Gilles Caron/Contact Press Images

→ DAMALS

Paris, 3. Mai 1968: Die "Aufrührer" der Universität Nanterre besetzen die Sorbonne. Der Mai 68 hat begonnen. Die Kinder des Baby-Booms ergreifen die Pflastersteine, und "unter dem Pflaster", sagen sie, "da liegt der Strand". Nächtliche Barrikaden, Demonstrationen, Generalstreik: Mitte Mai ist Frankreich lahmgelegt, die Regierung wie erstarrt. Nach fünf verrückten Wochen geht der Bewegung die Luft aus; sie wird das Opfer ihrer eigenen Abspaltungen und Exzesse. General de Gaulle nimmt die Zügel wieder in die Hand, aber nunmehr gibt es einen Vor- und einen Nachmai 68.

Daniel Cohn-Bendit: "Durch dieses Foto bin ich in das kollektive Gedächtnis eingegangen."

Wie einst im Mai...

DIE INTERNATIONALE singend, geht Daniel Cohn-Bendit mit offenem Jacket über dem Hemd zielstrebig auf eine Gruppe von Bereitschaftspolizisten zu, die den Haupteingang der Sorbonne sichern. Auf den Bildern der ORTF sieht man auch einen jungen Fotografen, der ihm nicht von der Seite weicht. An diesem 6. Mai 1968 ist Cohn-Bendit mit sechs anderen Studenten vor den Disziplinarausschuß der ehrwürdigen Universität bestellt worden. Die Polizeipräfektur, die Übergriffe befürchtet, hat das Viertel mit 1 500 Beamten abgeriegelt. Der junge Rotschopf sieht sich einem behelmten Polizisten gegenüber. Gilles Caron drängelt sich in die Nähe der beiden Protagonisten, die sich nicht aus den Augen lassen: "Das Lustige war", erzählt Daniel Cohn-Bendit, "daß uns die Bullen nicht reinlassen wollten! Also habe ich zu ihnen gesagt: 'Das ist doch gerade Ihr Job, uns reinzulassen!' Aber er bekam die Zähne nicht auseinander!" Der Student mit den frechen Grübchen fixiert den Einsatzbeamten. Klick! Gilles Caron macht das Foto, das die Dreistigkeit und Frische einer Bewegung symbolisiert, die der V. Republik fast den Garaus gemacht hätte. "Ich habe Caron eine Menge zu verdanken", sagt "Till Eulenspiegel" heute, "durch ihn bin ich in das kollektive Gedächtnis eingegangen." ■

GILLES CARON

Gilles Caron, Mitbegründer der Agentur Gamma, ist gerade von einer Reportage über die Hungersnot in Biafra zurück, als er sich in das Pariser Geschehen stürzt. Seine Fotos sind das illustrierte Gedächtnis des Mai 68: Von ihm ist auch die Aufnahme, auf der ein Polizist mit erhobenem Schlagstock einen Studenten verfolgt. Oder das Foto mit der schwarzen Fahne, die bei Morgengrauen in einer ausgestorbenen Straße gehißt wurde. "Er war voller Begeisterung", erinnert sich seine Frau Marianne, "in erster Linie für die Menschen und dann für die Fotografie." Diese Leidenschaft führte ihn 1970 nach Kambodscha. Seit dem 4. April gilt er, noch keine 31, als verschollen.

"Der Vernünftigste unter den Aufrührern"

Maurice Grimaud, im Mai 68 Polizeipräfekt von Paris.

Es war nicht möglich, den unerschütterlichen Bereitschaftspolizisten zu identifizieren: "Ich habe nie erfahren, wer das ist", versichert der damalige Polizeipräfekt von Paris, Maurice Grimaud. "Das ist schade, weil er Teil eines historischen Dokumentes ist: Dieses Foto ist sechs Doktorarbeiten über den Mai 68 wert. Es drückt das Wesentliche der Bewegung aus: die Jugendlichkeit ihrer Akteure und deren Dialogbereitschaft." Der ehemalige Chef über 25 000 Polizisten ist ein bemerkenswerter Mann, der die Nerven bewahrte, als sich Paris mitten im Aufruhr befand. Wenn er heute von Daniel Cohn-Bendit, "Dany", spricht, betont er lächelnd, daß er "der Vernünftigste unter den Aufrührern" war.

1968

Gereckte Fäuste in Mexiko

© John Dominis/Time Life Syndication/PPCM

→ DAMALS

27. Oktober 1968. Der Kampf der amerikanischen Schwarzen um gleiche Bürgerrechte greift auf die Olympischen Spiele von Mexiko über, wo Tommie Smith, Goldmedaillengewinner über 200 Meter, und John Carlos, Silbermedaille, vor der amerikanischen Fahne die behandschuhten Fäuste recken. Eine politische Geste, die auch den Triumph der schwarzen Athleten symbolisiert: Der Amerikaner Bob Beamon bricht den Weltrekord im Weitsprung; die afrikanischen Läufer beherrschen die Lang- und Mittelstrecken, und die acht Finalisten des 100-Meter-Laufs sind schwarze Athleten.

051

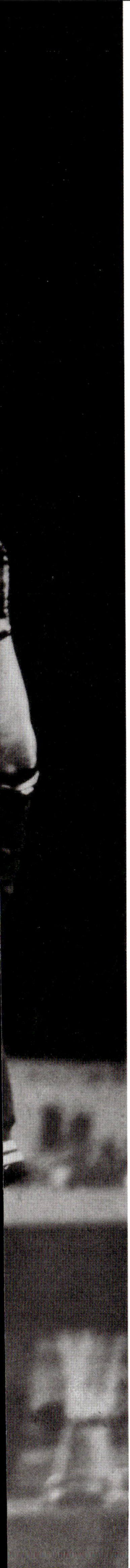

Tribüne

"Diese Geste hat mein Leben zerstört."

"Ich war ein Held und wurde ein Unberührbarer." Tommie Smith spricht über die Hölle, die er durchlebt hat: der Ausschluß aus dem olympischen Dorf, Morddrohungen, Arbeitsplatzversprechen, die sich zerschlugen, das Leben am Rand der Gesellschaft, die Einsamkeit. Seine Frau reicht die Scheidung ein, John Carlos' Frau begeht Selbstmord. Um zu überleben, wird einer der größten Athleten des Jahrhunderts – er hat elf Weltrekorde aufgestellt – "für drei Dollar pro Stunde Autowäscher". Bis ihn ein kalifornischer Kollege als Trainer verpflichtet: "Heute kommen die Athleten von Morgen in mein Büro und sehen das Foto: Sind Sie das, Mister? Und ich erkläre ihnen den Grund für diese Geste, die zwar mein Leben zerstört, aber zur Veränderung meines Vaterlandes beigetragen hat."

JOHN DOMINIS

John Dominis arbeitet bei *Life*, als er sein berühmtes Foto macht. "Damals habe ich den historischen Aspekt dieser Geste überhaupt nicht begriffen: Wie alle Amerikaner glaubte ich, die protestierenden Schwarzen seien bloße Aufwiegler. Aber heute verstehe ich, daß es sehr mutig war."

Tommie Smith: "Alles war reiflich überlegt worden."

WENN TOMMIE SMITH über sich spricht, benutzt er die dritte Person, als wolle er betonen, daß der, der in Mexiko die Goldmedaille gewann, ein anderer ist. Die Worte überschlagen sich, wenn er von der Geste seines Lebens spricht: "Er hat gelitten und alles gegeben, er hat die höchste Stufe erreicht, von der ein Athlet träumen kann. Dafür hat er zwei Jahre geopfert. Er wollte sich integrieren, aber für Amerika war er nur ein 'Negro', der wieder verachtet werden wird, sobald die Medaille eingesackt war. Durch seine Geste würde die Welt sehen, wie sehr er die Seinen liebt. Sie würde sehen, wie entschlossen die amerikanischen Schwarzen waren, den ermordeten Traum von Martin Luther King zu vollenden. An diesem 27. Oktober 1968 ist alles reiflich überlegt worden: Seine Frau Denise hat die schwarzen Handschuhe besorgt, das Symbol der Solidarität mit dem schwarzen Volk; das Tuch um seinen Hals erinnert an die fortdauernde Lynchjustiz in den Südstaaten, die bloßen Füße an die Armut der amerikanischen Schwarzen; in der Hand hält er als Friedenszeichen den Olivenzweig, den man ihm mit der Goldmedaille übergeben hat. Die Kameras filmen ihn, als er sich dem Sternenbanner zuwendet. Es ist ein historischer Augenblick, der, da ist er sicher, die Zukunft verändern wird. Als die amerikanische Hymne erklingt, senkt er den Kopf und hebt seine Faust, streckt sie in den Himmel." ■

1968

Das Ende des Prager Frühlings

© Ladislav Bielik/Agentura Oko

→ DAMALS

21. August 1968: Sowjetische Panzer rücken in die CSSR ein. Liberalisierung der Presse, Demokratisierung des politischen Lebens – seit dem Frühling verlangt das Land unter Dubček, dem Chef der Kommunistischen Partei, einen Sozialismus mit menschlicherem Antlitz. Den Soldaten des Warschauer Paktes stehen junge Menschen gegenüber, die von ... Sozialismus und Pazifismus sprechen. Es kommt zum Aufruhr. Die Sowjets erzwingen die "Normalisierung": Die Pressezensur wird wieder eingeführt und Dubček von Husák, einem Vasallen des Kremls, abgelöst. Der Prager Frühling ist vorbei.

Alicia Bielikova: "Schießt!" schrie der Mann und beschimpfte die sowjetischen Soldaten.

Rückgewinnung

AUF EINEM FOTO sieht man sie glücklich wie die Turteltauben: Auf dem Trittbrett eines Busses schmiegt sich die junge Braut an ihren fröhlichen Mann. Das war am 17. August 1968, drei Tage vor der sowjetischen Intervention in die Tschechoslowakei. "Hab' keine Angst", sagte Ladislav am 21. August im Spaß, "der Warschauer Pakt ist gekommen, um unsere Hochzeit mit einer großen Panzerparade zu feiern." Heute sagt Alicia mit belegter Stimme, daß sie diesen Morgen nie vergessen wird: "Wir konnten es nicht glauben, es war wie ein Alptraum." In Bratislava wie in Prag strömen die Menschenmassen auf die Straßen: Einige weinen, andere schreien, Gruppen junger Menschen reden auf die Soldaten ein, die auf ihren Panzern wie gelähmt wirken; Pflastersteine fliegen. Ladislav Bielik, Fotograf bei der Zeitung *Smena*, bei der auch Alicia als Journalistin arbeitet, hatte den ganzen Vormittag zu tun. Gegen Mittag sieht er in der Nähe der Universität "einen jungen Mann im Blaumann, der sich einem T55-Panzer in den Weg gestellt hat. Plötzlich riß er sein Hemd auf, zeigte den Männern im Panzer die nackte Brust, beschimpfte sie heftig und schrie: 'Schießt!' Im selben Moment kam eine Gruppe von Jugendlichen, die die Nationalhymne sang, aus der Stefanikova-Straße. Die Sowjets konnten nichts machen, so groß war der Druck." Der Mann hieß Emil Gallo und war Klempner bei der Stadt Bratislava. Drei Jahre darauf beging er Selbstmord und hinterließ vier Kinder ... ■

"Dieses Foto stürzte uns ins Unglück", erzählt Alicia Bielikova, die zwischen ihren beiden Söhnen sitzt. "Danach war nichts mehr so wie vorher." Am Nachmittag des 21. August besetzen die Sowjets die Redaktion von *Smena*, die nicht erscheinen darf. Journalisten und Fotografen flüchten sich in eine Wohnung, um heimlich eine Ausgabe herzustellen. Auf der ersten Seite erscheint das Foto von Ladislav Bielik: "Das hat ihm das Regime nie verziehen. Nach der 'Normalisierung' wurde mein Mann entlassen. Er wurde Schulfotograf, um zu überleben. Später spezialisierte er sich auf Motorsport: Bei einem Rennen in Budapest kam er bei einem Unfall ums Leben." 1989: Die "sanfte Revolution" vertreibt die Kommunisten von der Macht. Das slowakische Fernsehen findet die illegale Ausgabe von *Smena*: "Man rief bei mir an und wollte einen Abzug von dem Foto haben. Aber ich hatte nichts! Ich war sogar überzeugt, daß mein Mann die Negative vernichtet hatte. Als ich den Keller durchstöberte, fand ich das Foto wieder. Seitdem schmückt es eine Gedenkmauer in Bratislava."

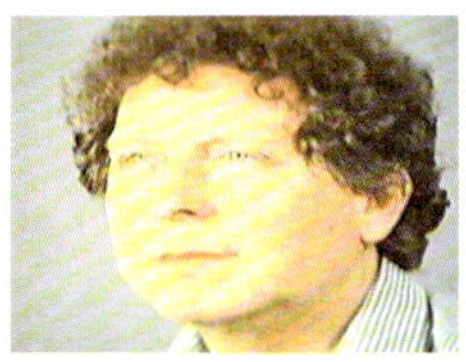

LADISLAV BIELIK

"Dieses Foto stürzte uns ins Unglück."

"Ich habe die Tantiemen für das Urheberrecht erhalten."

Das Foto von Ladislav Bielik ging um die Welt, aber ohne seinen Namen. "Peter Stephan Lutz", heißt es auf Nachfrage bei der Deutschen Presse-Agentur. Lutz, damals Philosophiestudent in München, ist zu Besuch bei seiner slowakischen Verlobten, als die sowjetische Invasion stattfindet. "Ich kam am 21. August gegen 16 Uhr in Bratislava an", berichtet der heutige Geschäftsmann. "Über eine dritte Person, die wußte, daß ich mich für Fotografie interessiere, übergab mir ein Unbekannter eine Negativrolle und eine Visitenkarte. Das Treffen fand auf der Straße statt. Angesichts der Umstände ging alles sehr schnell, und ich habe ihn nie wiedergesehen. Bielik muß mehrere Negativkopien gemacht haben. In München habe ich die Fotos bei DPA abgegeben. Es waren mehrere interessante Aufnahmen dabei, aber diese war die beste. Ich habe die Tantiemen für das Urheberrecht erhalten, aber der Name Bielik ist der Agentur und World Press mitgeteilt worden, ebenso wie bei einer Ausstellung im Vatikan."

Peter Stephan Lutz

1969

De Gaulle

© Jean-Pierre Bonnotte/Gamma

→ DAMALS

28. April 1969: Charles de Gaulle zieht die Konsequenzen aus dem Volksentscheid, in dem 53% der Franzosen gegen ihn gestimmt haben, und tritt zurück. Am 10. Mai fliegt er mit seiner Frau Yvonne nach Irland. Es ist eine Privatreise, weit weg von dem Wahlkampf, der Georges Pompidou zur Macht verhelfen wird. Von seinem Londoner Appell an das französische Volk am 18. Juni 1940 an, mit dem er in die Geschichte einging, bis zu seinem Tod 1970 war de Gaulle einer der meistfotografierten Männer seiner Zeit. In Irland entstand jedoch das Bild, mit dem er für immer im Gedächtnis bleiben wird.

JEAN-PIERRE BONNOTTE

"Ich hatte ihn so nah vor der Kamera, daß ich Angst hatte, der Kopf wäre nicht mehr drauf!"

Rückzug

"ICH WAR GERADE BEIM Essen, als ich sah, wie Bernard Charlet von *France-Soir* plötzlich aufstand und seinen Blitz nahm.

"Hast du einen Tip bekommen?"

"Ja, in zehn Minuten kommt der Opa raus ..."

Jetzt ist Eile geboten: Seit 24 Stunden versucht der Gamma-Fotograf, auf den Landsitz von General de Gaulle zu gelangen. Doch das hinter Mauern verborgene Anwesen an der Küste von Connemara ist sorgsam abgeschirmt. "Ich habe ein Boot gemietet, im Sumpf geschlafen, aber vergeblich!"

Die große schwarze Karosse des Generals legt in der Tat einen Blitzstart hin. "Der hätte uns fast abgehängt. Da sah ich einen Kombi der BBC, der uns Lichtzeichen gab. Ich sagte mir: Einheimische! Die kennen sich hier aus!" Bonnotte folgt den Briten, die in einen steilen Feldweg einbiegen, der in Heideland mündet. Und plötzlich das ersehnte Wunder: "Überall Polizisten, und dann drei kleine Silhouetten, die den Strand entlanggehen: Der General, Tante Yvonne und der Adjutant Flohic!" Bonnotte legt sich auf den Bauch, und als de Gaulle beginnt, den Hügel zu ersteigen und direkt in seine Richtung geht, fotografiert er mit einem 300-mm-Objektiv los. "Bei einem Foto hatte ihn so nah vor der Kamera, daß ich Angst hatte, der Kopf wäre nicht mehr drauf! Es war ein unbeschreibliches Gefühl: Ich hatte den General ganz allein für mich!" ■

Davon haben alle geträumt: De Gaulle einmal, nur ein einziges Mal in seiner Oase des Friedens von La Boisserie zu fotografieren. Aber das ist keinem gelungen, nicht einmal Henri Cartier-Bresson! Trotz allem lohnte sich die Reise: "Was er auch tat, die Publikation war garantiert", erzählt Jean-Pierre Bonnotte. "Ich war regelmäßig zum Ende der Messe in Colombey-les-deux-Eglises, danach legte ich mich in dem Wäldchen gegenüber La Boisserie auf die Lauer." Um genau 12.55 Uhr, direkt vor den Nachrichten, sieht Bonnotte, wie der General vor seinem Haus entlanggeht: "Neun Sekunden, vier Bilder pro Sekunde, und der Film war voll. Aber das beste Foto schenkten mir die Götter in Irland."

"Was er auch tat, die Publikation war garantiert."

Anläßlich des Todes von Charles de Gaulle ging Bonnottes Foto um die Welt und wird seitdem immer wieder publiziert. "Es repräsentiert das große menschliche Abenteuer seiner Geschichte", sagt Alain Peyrefitte, der mehrfach Minister unter de Gaulle war. "Es symbolisiert den rebellischen und einsamen Mann, der sich nicht um der Macht willen an die Macht klammert, und der ein Gefühl für Unabhängigkeit und Weite hat."

1969

Biafra

© Don McCullin/Contact Press Images

DON MCCULLIN

"Dieser kleine Junge befragt das menschliche Gewissen angesichts der Barbarei."

→ DAMALS

30. Mai 1967: Der östliche Teil Nigerias trennt sich vom Mutterland und ruft die "Republik Biafra" aus. Sogleich marschiert die nigerianische Armee in das von rund 14 Millionen Menschen, überwiegend Ibos, bevölkerte Gebiet ein. Um der Separatisten Herr zu werden, verhängt die Regierung eine Versorgungsblockade, die zu einer der dramatischsten Hungersnöte des Jahrhunderts führt. Zwei Millionen Menschen sterben in den Flüchtlingslagern an Hunger. Erst mit der Kapitulation der Armee Biafras im Januar 1970 wird der Genozid beendet.

SEIN BLICK IST DURCHDRINGEND, seine Stimme rauh: Don McCullin, 63, lebt zurückgezogen im englischen Somerset. "Ich versuche, mit den Phantomen zu leben, die mich heimsuchen, wie das des kleinen Biafra-Kindes, dessen Blick mich bis heute verfolgt." McCullin wird Kriegsfotograf, als sein Bruder Michael in die französische Fremdenlegion geht: "Ich suchte das Abenteuer und wollte zeigen, daß ich stärker war als die Angst." Inmitten der Bomben und Kanoneneinschläge macht er seine Fotos: Zypern (World Press Award 1964), Israel, Pakistan und schließlich Vietnam, wo er mehr als zuvor sein Leben aufs Spiel setzt. Heute sagt er, daß in dieser Leidenschaft jenseits aller Vernunft etwas Selbstmörderisches lag: "Das Adrenalin war mein Dope, ich liebte diese extremen Situationen." Bis zu den Erfahrungen, die er in Biafra macht, und die "einen Wendepunkt" in seinem Leben darstellen. "Nach diesem Foto begann ich mich zu engagieren: Mein einziger Antrieb war, die Ungerechtigkeit und das Leiden zu zeigen." Kambodscha, Libanon, El Salvador – trotz Verletzungen und Morddrohungen berichtet er weiter von Kriegsschauplätzen und versucht, "mit dem Blick dieses kleinen Jungen zu fotografieren, der angesichts der Barbarei das menschliche Gewissen befragt"; große Bilder wie das der vor Trauer schreienden Libanesin, die ihre gesamte Familie bei einem Bombardement verlor. Es ist Don McCullins letztes Kriegsfoto. Um sich zu "reinigen", wendet er sich der Landschaftsfotografie zu: "Selbst hierbei", murmelt er, "sagt man mir, daß sie Schlachtfeldern gleichen …" ■

Bernard Kouchner, Begründer der "Médecins sans frontières"

Das Foto ruft internationale Betroffenheit hervor, die das Ende des Dramas beschleunigt. In Paris erschüttert es Bernard Kouchner, der zum Gründer der Médecins sans frontières wird, der "Ärzte ohne Grenzen", die ein neues Konzept durchsetzen: die humanitäre Einmischung. "Diese Aufnahme", sagt Kouchner, "markiert den Beginn der Übereinkunft von Information und Medizin, ohne die jegliche humanitäre Mission zum Scheitern verurteilt ist."

"Die Pflicht zur Einmischung"

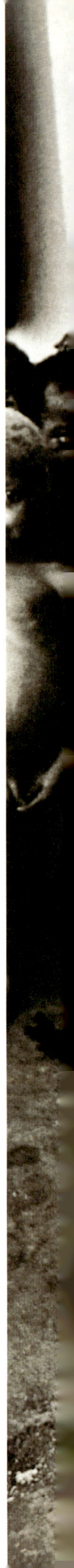

**Er war neun Jahre und – ein absolutes Stigma in Afrika – Albino.
Don McCullin, Fotograf des *Sunday Times Magazine*, begegnete dem Jungen in einem Lager des Roten Kreuzes, in dem 800 Kriegswaisen im Sterben lagen.**

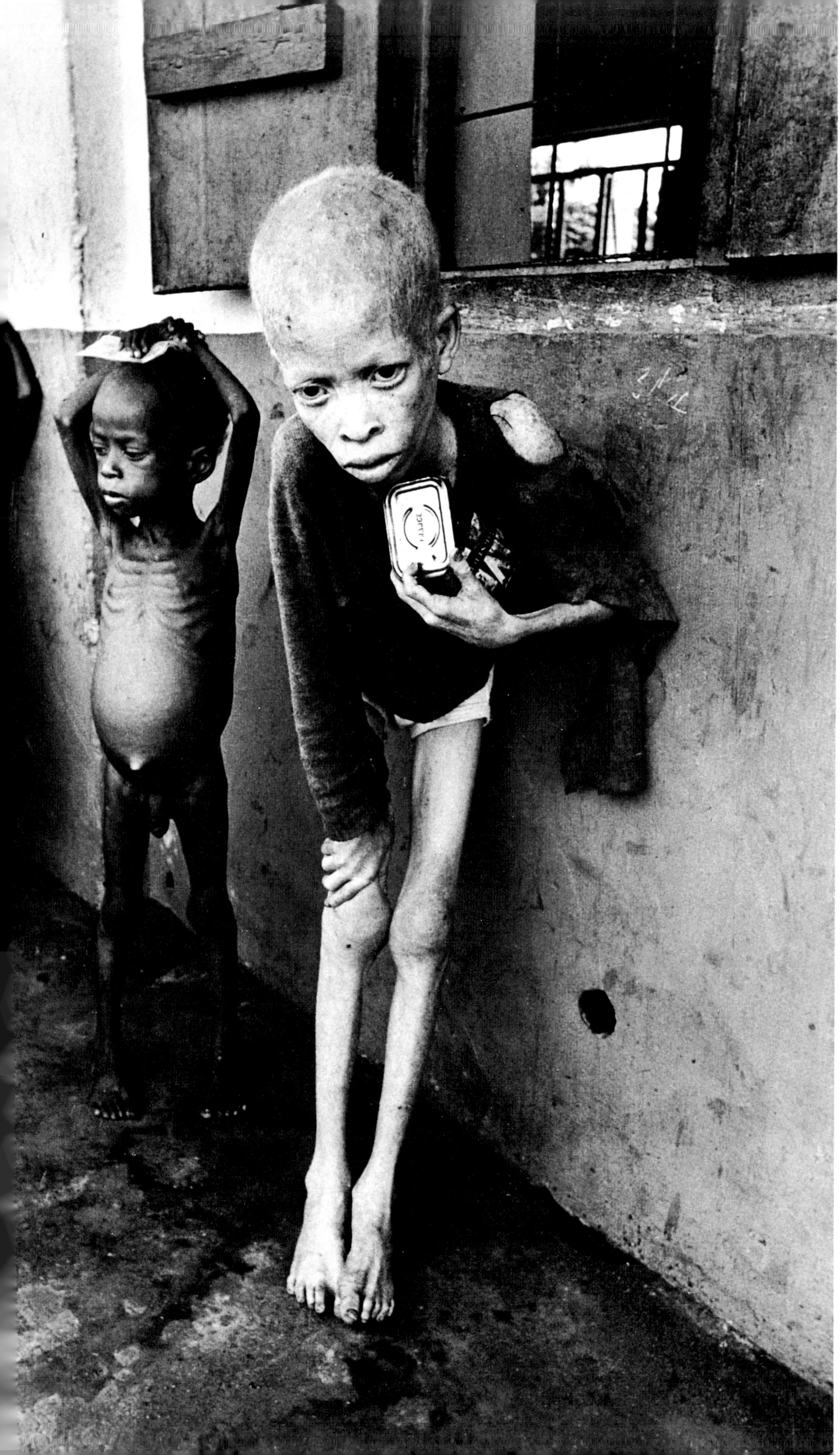

Der Hunger der Welt

1969

Der Mensch betritt den Mond

© Neil Armstrong/NASA

→ DAMALS

21. Juli 1969: Um 3.56 Uhr MEZ setzt Neil Armstrong als erster Mensch den Fuß auf den Mond: "Ein kleiner Schritt für den Menschen, ein großer Sprung für die Menschheit!" ruft der Kommandant von Apollo 11 aus. Buzz Aldrin, der Pilot der Mondlandefähre, kommt hinzu. Zweieinhalb Stunden lang bringen die Astronauten ihre Meßinstrumente in Stellung, sammeln Gesteinsproben und machen Fotos. Die Vereinigten Staaten haben ihre Revanche an der UdSSR, die den ersten Menschen in den Weltraum befördert hatte. So ist der Kalte Krieg ...

BUZZ ALDRIN

"Der Beweis, daß es kein Traum war."

DIE REISE ZUM MOND hat bei den Abenteurern des Alls ihre Spuren hinterlassen. Neil Armstrong ist unauffindbar, Edwin "Buzz" Aldrin versank lange Zeit in Depressionen, bevor er "neuen Lebensmut schöpfte": "Ich bin 19 Minuten nach Neil aus der Kapsel gestiegen, und ich habe die Kamera an einer Rolle heruntergelassen. Als wir noch in der Nähe der Fähre waren, habe ich meinen Fußabdruck auf dem Mond fotografiert. Dann hat Neil das Foto gemacht, auf dem man mich neben dem Sternenbanner sieht. Alles mußte sehr schnell gehen, denn wir hatten große Gleichgewichtsprobleme. Das andere Problem bestand darin, die Fahnenstange fest in den Boden zu bekommen, auf dem eine sehr feine Staubschicht lag. Dann haben wir die Fahne etwas zerknittert, um den Eindruck eines Luftzuges zu erwecken – natürlich gibt es auf dem Mond keine Luft! Mit diesem Bild wollten wir vor Millionen Fernsehzuschauern, die live zusahen, die Überlegenheit unserer Nation zum Ausdruck bringen. Dreißig Jahre später fragen Sie mich nun, ob das Foto das zeigt, was ich erlebt habe. Ich muß in meinem Gedächtnis graben, um wiederzufinden, was ich wirklich gesehen habe, und genau das könnte ich ohne die Bilder nicht. Die Fotos sind der einzige greifbare Beweis dafür, daß ich nicht geträumt habe." ■

Ziel: Mond

Jim Ragan ist einer der Ingenieure, die zwei Jahre lang an der Entwicklung der Kamera gearbeitet haben, die von den Astronauten benutzt wurde. "Wir haben eine Hasselblad, ein schwedisches Modell, modifiziert, indem wir den Vorgaben folgten, die die NASA gemacht hat: Wir mußten die Schwerelosigkeit ebenso berücksichtigen wie klimatische Unwägbarkeiten. Dann haben wir alle Bedienungselemente vergrößert, da die Astronauten sehr dicke Handschuhe trugen. Es war eine automatische Kamera, die am Weltraumanzug befestigt wurde; um ein Foto zu machen, mußten sie sich nur in die richtige Richtung drehen und auslösen. Unsere Hauptsorge galt dem Mondstaub, der sich auf Objektiv und Filme legen würde und dessen Bestandteile wir nicht kannten. Wir fertigten eine spezielle Bürste an, die gut funktionierte! Die Ironie der Geschichte ist, daß sie die Kamera auf dem Mond zurücklassen mußten, da die Gesteinsproben Vorrang hatten und der Platz begrenzt war. Das einzige, was sie zurück zur Erde brachten, war die Filmkassette."

Jim Ragan

"Die Kamera ist auf dem Mond geblieben."

1971

Die Überlebenden des Jahrhunderts

© Jean-Pierre Laffont/Sygma

→ DAMALS

13. Oktober 1971: Ein Flugzeug mit 45 Studenten aus Uruguay zerschellt an den Hängen der chilenischen Anden. 17 Passagiere sterben sofort. 71 Tage später gelingt es Roberto Canesa und Nando Parado, Kontakt zu den Suchtrupps zu bekommen: Nur 16 von ihnen leben noch. Das unglaubliche Abenteuer der wie durch ein Wunder Geretteten bewegt die Welt – bis sie das Unsagbare gestehen: Um zu überleben, haben sie die Leichen ihrer toten Kameraden gegessen. Dieses Geständnis provoziert heftige Diskussionen und wird zur Vorlage für Romane und Spielfilme.

Roberto Canesa: "Selbst unter schwierigen Umständen kann man für ein Foto lächeln."

"WIR SIND EIN STAMM, enger verwandt als Brüder und intimer als Liebende." Dr. Roberto Canesa ist der Sprecher derer, die man "die 16 Überlebenden des Jahrhunderts" oder, perfider, "die Andenkannibalen" nannte. Mit leiser Stimme spricht er von dem unbeschreibbaren Schmerz, mit dem sie die Leichen zerschnitten haben, von den Tränen, als sich der Mund nicht zum Essen öffnen wollte, und von dem unbändigen Willen, dem Leben zuliebe durchzuhalten. "Unsere Mütter, unsere Freundinnen verboten es uns, in den Tod zu gehen." Das Foto entstand am dreißigsten Tag des Leidens. Vorn auf dem Bild sieht man den Schatten von Vicentin, einem Hobbyfotografen, der sich die Zeit vertrieb, indem er die Apparate seiner Kameraden ausprobierte. Darüber erkennt man Fernando, der eine Plastiktüte über seine Rugbyschuhe gezogen hat, um den Schnee abzuhalten. Und von der Seite sieht man Roberto Canesa. Zu seiner Rechten versucht Jorge, die Radiodrähte kurzuschließen. "Zu diesem Zeitpunkt hatten wir ungefähr 20 Kilo abgenommen. Aber ich habe diesen Moment trotz allem in guter Erinnerung: Die Sonne wärmte uns, und wir tankten neue Kräfte. Wir wußten nicht, ob wir dieses Foto überleben würden, aber für uns symbolisierte es die Zukunft. Dank seiner Verbreitung hat die Welt verstehen können, was wir wirklich erlebt haben. Das war sehr wichtig angesichts der Angriffe, denen wir später ausgesetzt waren. Allen, die verzweifeln, kann dieses Bild zeigen, daß man nie aufgeben darf, und daß man selbst unter schwierigen Umständen für ein Foto lächeln kann." ■

Überleben

Jean-Pierre Laffont, Fotograf bei der Agentur Sygma, trifft am Tag, nachdem die Überlebenden von ihren Familien begrüßt worden sind, in Santiago de Chile ein. Mit einer Sportmaschine fliegt er weiter zu dem Wrack des abgestürzten Flugzeugs. Die unfaßbare Ironie hierbei: Aufgrund heftiger Luftturbulenzen muß der Pilot auf einer Autobahn notlanden. "Wir wären fast dabei draufgegangen", erinnert sich der Fotograf. "Aber letztlich hatte ich Glück: Ohne es zu wissen, waren wir ganz in der Nähe des Krankenhauses gelandet, in das man die Überlebenden gebracht hatte!" Dort schließt er Freundschaft mit Nando Parado, der ihm die vier Filme von Vicentin anvertraut. Vier kostbare Negativrollen, von denen drei unbelichtet sind – die Kameras waren eingefroren. Auf dem vierten Film findet das Labor sechs Aufnahmen, die unverzüglich in *Paris Match*, *Stern*, *Life* und anderen Magazinen veröffentlicht werden: "Es sind Amateurfotos", sagt Jean-Pierre Laffont, "aber sie haben dokumentarischen Wert. In unserem Beruf geschieht es häufig, daß man Negative von Beteiligten übernimmt, denn wir treffen zwangsläufig nach der Katastrophe, also zu spät, ein." In der Sprache der Fotografen nennt man das "abstauben".

Jean-Pierre Laffont

"Amateurfotos mit dokumentarischem Wert"

adidas

Massaker in Dakka

© Christian Simonpietri/Sygma

→ DAMALS

Dezember 1971: Die indische Armee marschiert in Ostpakistan ein, um die bengalischen Aufständischen zu unterstützen. Im März war die provisorische Regierung der Republik Bangladesch nach Indien geflohen, und Tausende Bengali wurden von der pakistanischen Armee ermordet. Dakka, die Hauptstadt Ostpakistans, wird am 14. Dezember von indischen Fallschirmspringern eingenommen. Bangladesch entsteht. Nun werden zwischen Siegern und "Razakars", pakistanischen Kollaborateuren, die offenen Rechnungen beglichen. Die Säuberungen enden in einem Blutbad.

CHRISTIAN SIMONPIETRI

"Am schwersten war es, nicht einzugreifen."

"WENN ICH 26 JAHRE danach dieses Foto betrachte, höre ich die Schmerzensschreie, das Lachen der Zuschauer, das erregte Kreischen: All das, was das Foto nicht sagt und was ich zu vergessen versucht habe." Christian Simonpietri ist Fotograf bei der Agentur Gamma, als er im November 1971 nach Ostpakistan geschickt wird. Nachdem Dakka befreit worden war, feiern die Bengali den Sieg und veranstalten ein Volksfest im Stadion östlich der Stadt. "Bengalen lebe hoch!" ruft die jubelnde Menge und überschüttet die indischen Soldaten mit Jasminblüten, bevor zum Gebet gerufen wird. Auf der Tribüne sitzt General Abdel Khader Siddik alias der "Tiger von Tangaï", der einen Tiroler Hut trägt. Als die Veranstaltung zu Ende ist, bemerkt Christian Simonpietri "fünf Typen, die mit gefesselten Händen auf dem Rasen sitzen. Der General stieg von der Tribüne herab und begann mit einigen Milizen, auf die Männer einzuschlagen. Dann pflanzten sie die Bajonette auf und folterten sie zu Tode – es herrschte eine kollektive Hysterie. Die Menschenmenge, die im Kreis um die Opfer stand, stieß uns nach vorn, und wir mußten aufpassen, um nicht in das Gemetzel zu geraten. Vor einem solchen Horror kann man sich nur hinter den Fotoapparat flüchten. Man ist woanders, nicht mehr im Leben, und man sieht nur noch mit einem Auge. Das andere hält man geschlossen." ■

Dilemma

Macht man das Foto, oder macht man es nicht ... Christian Simonpietri meint, daß man es machen muß, da es die Aufgabe des Journalisten sei, zu berichten: "Am schwersten ist es, zu bleiben und sich so unbeteiligt wie möglich zu verhalten. Das ist das Furchtbare: Man kann nicht einschreiten, man kann weder ein Massaker noch einen Krieg verhindern. Diese Spannung zwischen der Pflicht zur Berichterstattung und der Unfähigkeit, den Menschen in einer verzweifelten Situation zu helfen, ist unerträglich. Jedesmal, wenn man in solchen Situationen fotografiert, läßt man etwas von sich zurück." Nach zehn Jahren Fotojournalismus wendet sich Simonpietri, "von Erinnerungen heimgesucht und nicht mehr einnoch auswissend" dem Showbusiness zu: Dreharbeiten und Stars, "denn hier kann ich bei meinen Fotos wenigstens Regie führen. Und nicht dieser General".

"Wir sind da, um zu berichten."

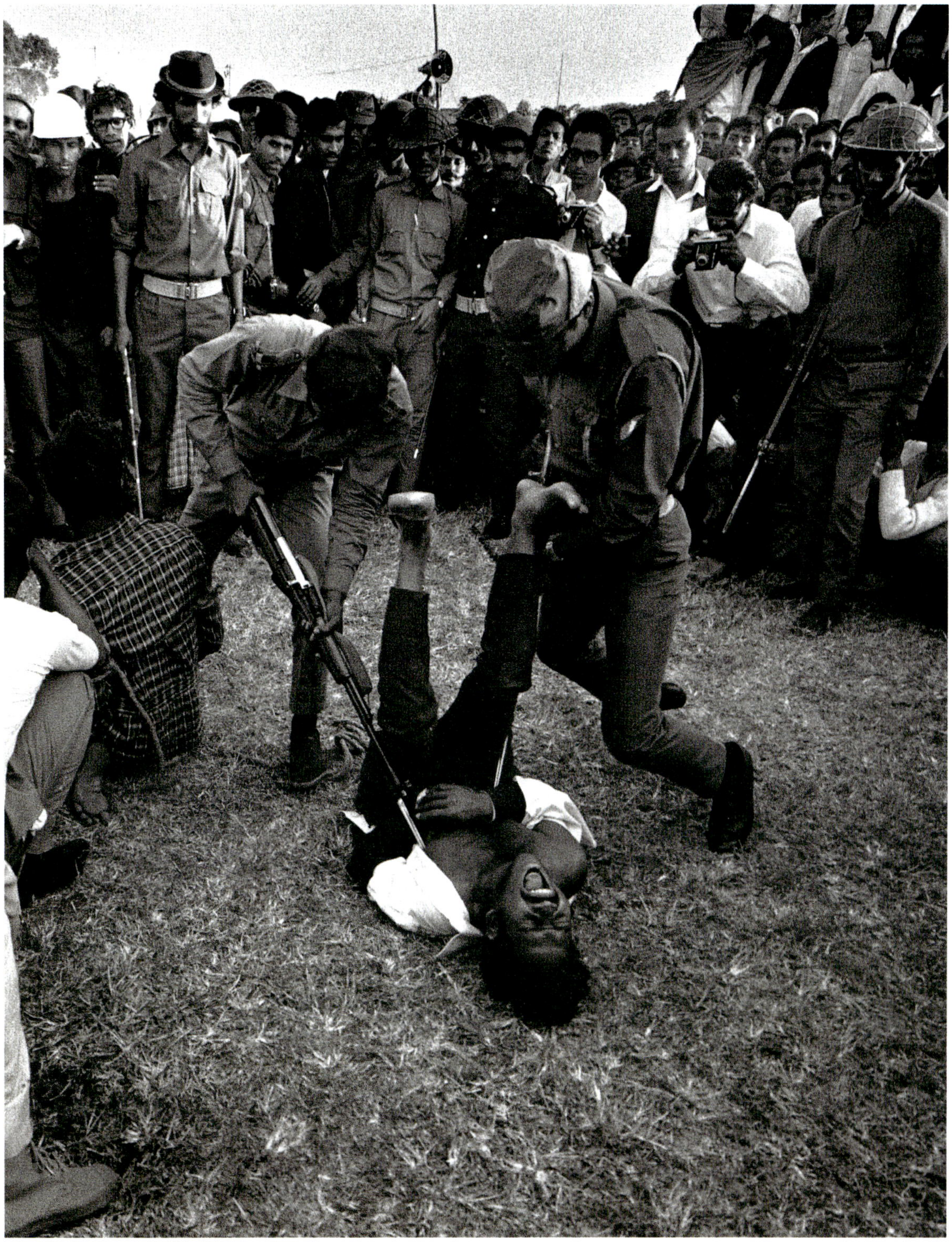

Marc Riboud von der Agentur Magnum ist der einzige der fünf Fotografen im Stadion, der damals nicht fotografiert hat. “Fotografen werden oft von ihrem Gefühl geleitet, aber manchmal gibt es noch etwas darüber hinaus. Ich hielt es körperlich nicht aus. Es war kein moralischer oder ethischer Reflex, der mich hinderte, sondern der Anblick des Blutes, das aus den Augen der Gefolterten trat. Außerdem glaube ich, daß die Folterer oft durch die Präsenz von Kameras stimuliert werden – ich würde auch heute noch kein solches Foto machen. Andererseits ist Indira Gandhi aufgrund dieses Bildes gegen die Grausamkeiten vorgegangen, wie sie mir kurz darauf sagte. Das ist der Widerspruch solch extremer Situationen.”

MARC RIBOUD

“Auch heute würde ich nicht fotografieren.”

1972

Bürgerkrieg in Nordirland

© Christine Spengler

→ DAMALS

31. Januar 1972: Blutiger Sonntag in Nordirland, an dem während einer Demonstration in Londonderry vierzehn Zivilisten von britischen Soldaten getötet werden. Die IRA vervielfacht die Zahl der Attentate, die Repression nimmt zu. Irland, das seit dem 17. Jahrhundert der britischen Krone unterstand, ist seit 1921 geteilt: Im Süden die katholische Republik Irland, im Norden das von Protestanten dominierte und Großbritannien angeschlossene Ulster. Die nordirischen Katholiken, Bürger zweiter Klasse, führen den längsten Unabhängigkeitskrieg der Geschichte.

CHRISTINE SPENGLER

"Es ist aufwühlend, die Menschen wiederzutreffen, die man dreißig Jahre zuvor fotografiert hat."

DIE STRASSE, DIE INS ZENTRUM von Bogside, das katholische Viertel von Londonderry, führt, ist unverändert. Auf ihr nähert sich langsam die Gruppe der Freunde. "Was für ein seltenes Glück!" murmelt Christine Spengler. "Ich erkenne sogar den, der mir die Zunge rausgestreckt hat!"

Er heißt Paul McGinley. Umarmungen, Gelächter. "Es war sechs Monate nach dem Blutigen Sonntag", sagt er. "Überall in Nordirland gab es Unruhen. Kurz vor dieser Aufnahme waren die Briten mit Wasserwerfern durch unsere Straße gefahren."

"Sie wollten unser Feuer löschen und die Barrikaden zerstören", fügt Jim hinzu.

"Einige Wochen zuvor war mein Bruder von britischen Soldaten getötet worden", erzählt Vincent. "Er war 15 Jahre alt, und es geschah bei einem Fußballspiel. Ich haßte sie und versäumte keine Gelegenheit, Steine nach ihnen zu werfen …"

"Steine haben wir alle geworfen", sagt Dorothy, "wie mein Bruder auf dem Foto: Er ist vor knapp zwei Jahren gestorben."

"Wir waren Kinder", sagt Seamus, "aber wir wollten, daß die Briten abhauen: Und das wollen wir immer noch."

"Ich erinnere mich auch, daß das Foto gemacht wurde", meint J. J. Doherty, "aber nicht an Sie. Damals wimmelte es in Derry von Fotografen."

Und Christine Spengler erzählt: "Nach den Zusammenstößen mit den Soldaten beschloß ich, noch eine Weile in Bogside zu bleiben: Da bin ich auf euch gestoßen, aber ihr wolltet nicht fotografiert werden. Deshalb hat Paul mir die Zunge rausgestreckt!'" ■

Der Riß

Sie sei an dem Tag geboren worden, als sie ihr erstes Foto gemacht habe, erzählt Christine Spengler. Das war 1970 im Tschad, wo sie mit ihrem jüngeren Bruder Eric in die Hände der Toubou-Rebellen gefallen war. "Als ich sah, wie diese barfüßigen Krieger auf die französischen Hubschrauber schossen, sagte ich zu ihm: 'Gib' mir deine Nikon!' Und ich beschloß, Kriegsreporterin zu werden und mich für die Unterdrückten einzusetzen. Als ich meine erste Reportage in Nordirland machte, hielt ich natürlich zu den Katholiken." 1973 geht sie nach Vietnam. Christine Spengler fotografiert gerade den Abzug der Amerikaner, als sie vom Selbstmord ihres Bruders erfährt. "Nach dieser Tragödie gab es für mich nur noch die Flucht nach vorn an alle Fronten der Welt: Kambodscha, Nicaragua, Iran, Libanon, Eritrea. Wie bei allen Kriegsreportern hatte mein Tun etwas Selbstmörderisches; alle haben eine tiefe, heimliche Verletzung. Meine persönliche Trauer wurde zu einer allumfassenden Trauer: Ich fotografierte und kleidete mich in Schwarzweiß. Ich war die Schwester aller Witwen und die Mutter aller Waisenkinder dieser Welt. Heute bin ich von dieser Trauer geheilt, und ich bin in der Lage, die Schönheit der Welt wahrzunehmen. Farben machen mir wieder Spaß, und ich bin wie die Arena meiner Kindheit in Madrid: halb im Sonnenlicht, halb im Schatten."

"Eine tiefe, heimliche Verletzung"

Neun der fünfzehn Kinder hat Christine Spengler nach 27 Jahren wiedergesehen.

Jim Friel · Vincent Derry · Dorothy Campbell · Seamus McIntyre · JJ Doherty · Michael Doherty · Joseph Mayes · Paul McGinley · Majella Sheerin · Patrick Campell

Die Gruppe posiert wie im Jahr 1972.

1972

Napalm

© Nick Ut/Associated Press

→ **DAMALS**

Entlaubungsmittel, Napalm, Phosphor: Im Vietnamkrieg setzten die amerikanische Armee und die südvietnamesischen Verbündeten massiv chemische Waffen ein. Als der Krieg am 30. April 1975 beendet wird, ist das gesamte Land ein einziges Schlachtfeld: In 16 Jahren wurden 1,7 Millionen Menschen getötet und 5 Millionen zu Krüppeln; ganze Regionen sind auf Jahrzehnte hinaus verseucht. Fast 25 Jahre nach Kriegsende werden immer noch Kinder mit genetisch bedingten Mißbildungen geboren, die durch Napalm verursacht sind.

"Mein Leben hat sich von Grund auf geändert."

"Nick Ut hat mir das Leben gerettet", sagt Kim Phuc. "Deshalb nenne ich ihn Onkel Ut." Der vietnamesische Fotograf brachte das kleine Mädchen in ein Saigoner Krankenhaus, wo es in 14 Monaten siebzehnmal operiert wird. 1982 beginnt Kim ein Medizinstudium, das sie jedoch abbrechen muß: Zehn Jahre nach der Veröffentlichung dieses Fotos wird sie von Hunderten Journalisten bestürmt, die sie interviewen wollen. "Die Regierung bat mich, mich der ausländischen Presse zu widmen. So lande ich 1986 in Kuba, um Spanisch und Pharmazie zu studieren." "Onkel Ut", der seit dem Fall Saigons in Los Angeles lebt, besucht sie. 1992 heiratet Kim Phuc den Vietnamesen Buy Huy Toan; auf ihrer Hochzeitsreise nach Moskau beantragt das Paar bei einer Zwischenlandung in Kanada politisches Asyl. Seitdem tut Kim Phuc, die inzwischen Mutter zweier Jungen ist, alles, um die "Gute Nachricht" zu verkünden. Am 11. November 1996 predigt sie vor 2000 Vietnamveteranen die Aussöhnung. Erschüttert kommt ein Mann auf sie zu: John Plummer, ehemaliger Hauptmann, der 1972 die Bombardierung der Route Nr. 1 angeordnet hatte. Um sich von dem Alptraum des Fotos zu befreien, ist er Pastor geworden. Kim Phuc verzeiht ihm: "Dank des Fotos von Onkel Ut bin ich eine Verkünderin des Friedens geworden." 1997 wird sie zur Sonderbotschafterin der Unesco ernannt.

Kim Phuc

Ich klage an "

NICK UT
"Es war ein Bild des Horrors."

GOLDENES GLÜCK" nannte sie ihre Mutter als kleines Mädchen. Mit 35 Jahren macht Kim Phuc diesem Beinamen alle Ehre: "Ich habe meinen Glauben", lächelt sie, "ohne Gottes Hilfe hätte ich niemals den Haß und mein Leiden besiegen können." Und sie zeigt die tiefen Narben, die ihre Haut überziehen. Durch einen Feuerstoß aus Napalm hat sie Verbrennungen dritten Grades erlitten. Das war am 8. Juni 1972. Die Familie lebt in dem Dorf Trang Bang 65 km nördlich von Saigon, ganz in der Nähe der Route Nr. 1, die die südvietnamesische Hauptstadt mit Phnom Penh verbindet. Entlang dieser meistbombardierten Verkehrsader Vietnams hat der Vietkong ein unterirdisches Tunnelgeflecht von 200 km Länge mit Unterkünften und einem Spital gebaut. Eines Abends klopft es an der Tür: Ein Kommunist teilt ihnen mit, daß die Gegend besetzt werden wird. Zusammen mit fünf anderen Familien und südvietnamesischen Soldaten flüchten sie sich in die Pagode des Dorfes. Am dritten Tag donnern zwei amerikanische Flugzeuge im Tiefflug über Trang Bang hinweg. Ein Alarm warnt sie, daß der Tempel beschossen werden wird. "Lauft auf die Straße!" ruft Kims Mutter. Und das Mädchen rennt mit seinen sechs Geschwistern los. Plötzlich heftige Explosionen am Himmel: Die Flieger haben vier Napalmbomben abgeworfen. "Nong Qua! Zu heiß!" schreit die Kleine, deren Kleider von den Flammen verzehrt werden. Wie Fackeln lösen sich Hautstreifen von ihrem Körper: "Es war ein Bild des Horrors", erinnert sich Nick Ut, Fotograf bei Associated Press. "Sie rannte auf mich zu, ich drückte auf den Auslöser, und dann wurde sie in meinen Armen ohnmächtig." ■

"Das Foto hat das Ende des Krieges beschleunigt"

Das Foto, das den Pulitzer-Preis erhält, löst einen Schock aus; die öffentliche Meinung schwenkt immer deutlicher in das Lager der Kriegsgegner um. "Man hat mir oft gesagt, daß das Bild das Ende des Krieges beschleunigt habe", sagt Nick Ut. Die Aufnahme wurde zum Symbol des unpopulärsten Krieges des Jahrhunderts und ist unzählige Male veröffentlicht worden.

1972

Tomoko beim Bad

© W. Eugene Smith/Magnum Photos

→ DAMALS

Minamata, im Süden Japans. In den fünfziger Jahren werden die Einwohner des Ortes von einer unbekannten Krankheit befallen: Eine Nervenschädigung in Verbindung mit körperlichen Deformierungen. Die Ursache: Quecksilberrückstände, die von der Chemiefabrik Chisso ins Meer abgelassen werden und die ganze Nahrungskette kontaminieren. Es dauert 25 Jahre hartnäckigen Kampf, bis die Verantwortlichen verurteilt werden, wegen Entschädigungszahlungen wird noch heute ermittelt. Die Minamata-Krankheit hat nach offiziellen Angaben 14 000 Menschen befallen; 1000 sind an ihr gestorben.

060

Aileen Smith: "Es war eine moralische Pflicht, die Verschmutzung anzuprangern."

Ein Bild der Liebe

SIE HEISST TOMOKO Uemura. Im Bauch ihrer Mutter wurde sie durch das Quecksilber vergiftet": Mit dieser Unterschrift wurde das schwer zu ertragende Foto von "Tomoko beim Bad" im Juni 1972 in *Life* veröffentlicht. "Ich spreche für diejenigen, die keine Stimme haben", sagte W. Eugene Smith, der die Umweltkatastrophe von Minamata 1970 entdeckte. "Wir beschlossen, die Einwohner in ihrem Kampf zu unterstützen", erzählt seine Witwe Aileen, "das war für uns eine moralische Pflicht." Das Paar bezieht eine Lehmhütte in der Nähe von Tomokos Familie. "Täglich sahen wir ihre Mutter vorbeigehen, die sie auf dem Rücken trug. Eugene spürte, daß es hier eine starke Botschaft gab." Der Fotograf schlägt der Mutter vor, Tomoko beim Baden zu fotografieren. Die Mutter willigt ein, "um der Welt zu zeigen, was die vergiftete Umwelt ihrer Tochter angetan hat". Man verabredet sich für einen Nachmittag zur traditionellen Stunde der rituellen Waschung. Ein dünner Lichtstrahl dringt sanft durch ein seitliches Fenster. Der Fotograf fügt zwei Blitzlichter hinzu, um das Spiel mit den Schatten zu betonen. Langsam gleitet die Mutter, die bewegungsunfähige Tochter im Arm, in die Badewanne. "Mit Tränen in den Augen machte W. Eugene Smith fünf oder sechs Aufnahmen: Er wußte, nach welchem Bild er suchte." Die Aufnahme ist fast zu groß für den Rahmen: Tomoko, deren verkrüppelte Arme und Beine nicht vom Wasser bedeckt sind, wendet das Gesicht dem liebevollen Blick ihrer Mutter zu und scheint zu lächeln. "Es ist ein Bild der Liebe", sagte der Fotograf. ■

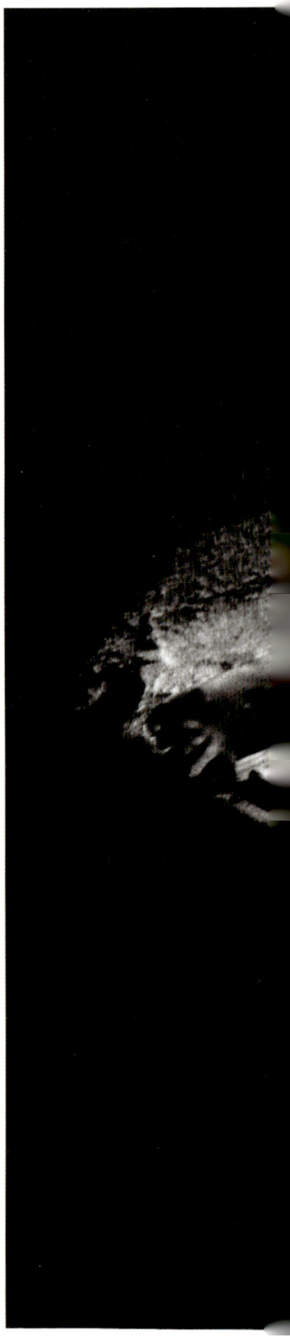

Ralph Nader

Kimiyo Itoh: "Eugene Smith sprach mit dem Herzen."

"Mit diesem Foto bekam die industrielle Umweltverschmutzung endlich ein Gesicht", sagt Ralph Nader, Rechtsanwalt in Washington. "Es ist tausendmal wirkungsvoller als irgendeine wissenschaftliche Untersuchung." Nader, ein heftiger Kämpfer gegen die Exzesse der Industriegesellschaft, engagiert sich ab 1972 öffentlich für die Quecksilber-Opfer. Ergebnis: In Minamata kommt Bewegung in die Dinge. Und W. Eugene Smith verspricht, solange zu bleiben, bis das Unternehmen Chisso verurteilt wird. "Er war unermüdlich im Kampf", erinnert sich Kimiyo Itoh, die die Organisation der Opfer leitet. "Er kam zu den Versammlungen mit den Kranken und trank mit ihnen Raki. Er sprach mit dem Herzen: Deshalb sind seine Bilder so stark." 7. Januar 1972: Während einer Demonstration wird Smith von den Werktrupps der Fabrik zusammengeschlagen. Er wird sich davon nie ganz erholen: Seine rechte Hand zittert, sein Sehvermögen ist getrübt. Aber mit Hilfe seiner Frau macht er weiter und veröffentlicht ein Buch, das die drei Jahre seiner Arbeit dokumentiert. Inzwischen ist das Bild um die Welt gegangen, was für Tomokos Eltern nicht zu ertragen ist: "Ihre Tochter ist gestorben, aber das Bild lebt weiter", sagt Aileen. "Es ist für diese Familie eine schwere Bürde, das Leiden von Minamata zu verkörpern."

"Die industrielle Umweltverschmutzung hatte endlich ein Gesicht."

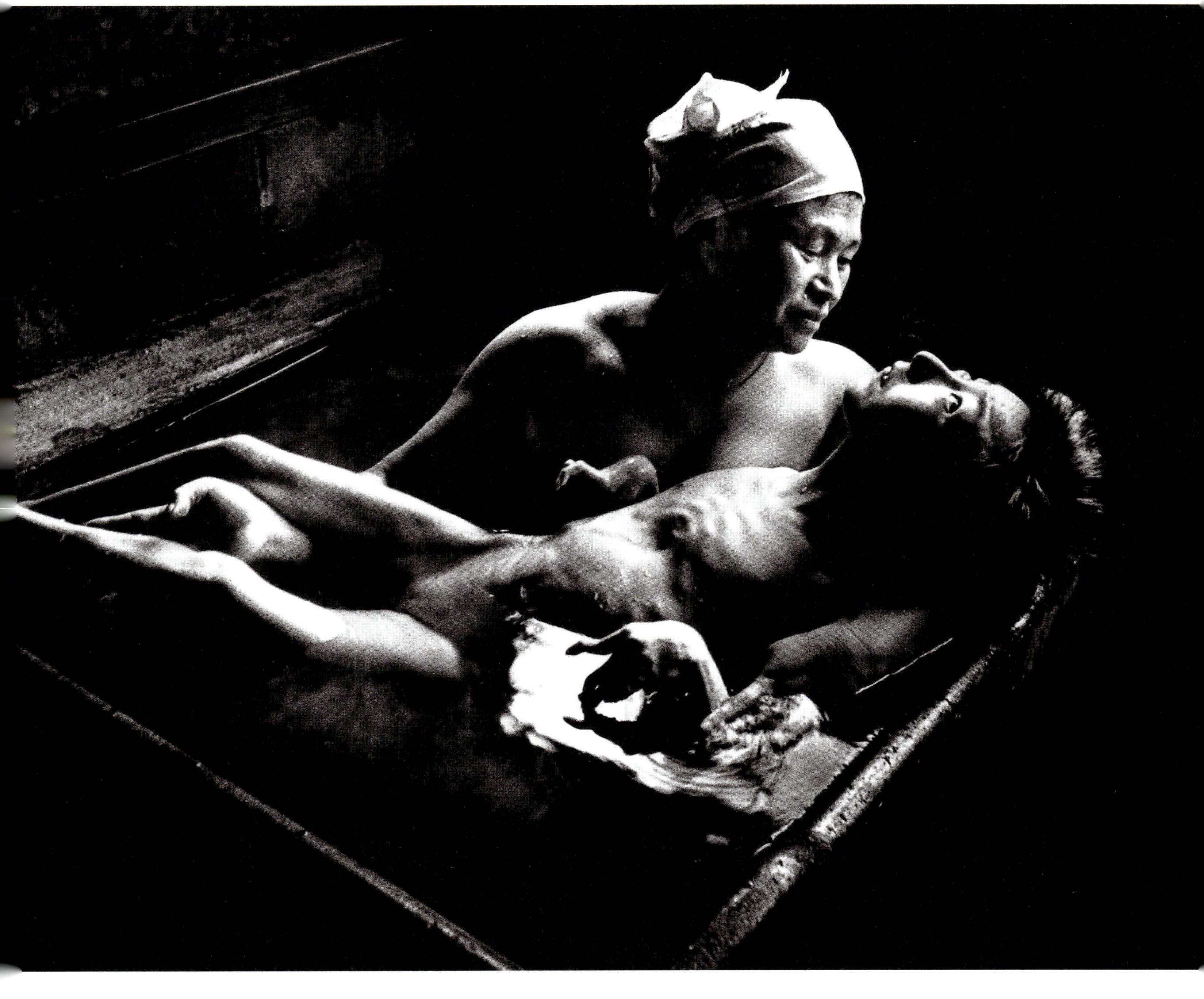

1973

Das letzte Bild von Allende

© New York Times

Putsch

Danilo Bartulin: "Wir wußten, daß sich Präsident Allende nicht ergeben würde."

→ DAMALS

"Ich glaube an Wahlen, nicht an Gewehre", sagte der Sozialist Salvador Allende, der im September 1970 als Spitzenkandidat der Volksfront zum chilenischen Präsidenten gewählt wird. Er leitet eine Bodenreform ein und verstaatlicht die Kupferminen. Das trägt ihm die Feindschaft des Weißen Hauses ein. Am 11. September 1973 führt General Pinochet, von der CIA unterstützt, einen Staatsstreich durch und verkündet den "Selbstmord" Allendes. Massenhinrichtungen folgen, Tausende werden gefoltert oder verschleppt – Chile erlebt eine der blutigsten Diktaturen der Geschichte Lateinamerikas.

MIT SEINEN 61 JAHREN hat er immer noch den gleichen Schnauzbart und die gleiche Unerschrockenheit wie auf dem Foto. Danilo Bartulin, Leibarzt und Sicherheitschef von Präsident Allende, lebt nach seinem Exil in Mexiko heute auf Kuba. Am Morgen des 11. September 1973 trifft er mit Salvador Allende an der Moneda ein. Gegen neun Uhr kontrollieren Panzer die Hauptstadt, und Flugzeuge donnern im Tiefflug über den Präsidentenpalast. Allende setzt sich einen Helm auf und ergreift eine Kalaschnikow, ein Geschenk Fidel Castros. Um 10.15 Uhr richtet er sich über den einzigen Sender, den Pinochets Männer nicht besetzt haben, an die Nation: "Die sozialen Prozesse kann man durch Verbrechen und Gewalt nicht aufhalten. Ich werde die Treue zu meinem Volk mit dem Leben bezahlen." Unmittelbar danach wurde das Foto gemacht: "Wir wußten, daß sich der Präsident nicht ergeben würde", sagt Bartulin. Um 11 Uhr gewähren die Putschisten eine zehnminütige Feuerpause: Allende fordert alle Unbewaffneten auf, die Moneda zu verlassen. Zurück bleiben die treuesten Anhänger, die bald von Raketenwerfern unter Beschuß genommen werden. Danilo Bartulin wird verhaftet, gefoltert und in das Konzentrationslager von Chacabuco gebracht. Als die Soldaten um 14 Uhr die Ruine der Moneda stürmen, ist Präsident Allende tot. "Felipe und Mauricio, die beiden Leibwächter auf dem Foto, gehören zu den Verschollenen Chiles." ■

Rechts von Allende: Danilo Bartulin, sein Leibarzt und Chef der Leibwache, der heute auf Kuba lebt. Die beiden Leibwächter, Felipe und Mauricio, gehören zu den Verschollenen Chiles.

"Ich weiß auch heute immer noch nicht, wer David ist."

"Lebt David? Französische Journalisten suchen ihn für eine Reportage." Auf die Anzeige, die im Januar 1998 in einer chilenischen Zeitung aufgegeben wird, geht keine Antwort ein. "David" war das Pseudonym des Mannes, der an einem Tag im September 1973 Frank Manitzas, den Korrespondenten von CBS News, in Santiago de Chile anrief: "Ich habe die letzten Fotos des lebenden Präsidenten Allende. Können Sie mir helfen, sie zu verkaufen?" Der Journalist hat die "angsterfüllte" Stimme nicht vergessen: "Das war drei Wochen nach dem Putsch, und ich verstand, daß er Geld brauchte, um das Land zu verlassen; natürlich kam ich seiner Bitte nach: Die Repression war von unglaublicher Brutalität." Manitzas trifft also "David", einen etwa 40jährigen mit angegrautem Haar und schmalem Oberlippenbart. Dieser zeigt ihm sechs 35-mm-Fotos, von denen ihn eins wegen dessen "historischer Bedeutung" aufwühlt. Er ruft die *New York Times* an, die mit dem Fotografen einen Vertrag abschließt. "Ich erfuhr, daß er 12 000 Dollar dafür bekommen hat." 25 Jahre später verkauft die Zeitung das Foto (das 1973 mit dem World Press Award ausgezeichnet wurde) noch immer, der Urheber bleibt weiterhin anonym. "Die *New York Times* weigert sich, seinen Namen mitzuteilen, das gehört zu den Vertragsklauseln", erklärt Frank Manitzas. "Vielleicht hat 'David' Angst, daß sich die Ereignisse von 1973 wiederholen."

Frank Manitzas

1974

Der Blitzer

© Ian Bradshaw/Mirror Syndication International

→ **DAMALS**

20. April 1974: England empfängt Frankreichs Rugbymannschaft im Stadion von Twickenham. 53 000 Fans sehen das Spiel, das unter der Schirmherrschaft von Prinzessin Alexandra steht. Nur ein Bild bleibt von diesem Ereignis im Gedächtnis haften: das des "Blitzers". Das hatte man noch nicht gesehen, so weit das englische Gedächtnis denken kann! Der "Blitzer", Anfang der siebziger Jahre in den USA in Mode gekommen, ist eine der späten Erscheinungen der Hippie-Bewegung. Das Ziel: die Volksbelustigung, indem man sich in der Öffentlichkeit splitternackt zeigt!

Bruce Perry, ein jovialer 50jähriger, ist der Polizist, der Prinzessin Alexandras Ehre rettete! "Das war der schönste Augenblick meiner Karriere! Als wir den Blitzer vom Spielfeld drängten, wandte er sich mir zu und sagte: 'Küss' mich!' Ich habe mich totgelacht!" Und er erzählt die Geschichte zu diesem Bild: Der Blitzer ist Australier und heißt Michael O'Brien. Mit seinem Auftritt im Adamskostüm löste er eine zuvor geschlossene und ausgiebig begossene Wette über zehn Pfund ein. Der Richter von Twickenham verurteilte ihn schließlich zu einem Bußgeld von … zehn Pfund wegen "Erregung öffentlichen Ärgernisses". "Ich hatte Mühe, ernst zu bleiben", lacht Bruce Perry, der Zeuge des Prozesses war, "schließlich war dieses Foto die beste Werbung, die jemals für die britische Polizei gemacht worden ist!" Perry wird Sicherheitschef für drei große Londoner Fußballstadien und zeigt die Aufnahme bei der Ausbildung sei-

Bruce Perry

"Shocking"

ıer Beamten: "So muß sich
lie Polizei verhalten: Freund-
ich, aber bestimmt!" Seinen
Helm schenkte er dem Rug-
yclub Saint-James in Lon-
lon, wo er einen lebens-
roßen Abzug des Fotos,
las dort an der
Wand hängt,
iert. Michael
)'Brien erklär-
e 1995, er
volle "mit
einer Vergangenheit Schluß
nachen". Der Informatiker an
ler Börse in Sydney geht in
)eckung, sobald Journalisten
ach ihm suchen.

"Das war der schönste Augenblick meiner Karriere!"

IAN BRADSHAW

"Ich wäre fast Millionär geworden."

"DAS IST DAS EINZIGE bekannte Foto, das ich gemacht habe", lächelt Ian Bradshaw, "und wenn ich für jede Veröffentlichung einen Penny erhalten hätte, wäre ich Millionär!" Nur: An diesem 20. April 1974 arbeitet der Fotograf für den *Sunday Mirror* auf Honorarbasis. Deshalb hat er keine Rechte an den Negativen! "Es war gerade Halbzeit, als ich den nackten Kerl bemerkte." "Shocking!" schreien die Sicherheitsbeauftragten, "Majestätsbeleidigung!" Und nehmen unter dem vergnügten Applaus der Zuschauer die Verfolgung auf: "Drei Polizisten ergriffen den Blitzer, um ihn vom Spielfeld zu bringen. Einer von ihnen nahm den Diensthelm ab, um ihm das Geschlecht zu bedecken. Ich knipste wie ein Wahnsinniger und betete, daß er den Helm eine Sekunde lang ruhig hält!" Die fünfte Aufnahme ist perfekt: die Körper der Beteiligten, ihre Blicke, die Hand, die den Helm hält, den peinlich berührten Polizisten in Zivil nicht zu vergessen, der mit einen Regenmantel herbeieilt. Das Foto geht tausendfach um die Welt, und Canon, Nikon und andere nutzen es zu Werbezwecken, aber nicht einmal Ian Bradshaws Name darf erwähnt werden! Vor kurzem hat sogar das britische Lotto ein Rubbellos mit seinem Bild illustriert: "Ich habe gerubbelt", seufzt er, "aber ich habe nicht gewonnen. Es ist wohl Fügung, daß mir das Bild nichts einbringt!" ■

1998 illustrierte das britische Lotto ein Rubbellos mit dem Foto.

1974

Mohammed Ali

© Howard Bingham

→ DAMALS

Er war 14mal Boxweltmeister. Cassius Clay konvertiert zum Islam und wird als Mohammed Ali Mitglied der Black Muslims von Malcolm X, die die Befreiung der Schwarzenghettos in den USA predigen. 1967 widersetzt er sich seiner Einberufung zum Vietnamkrieg. Er wird verurteilt und kehrt erst drei Jahre später in den Ring zurück. 1974 schafft er es: Im ehemaligen Zaire erobert er seinen Titel zurück. 1981 tritt der großherzige Multimillionär vom Boxsport zurück und erkrankt bald darauf an der Parkinsonschen Krankheit. Sein Name läßt Millionen Menschen noch heute träumen.

HOWARD BINGHAM

"Als Ali Foreman K. O. schlug, habe ich kein Foto gemacht: Ich sprang vor lauter Freude auf!"

"ALI BOUMEYE! Ali Boumeye!" Auch 25 Jahre später noch hallen die Schreie auf Suaheli im Gedächtnis von Howard Bingham wider. "Ali, töte ihn!" schrie die Menge, als Mohammed Ali und George Foreman am 30. Oktober 1974 in den Ring von Kinshasa steigen. Das ist der Kampf des Jahrhunderts, organisiert von General Mobutu, der damit sein Image als Diktator aufpolieren will. "Wir mußten zwei Monate darauf warten", erzählt der Fotograf. "Foreman hatte sich an der Augenbraue verletzt, und der Kampf mußte verschoben werden." Das ist Alis Chance, den die Experten "am Ende" glauben und den "das Tier Foreman zermatschen wird". Mohammed Ali und die Seinen nutzen die Verletzung des Favoriten und reisen im ehemaligen Zaire umher: "Es war ein einziger Triumphzug. Ali wurde überall gefeiert wie ein Halbgott." Als endlich die denkwürdige Nacht hereinbricht, ist die Atmosphäre aufgeheizt. Die Fotografen und Journalisten, die aus der ganzen Welt gekommen sind, müssen ihre Plätze vehement verteidigen. George Foreman geht auf seinen Gegner los: "Er prügelte ihn windelweich, ich konnte es kaum mit ansehen. Ali schien sich nicht mehr zu verteidigen. Dabei war das alles kalkuliert: Er wartete, bis Foreman die Luft ausging und versetzte ihm dann den entscheidenden Schlag. Er schlug ihn K. O., als niemand mehr damit rechnete. Das war so meisterhaft, daß ich kein Foto gemacht habe: Ich sprang vor lauter Freude auf!" ■

Comeback

Mit liebenswürdigem Blick begrüßt der immer noch athletisch wirkende George Foreman die treuen Sonntagsgläubigen, die sich in die kleine evangelische Kirche drängen, die er in einem Vorort von Houston gegründet hat. Nach seinem ersten Rücktritt 1977 ging der Boxer zehn Jahre später wieder in den Ring. Was für ein Comeback: 1994 erobert er den Titel zurück, den Mohammed Ali ihm im ehemaligen Zaire entrissen hatte. Heute kennt der Prediger vor allem ein Ziel: die Wiedereingliederung jugendlicher Straftäter durch den Sport: "Dieser Kampf war der größte Moment meines Lebens. Ich war überzeugt, daß ich gewinnen würde. Bei jedem Schlag, den ich ihm gab, dachte ich, es wäre der letzte. Nach der siebten Runde sagte er zu mir: 'Ist das schon alles, was du draufhast?' Daran muß ich bei diesem Foto denken. Es hat eine Botschaft: Auch wenn nichts mehr geht, darf man nicht aufgeben – das ist der einzige Weg, das zu erreichen, was man will. Und das versuche ich an die Jugendlichen weiterzugeben."

"Das war der größte Moment meines Lebens."

George Foreman

Mohammed Ali und Howard Bingham

"Ich bin nicht der Leibfotograf von Mohammed Ali, sondern sein Freund."

Sie begegnen sich 1962 an einer Straßenecke in Los Angeles. Der eine ist angehender Boxer, der andere Fotograf bei einer Lokalzeitung. "Mit seinem Bruder schaute Ali den Mädchen hinterher", erzählt Howard Bingham. "Schließlich entschieden sie sich für eine Spritztour durch die Stadt und stiegen zu mir ins Auto." Von diesem Moment an verloren sich die beiden Männer nicht mehr aus den Augen, und Bingham wurde der "persönliche Fotograf" des Stars. "Nein", stellt er richtig, "sein Freund." Über dreißig Jahre lang hat er alles fotografiert: Die Siege, die Niederlagen, die Begegnungen mit berühmten Zeitgenossen überall auf der Welt, wie mit den Beatles und Elvis Presley, die vier Hochzeiten, die Geburt der acht Kinder oder Alis Konversion zum Islam an der Seite der Führer der Black Muslims: "Illustrierte wie *Life* oder *Paris Match* boten mir ein Vermögen für die Aufnahmen von Ali mit Malcolm X oder Elijah Mohammed. Aber ich bin nicht darauf eingegangen, weil es zu der Zeit ungerecht gegenüber Ali gewesen wäre. Geld ist eine flüchtige Angelegenheit, während Freundschaft ein wertvolles Gut ist."

Carlos

© **Nik Wheeler**/Sipa Press

1975

→ DAMALS

21. Dezember 1975: Ein Terroristenkommando stürmt die OPEC-Zentrale in Wien; elf Minister werden in einem Flugzeug entführt. Zu der Aktion bekennt sich der "bewaffnete Arm der Arabischen Revolution". An dessen Spitze: Illich Ramirez Sanchez alias "Carlos", ein palästinensischer Aktivist, der den bewaffneten Kampf gegen "den Imperialismus" predigt. Der 1949 in Venezuela geborene Terrorist war sechs Monate zuvor identifiziert worden, nachdem er in einer Wohnung in der Rue Toullier in Paris zwei Agenten der französischen Spionageabwehr niedergeschossen hatte.

NIK WHEELER

"Ich wußte nicht, daß ich den künftigen internationalen Top-Terroristen fotografiert hatte."

Ein Pokerspiel

ES WAR EINE DIESER Pokerpartien, die Goksin Sipahioglu so sehr liebt: "Niemand kannte das Ziel des von den Terroristen entführten Flugzeuges", erzählt der Chef der Agentur Sipa Press. "Der Irak, Libyen und Algerien waren im Gespräch. Da es schnell gehen mußte und ich nicht in jedes Land einen Fotografen schicken konnte, habe ich mich für Algier entschieden. Ich habe Nik Wheeler gebeten, hinzufahren, er war gut und hatte Köpfchen!" Wheeler, der heute in Kalifornien lebt und mit einer Darstellerin aus dem "Denver-Clan" verheiratet ist, gesteht, daß er weit davon entfernt war, den Coup zu ahnen: "Kaum war ich auf dem Flughafen von Algier angekommen, wurde ich in ein Gebäude am Rand der Startbahn einquartiert. Ich langweilte mich zu Tode, weil nichts geschah!" Plötzlich macht ihn etwas auf der Piste aufmerksam: Ein Dutzend von Leibwächtern umringte Beamte, die sich mit einem Unbekannten unterhalten. Zeugen erkennen Abdelaziz Bouteflika, den damaligen algerischen Außenminister: "Ich dachte mir, daß der Unbekannte einer der Geiselnehmer sein mußte", erzählt Nik Wheeler. "Ich bin zum Klo gerannt und auf die Schüssel gestiegen. Dann habe ich das völlig verschmutzte Fenster saubergemacht und etwa ein Dutzend Aufnahmen mit einem 500-mm-Teleobjektiv geschossen. Ich sagte mir, daß ich zumindest den Nacken von Bouteflika erwischen mußte! Ich wußte nicht, daß ich Carlos, den künftigen Staatsfeind Nummer eins, fotografiert hatte ..." ■

"Wie ich Carlos auf dem Foto erkannt habe? Das war sehr einfach", sagt Goksin Sipahioglu, der Chef von Sipa Press. "Ich habe seine Nase, sein Kinn und sein rechtes Ohr mit der Lupe betrachtet und mit einem Foto verglichen, das uns die Polizei nach dem Attentat in der Rue Toullier gegeben hatte." Nik Wheeler, der überzeugt davon ist, daß er den Auftrag verpatzt hat, gibt die Kontaktstreifen Sipahioglu. Der konzentriert sich auf den Unbekannten in der Mitte der wichtigsten Aufnahme: "Ich habe eine Vergrößerung seines Profils angeordnet." Und mit seinem türkisch-pariserischen Akzent fügt er hinzu: "Ich war nicht hundertprozentig sicher, daß es Carlos war – also eine neue Pokerrunde!" In der darauffolgenden Stunde wird der Coup an die Presse gegeben: *L'Express*, dann der *Stern* beschließen, das Profil in der körnigen Vergrößerung auf die Titelseite zu nehmen. Die Qualität ist dabei unwichtig: Lange Zeit wird dies das einzige und tausendfach veröffentlichte Foto sein, das von Carlos existiert!

"Dieses Foto ist eine sichere Geldquelle für Sipa."

Goksin Sipahioglu

Mit dem Anschlag auf die OPEC erpreßt Carlos von Saudi-Arabien 50 Millionen Dollar. Er geht nach Ungarn, wo er einen internationalen Waffenhandel aufzieht. Nach einem Aufenthalt in Syrien wird er im August 1994 auf Befehl der französischen Behörden im Sudan entführt. Durch seine Anwältin Coutant Peyre ließ er uns aus seinem Gefängnis in der Nähe von Paris folgenden Kommentar zu dem Foto zukommen: "Carlos sah das Foto gleich am Tag der Veröffentlichung. Der Divisionsbeauftragte Saleh Hidjeb bestätigte, daß das Foto von Nik Wheeler auf dem Flughafen von Algier gemacht worden war. Zwischen den Leibwächtern ganz links und rechts sieht man: Abdelaziz Naëd, den zukünftigen Kommissar des nationalen Sicherheitsdienstes in Tizi Ouzou; Oberst Abdel Ghani, den Innenminister, der mit Carlos spricht; Belaïd Abdessalam, den Industrie- und Energieminister. (Auf diesem Ausschnitt nicht zu sehen:) Oberst Draiä, der Chef des nationalen Sicherheitsdienstes; Abdelaziz Bouteflika, damaliger Außenminister und mutiger Diplomat; und schließlich der stellvertretende Chef des Sicherheitsdienstes und zukünftige Innenminister." Die Identifizierung von Carlos hat weder seinem Leben als Revolutionär noch seiner Sicherheit geschadet. Im Gegenteil, die weltweite Verbreitung dieses Fotos führte zu einer Welle der Solidarisierung mit den Revolutionären.

Coutant Peyre

"Die Identifizierung von Carlos hat weder seinem Leben als Revolutionär noch seiner Sicherheit geschadet."

1976

Krieg im Libanon

© Françoise de Mulder

→ DAMALS

Beirut, Januar 1976: Die christlichen Milizen schleifen das Palästinenserviertel La Quarantaine; der Bürgerkrieg im Libanon geht ins zweite Jahr. Auf der einen Seite stehen die Palästinenser, die, unterstützt von den islamischen Parteien, davon träumen, Israel zu zerstören; auf der anderen die christlichen Falangisten, die die Palästinenser aus dem Land jagen wollen. Als der Krieg 1990 zu Ende geht, haben die Palästinenser im Libanon ihre Basis und die Christen ihre Macht verloren. Der Süden des Landes ist von Israel besetzt, der Rest wird politisch von Syrien kontrolliert.

FRANÇOISE DE MULDER

"Das Foto hat mich über Jahre verfolgt."

LEDERSTIEFEL, Kampfjacke, die behandschuhte Faust, die das Gewehr hält: Das Gesicht des Milizionärs hat Françoise de Mulder nie gesehen. Nur seine Augen durch den Schlitz in der Maske. Aber niemals wird sie seinen "höllischen Haß" und die Leichen vergessen, die er zurückließ. Wie viele es waren? "Ich weiß es nicht, es war ein grausames Gemetzel." Françoise de Mulder ist am Weihnachtstag in Beirut eingetroffen und hat sich zum Generalhauptquartier der Falangisten von Pierre Gemayel begeben. Am Morgen des 18. Januar begleitet sie eine Gruppe von Milizionären, die sich an der Erstürmung des Viertels La Quarantaine beteiligt. Seit der vorherigen Nacht wird systematisch "gesäubert": "Sie nahmen sich Haus für Haus, Straße für Straße vor." Françoise läßt einen jungen Milizionär, dessen Grausamkeit keine Grenzen kennt, nicht aus den Augen: "Er machte mir regelmäßig Zeichen, mit dem Fotografieren aufzuhören. Dann hörte ich Maschinengewehrsalven." Frauen, Kinder, Greise: Niemand entgeht dem Blutbad und der Feuersbrunst. Am frühen Nachmittag ist La Quarantaine wie ausradiert. Françoise de Mulder kommt an den Rand des Lagers, wo sich etwa fünfzig Palästinenser, eine weiße Fahne schwenkend, ergeben. Es folgt die Szene, die Sinnbild für den Krieg im Libanon wird: Die Hände in inständiger Bitte erhoben, fleht eine alte Frau den Milizionär an, das Massaker zu beenden. Kurz darauf "wurden die Flüchtlinge an die Wand gestellt und umgebracht". ■

Marter

Françoise de Mulders Negative, die mit einem Autokurier nach Amman gebracht werden, treffen erst zwei Wochen später in Paris ein. "Hervorragende Reportage", meint die Agentur Gamma per Telex, "aber wir haben den amerikanischen Markt verpaßt." Im Klartext: Die Fotos kamen zu spät. Bei ihrer Rückkehr nach Frankreich entdeckt Françoise de Mulder jedoch, daß *das* Foto niemals entwickelt worden war. Die Revanche: das Foto, das besser als irgendein anderes die Tragödie des libanesischen Volkes verkörpert, wird mit dem World Press Award ausgezeichnet (der zum ersten Mal an eine Frau geht) und weltweit veröffentlicht: "Von nun an gab es keine guten Christen und bösen Palästinenser mehr. Die Falangisten haben mir das niemals verziehen." Die Aufnahme, an die Häuserwände in Beirut plakatiert, provoziert die Wut der Milizionäre. Sie drohen der Fotografin "große Probleme" an, sollte sie jemals nach Ost-Beirut zurückkommen. Françoise de Mulder hat versucht, die Personen auf dem Foto ausfindig zu machen: "Nach meinen Informationen haben nur die Mutter und ihr Baby überlebt. Der Milizionär soll sich beim russischen Roulette erschossen haben."

Der erste World Press Award für eine Frau

F. de Mulder bei der Arbeit.

25A
27
27A
28
28A
29
29A
30
30A

1976

Bob Marley

© Kate Simon

→ DAMALS

Fast zwanzig Jahre nach seinem Tod ist Bob Marley immer noch einer der erfolgreichsten Plattenverkäufer der Welt. Der Reggae-Sänger und einzige Superstar, den die Dritte Welt hervorgebracht hat, erzielt 1975 seinen ersten weltweiten Hit. Der Anhänger der Rasta-Religion, die für Gewaltlosigkeit und den freien Konsum von Marihuana steht, predigt die universelle Harmonie: Als Symbol für den Kampf der Unterdrückten singt er gegen die Rassendiskriminierung – bis ans Ende seines kurzen Lebens: 1981 erliegt der "Jah Rastafari", gerade 36, einem Krebsleiden.

Es ist kein Museum, sondern ein Tempel, der sich im Untergeschoß seiner Villa auf den Hügeln von Los Angeles befindet. Roger Steffens stellt sich vor: Schauspieler-Fotograf-DJ-Sammler-Historiker. Seine Leidenschaft: Bob Marley. Seit 20 Jahren archiviert er alles, was den Reggae-Star betrifft. Ergebnis: 9000 Schallplatten, 11 000 Kassetten, Kilometer gefilmter Interviews, 10 000 Poster … Ein japanischer Millionär hat ihm eine Million Dollar für seine Sammlung geboten: Er sagte nein. Dieselbe Antwort erhielt Rita, Marleys Witwe, die häufig sein Gast ist: "Ich mache das nicht für Geld", sagt er, "sondern für ihn: Er war eine der größten Persönlichkeiten des Jahrhunderts." Natürlich weiß Roger Steffens alles über das Foto von Kate Simon, das Chris Blackwell 1977 für das Cover des Albums *Kaya* auswählte: "Das war unmittelbar nach Bobs erfolgreicher Europatournee, die ihn international zu einem Superstar gemacht hat. Man mußte es allen recht machen: Anstelle eines Bildes mit einem dicken Joint, das die Hippies anzog und die normalen Menschen verschreckte, war dies ein Foto, das man ohne Probleme der eigenen Mutter zeigen konnte! Mit der Frisur sah er fast aus wie ein Pfadfinder! Heute findet man das Bild auf Buttons, T-Shirts, Aufklebern, Fahnen, Postkarten, Plastikknöpfen. Ich habe es am Grand Canyon am Eingang zu einem Indianerreservat gesehen und in den Coffeeshops in Amsterdam. Der bedeutendste Popkritiker der *New York Times* hat kürzlich gesagt, daß Bob Marley ein Heiliger sein wird, wenn im Jahr 2096 die Länder der ehemaligen Dritten Welt die alten Supermächte überflügelt und kolonisiert haben werden. Und auf dem Medaillon des heiligen Bob Marley wird Kate Simons Foto zu sehen sein!"

Roger Steffens

"2096 wird Marley ein Heiliger sein."

Schwarzes Verlangen

KATE SIMON

"Die besten Fotos sind immer die, die man geschenkt bekommt."

AUF EINEM FOTO sitzt sie im Bus und lacht den Rasta-König aus vollem Hals an. Kate Simon ist 27 Jahre, als sie Bob Marley zum erstenmal begegnet – das war 1975, nach dem Konzert im Londoner Lyceum, das den Sänger zu einem internationalen Superstar machte. Ein Jahr darauf wird Kate Simon nach Jamaika geschickt, um Bunny Wailer und Peter Tosh zu fotografieren. Sie steigt in Kingston im Sheraton ab, dem Treffpunkt aller Reggaeprofis. Im Pool des Hotels trifft sie Chris Blackwell, den Chef von Virgin's Island Records, mit dem sie sich ein heftiges Wettschwimmen liefert: "Chris hatte gerade gewonnen, da sah ich Bob unter einem Sonnenschirm sitzen. Er trug eine blaue Trainingsjacke mit weißen Streifen auf den Ärmeln. Ich hatte nicht damit gerechnet, ihn dort zu treffen. Wir fielen uns in die Arme. Dann prüfte ich, wie das Licht auf sein Gesicht fiel: Es war ein wundervolles starkes und gleichzeitig indirektes Licht. Ich nahm zwei Filme und fotografierte ihn aus allen möglichen Perspektiven: Bob veränderte den Gesichtsausdruck, er lachte, wurde ernst, dann nachdenklich oder geistesabwesend. Die besten Fotos sind immer die, die man geschenkt bekommt, und an diesem Tag hat er mich mit Geschenken überhäuft! Es gibt nur wenige Menschen, die so fotogen sind wie er: Die Aufnahmen strahlen eine unglaubliche Offenheit aus. Man kann nur die Menschen, die man liebt, gut fotografieren: In dieser Hinsicht war Bob eine große Liebe meines Berufslebens." ■

Die Opfer von Pol Pot

1977

→ DAMALS

1975: Pol Pot alias "Bruder Nummer eins" leitet einen revolutionären Umformungsprozeß in Kambodscha ein. Seine Obsession: Durch Umerziehung des Volkes die Folgen des Kapitalismus auszumerzen. In drei Jahren sterben 1,5 Millionen Kambodschaner vor Hunger oder Erschöpfung in den "Killing Fields"; über 200 000 Menschen werden hingerichtet. Als die Vietnamesen im Dezember 1978 Phnom Penh einnehmen, flüchtet der Anführer der Roten Khmer mit seinen Truppen an die thailändische Grenze und organisiert eine Guerilla. Er bleibt dort bis zu seinem Tod im April 1998.

NHEM EIN

"Ich wußte, daß die Gefangenen später getötet würden."

"ICH HABE IMMER GEWUSST, daß die Gefangenen, die ich fotografierte, sterben würden." Und Nhem Ein, 38 Jahre alt, fügt hinzu: "Tag und Nacht hörte man die Schreie der Gefolterten. Aber was konnte ich schon machen?" Zu seiner Entschuldigung zeigt er uns ein winziges Paßfoto, auf dem man einen Jungen in Uniform sieht. "Ich war sechzehn, als ich von der Roten Khmer einzogen wurde." Nhem Ein, der aus einer zehnköpfigen Bauernfamilie stammt, wird nach Shanghai geschickt, um Fotograf zu werden. Im Mai 1976 ernennt man ihn zum Cheffotografen des ehemals französischen Gefängnisses von Tuol Sleng, das wegen seiner Grausamkeit berüchtigt ist. Dorthin werden alle "Feinde der Nation" geschickt: "Agenten der Amerikaner, des KGB oder der vietnamesischen Besatzer" und die beim Regime in Ungnade Gefallenen. Mit Unterstützung von sechs Assistenten beginnt Nhem Ein morgens um 7 Uhr seinen Dienst: Er fotografiert jeden neu eintreffenden Häftling – ein Foto von vorne, eins von der Seite: An manchen Tagen macht er bis zu 600 Aufnahmen. Zusammengekniffene Augen in dem grellen Licht, verschwollene Gesichter, erschöpfte, erschreckte oder einfach erstaunte Menschen. Alle haben sie ein Schild mit einer Nummer um den Hals. Es vermerkt die Reihenfolge ihres Eintreffens und ist manchmal auf die Haut geklebt. "Diese Porträts wurden als Beweis dafür an Pol Pot geschickt, daß seine Feinde eliminiert worden waren", sagt Nhem Ein. ■

Mahnung

Er war die Nummer 55 am 7. Januar 1978. Der Maler Vann Nath, 31 Jahre, war erst als Holzfäller in eine Landwirtschaftskooperative gezwungen worden, bevor man ihn dann wegen "konterrevolutionärer Umtriebe" verhaftete. "Ich bin mit verbundenen Augen und mit anderen Gefangenen am Hals zusammengebunden in Tuol Sleng angekommen. Nach einem Verhör setzte man mich auf einen Stuhl und nahm mir die Augenbinde ab: Vor mir sah ich einen Fotografen ..." Dann ein schwarzes Loch. Von den 14 000 Gefangenen (darunter 1200 Kinder), die zwischen 1975 und 1978 nach Tuol Sleng gebracht wurden, haben nur sieben überlebt. Wie Vann Nath alle Künstler, die nur verschont wurden, damit sie monumentale Werke zum Ruhm des Diktators schufen. "Überleben bedeutet eine Last, von der ich mich nur befreien kann, indem ich Zeugnis ablege" – und er die zahllosen Porträts zeigt, die die Wände des ehemaligen Gefängnisses, heute Gedenkstätte für die Opfer der Roten Khmer, bedecken: "Leider ist Pol Pot gestorben, ohne daß er für seine Verbrechen zur Verantwortung gezogen wurde."

Vann Nath

"Leider ist Pol Pot gestorben, ohne daß er für seine Verbrechen zur Verantwortung gezogen wurde."

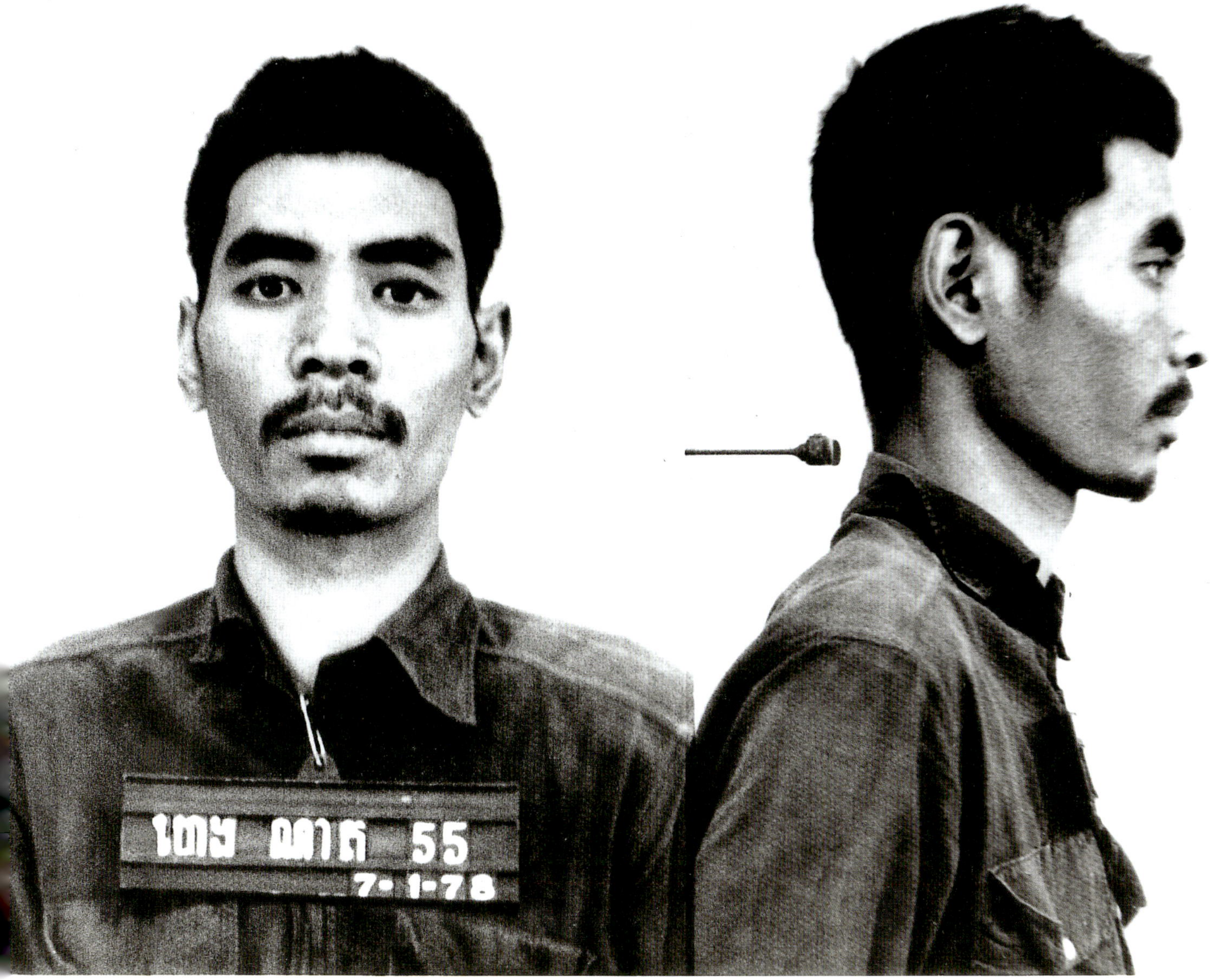

Vann Nath überlebte, weil er Künstler war.

Von den 14 000 Häftlingen in Tuol Sleng haben nur sieben überlebt.

Die Fotos von Nhem Ein sind das letzte Bollwerk gegen das Vergessen. Zwei Amerikaner haben sie 1993 entdeckt. "Diese Fotos nehmen einen einzigartigen Platz in der Geschichte der Fotografie ein", sagt Chris Riley. "Sie sind die illustrierte Erinnerung an den Genozid. Sie haben etwas, das kein schriftliches Dokument leisten kann: Jedes Opfer bewahrt seine Individualität." Gemeinsam mit dem Journalisten Doug Niven beginnt der Fotograf eine Aktion zur Rettung der Negative, denen Feuchtigkeit und Insekten zusetzen. Nachdem sie einen Katalog mit 6000 Fotos erstellt haben, der der Bevölkerung die Möglichkeit gibt, verschollene Verwandte zu identifizieren, konzipieren sie eine internationale Ausstellung mit etwa hundert Abzügen. Und sie geben ein Buch mit einem Vorwort von Vann Nath heraus: "Nicht nur die Kambodschaner haben die Pflicht, sich zu erinnern. Die ganze Welt muß sich an diese Gesichter erinnern. Sie sind eine Mahnung an unser Gewissen."

Chris Riley: "Diese Fotos sind eine Mahnung an unser Gewissen."

"Ein Bollwerk gegen das Vergessen"

1978

Aldo Moro ermordet

© Gianni Giansanti/Sygma

→ DAMALS

16. März 1978: Aldo Moro, der italienische Regierungschef und Vordenker der "Democrazia Cristiana", wird entführt; seine Leibwächter ermordet. Zu dem Anschlag bekennen sich die Roten Brigaden, die die Freilassung von 15 Terroristen fordern, darunter Renato Curcio, der Mitbegründer der Bewegung. Italien steht unter Schock, aber der Staat lehnt Verhandlungen ab. Am 9. Mai wird Aldo Moro umgebracht. Einige Stimmen sprechen von Rivalitäten innerhalb der Democrazia Christiana und einer Allianz zwischen der Mafia und den Roten Brigaden: Es bleiben viele offene Fragen.

"Das Recht auf Information geht über das Recht auf Privatleben."

Der schüchterne, aber offen wirkende Giovanni Moro war zwanzig Jahre alt, als sein Vater ermordet wurde. Die Politik widert ihn an, deshalb entschied er sich, für einen Verband zum Schutz der Bürgerrechte zu arbeiten. "Ich habe das Foto in den Zeitungen gesehen, es war für die ganze Familie ein enormer Schock. Mein Vater hatte sich jeden Morgen rasiert, wir hatten ihn nie mit Bart gesehen, und außerdem trug er noch denselben Anzug, den er am Morgen seiner Entführung anhatte. Ich denke, der Fotograf hatte das Recht, dieses Foto zu machen. In einem solchen Fall geht das Recht auf Information über das Recht auf Privatleben. Gegen die Fotos, die während der Autopsie gemacht wurden, haben wir jedoch geklagt. Diese Aufnahmen waren überflüssig und beleidigend. Wir haben den Prozeß gewonnen. Dieses Foto ist jedoch ein historisches Dokument; es zeigt den damaligen Zustand unseres Landes: Ein schwacher, unmoralischer Staat, eine gefährdete Demokratie. Dieses Foto ist eine Anklage."

Giovanni Moro

Anklage

GIANNI GIANSANTI

"Ich wußte, daß ich den absoluten Knüller hatte."

ES WAR DER COUP seiner Karriere. Das Foto machte ihn zu einem der ganz Großen. Gianni Giansanti, 22 Jahre alt, geht für eine kleine römische Agentur auf Jagd nach Stories und hat schon am Tag der Entführung Aldo Moros auf sich aufmerksam gemacht: Die ersten Fotos der fünf ermordeten Leibwächter stammen von ihm. Seitdem bleibt er der Sache auf der Spur. Sein wichtigstes Hilfsmittel sind ein Radio, mit dem er den Polizeifunk abhört, und eine dicke Honda. An diesem 9. Mai 1978 liegt er vor der Zentrale der Democrazia Christiana auf Lauer, als mehrere Polizeiautos durch die Via del Gesu fahren. Giansanti verfolgt sie bis zur Via Michelangelo Caetani, an der eine Straßensperre errichtet worden ist. Rein "aus Gefühl" betritt er eines der Wohnhäuser in der Straße und klingelt an einer Tür im ersten Stock. Und dann steht er auf einem Balkon, unter sich eine Traube von Carabinieri, die sich um einen roten R4 drängen. Und er fotografiert. Was? "Ich hatte keine Ahnung! Bis ich im Fernseher, der in der Wohnung lief, hörte, daß man Aldo Moros Leiche gefunden hätte!" In der Zwischenzeit haben Sprengmeister die Schlösser des R4 geknackt. Zusammengekrümmt, den Kopf zur Seite gedreht, liegt Aldo Moro im Kofferraum, mager, unrasiert, die Haare zersaust. Farbfotos für die Illustrierten, Schwarzweißfotos für die Zeitungen: Giansanti, der nur eine Kamera dabei hat, legt einen Film ein, spult zurück, legt einen neuen ein: "In einer solchen Situation empfindet man nichts, man schießt wie ein Wahnsinniger. Ich wußte, daß ich den absoluten Knüller hatte!" ■

Südafrika

© **Abbas**/Magnum Photos

→ DAMALS

1948: In Südafrika wird die Apartheid institutionalisiert. Die Rassentrennung zugunsten der Weißen betrifft alle Bereiche des täglichen Lebens: Verbot von Mischehen, Aufteilung der Busse, Bänke, Schulen, Wohnviertel. In den siebziger Jahren verschärft sich die Politik der Apartheid, die von der UNO als Verbrechen gegen die Menschlichkeit verurteilt wird. Südafrika befindet sich international auf der Anklagebank, weltweit wird zur Befreiung von Nelson Mandela aufgerufen, dem Führer der Schwarzen, der seit 1962 im Gefängnis sitzt.

ABBAS

"Ich wußte, daß mein Foto Dynamit war."

ALS IHM DER Informationsminister in Pretoria diese Reportage anbot, hätte Abbas um ein Haar abgelehnt. Was zum Teufel hatte er in dieser Schule für schwarze Polizisten verloren, mit der sich das Apartheidsregime in der Öffentlichkeit brüstete? "Ich schlug schließlich einen Handel vor: Ich mache diese Reportage, aber dafür müssen Sie mir ein andermal entgegenkommen." So kommt er in das nagelneue Ausbildungszentrum von Hammanskral, einer kleinen Stadt in der Nähe von Pretoria. Gymnastik und Ballspiele: Etwa hundert junge, kahlrasierte Schwarze mit nackten Oberkörpern trainieren unter dem Kommando von Oberst Malan. Für den Fotografen keine besondere Sache: "Kann ich die Schüler beim Appell fotografieren?" fragt er. Die jungen Männer stellen sich auf, und der Fotograf macht von einem kleinen Podium aus seine Aufnahmen. Er bemerkt den weißen Oberst in seiner tadellosen Uniform, der die Szene beobachtet. "Könnten Sie sich zu Ihren Schülern stellen?" fragt er ihn. Der Mann wirft einen fragenden Blick auf den anwesenden Sicherheitsoffizier; dieser nickt. Den Stab unter den Arm geklemmt, nimmt er seinen Platz ein. Die Polizeischüler stehen stramm, die Augen auf das Objektiv gerichtet. Von einem plötzlichen inneren Jubel erfaßt, verschießt Abbas mehrere Farb- und Schwarzweißfilme. Bis er dieses Foto hat: "Ich wußte, daß es Symbolcharakter für die Apartheid hatte und daß das Dynamit war." ■

General Malan

"Dieses Foto ist politisiert worden."

"Dieses Foto hat uns mehr geschadet als eine feindliche Division", sagte der südafrikanische Botschafter in Paris. Was den Oberst auf dem Foto betrifft: Er wurde später General und lebt heute bei Pretoria. "Ich war enttäuscht, weil dieses Bild im Ausland politisiert worden ist. Einige Zeitungen haben so getan, als handele sich um ein Gefängnis oder gar ein Konzentrationslager: Die Schüler zogen die Schultern derart zurück, daß die Knochen hervortraten und sie geradezu unterernährt wirken. Man hätte das gleiche Foto in Pretoria in einer weißen Schule mit weißen Schülern machen können, oder in Durban mit indischen Studenten oder am Cap mit Mestizen. Aber es stimmt, überall hatten Weiße das Kommando. Wenn ich dieses Foto jetzt sehe, habe ich das Gefühl, meine schönsten Jahre in Hammanskral verbracht zu haben."

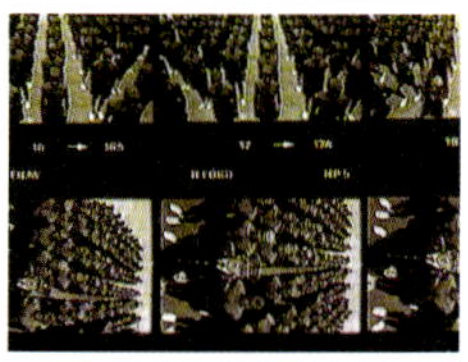

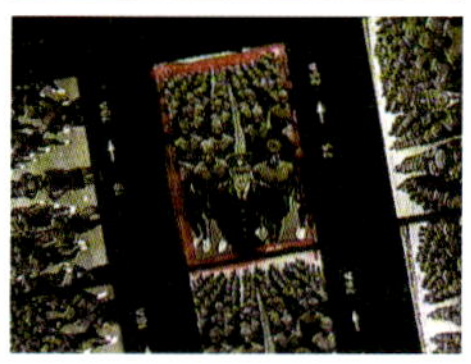

Apartheid

1978

Revolution in Nicaragua

© Susan Meiselas/Magnum Photos

→ DAMALS

17. Juli 1979: Die Sandinistische Nationale Befreiungsfront stürzt den von den USA unterstützten Diktator Anastasio Somoza. Die Regierung unter Daniel Ortega leitet eine Bodenreform und Alphabetisierungskampagne ein und verstaatlicht den Außenhandel. 1980 verhängt Ronald Reagan ein Embargo gegen Nicaragua und bewaffnet die "Contras", die von Honduras aus gegen die Sandinisten operieren. 1984 wird Ortega mit großer Mehrheit wiedergewählt, verliert allerdings die Wahlen von 1990 gegen Violeta Chamorro, die Kandidatin des Weißen Hauses.

SUSAN MEISELAS

"Es war eine Zeit der Hoffnung."

ALS SUSAN MEISELAS 1978 in Nicaragua eintrifft, ahnt sie nicht, daß sie entscheidende Jahre ihres Lebens dort verbringen wird: "Ich fand heraus, daß mein Land einen blutgierigen und korrupten Diktator unterstützte. Ich schämte mich dafür, Amerikanerin zu sein, und beschloß, zu bleiben und darüber zu berichten – in der Hoffnung, daß meine Bilder in den USA Diskussionen auslösen würden." Die verstümmelten Leichen von Oppositionellen, Barrikaden, Demonstrationen: Monatelang streift die Magnum-Fotografin durch Nicaragua. Im Juni 1978 bringt sie ein Journalist der oppositionellen Tageszeitung *La Prensa* nach Monimbo. Dieses Stadtviertel ist das Zentrum des sandinistischen Widerstands, von dem aus ein Jahr später die Erhebung gegen Somoza ausgehen wird. "Ich wurde in einen kleinen Wald geführt, in dem maskierte Männer Militärübungen machten. Ich erfuhr weder ihre Namen noch sah ich ihre Gesichter. Sie führten ein Doppelleben: Tagsüber arbeiteten sie, und nachts organisierten sie Angriffe gegen Somozas Garden. Um anonym zu bleiben, trugen sie traditionelle Masken, die ihre Gesichter zugleich vor fehlgezündeten Bomben schützten: Sie bastelten ihre Granaten aus Zucker, Eisenstücken, Glassplittern und Nägeln zusammen. Das Foto entstand, als sich die Stadtguerilla und die Landmilizen formierten. Es war eine Zeit der Hoffnung. Die Maske und die Bomben wurden zum Symbol der nicaraguanischen Revolution." ■

Compañeros

Justo ist 20 Jahre alt, als er sich der Sandinistischen Befreiungsfront in Monimbo anschließt. Er ist der Mittlere auf der Aufnahme, das Foto war seine Idee. "Das Ziel war, unseren Kampf international bekannt zu machen und zu beweisen, daß Somoza nicht mit den Sandinisten fertiggeworden war. Ich hatte Vertrauen zu Susan, aber es war nicht einfach, meine Kameraden zu überzeugen. Einige sagten mir: 'Wenn du sterben willst, dann hol' die Yankee-Frau her. Du weißt doch, daß die CIA ihre Hände überall im Spiel hat.' Heute ist Susan die Patentante meiner Tochter. Wenn ich das Foto sehe, werde ich sehr traurig: Der Justo von damals träumte davon, daß man die Bauern nicht mehr von ihrem Land vertreiben würde und die Kinder in die Schule, die Armen zum Arzt gehen könnten ... Der Justo von heute ist verbittert, weil er kaum seine sechs Kinder ernähren kann und weil die Revolution auf ihrem Höhepunkt zerschlagen wurde."

"Die Revolution wurde auf ihrem Höhepunkt zerschlagen."

Justo

1978

Boat People

© Alain Dejean/Sygma

→ DAMALS

30. April 1975: Die nordvietnamesischen Kommunisten erobern Saigon, das nun Ho Chi Minh-Stadt heißt. Im ehemaligen, überwiegend proamerikanischen Südvietnam macht sich Panik breit. Tausende Menschen flüchten vor dem neuen Regime, das Unternehmen und Handel verstaatlicht, und vor der sich anbahnenden Wirtschaftskrise. Sie versuchen, mit allen Mitteln die südostasiatischen Küsten zu erreichen – sie sind die "boat people", die ihr Leben aufs Spiel setzen und den Haien, den Piraten und den Stürmen im Golf von Siam trotzen. In 15 Jahren gelingt 1,5 Millionen Menschen die Flucht.

071

Bertrand Vannier: "Zum ersten Mal wurde ein solch massiver Exodus organisiert."

"WENN ICH DARAN zurückdenke, hat unsere Geschichte etwas von Tim und Struppi!" Bertrand Vannier ist Journalist bei *France Inter* und fliegt im Oktober 1978 nach Malaysia: "Es war von einem Frachtschiff die Rede, das mit 2566 'boat people' an Bord in Port Klang festlag. Zum ersten Mal wurde ein solch massiver Exodus organisiert." Die *Hai Hong*, heimlich in Südvietnam ausgelaufen, war bereits von Indonesien und jetzt auch in Malaysia abgewiesen worden: Drei Wochen lang – dem Schiff ist inzwischen der Treibstoff ausgegangen – blockiert die Regierung in Kuala Lumpur die Versorgung mit Lebensmitteln und Medikamenten. Bertrand Vannier trifft Alain Dejean von der Agentur Sygma: "Er hatte versucht, auf die *Hai Hong* zu kommen, aber die Reede war von der Polizei abgesperrt worden." Die beiden Journalisten beschließen, ein Boot zu mieten und … zu rudern. "Mitten in der Nacht brachen wir in einem entlegenen Hafen auf. Die Dünung war stark, und es regnete Bindfäden; außerdem leckte das Boot. Einer ruderte, einer schöpfte Wasser. Noch nie hatte ich solche Angst." Es ist vier Uhr morgens, als sie den Frachter erreichen; die Flüchtlinge werfen ihnen ein Seil zu. "Diese Kletterpartie werde ich nie vergessen: Der Schiffsrumpf war mit Scheiße bedeckt, und wir kamen verdreckt und stinkend an Bord." 2566 hungernde und durstende Flüchtlinge sind dort "wie die Ölsardinen" zusammengepfercht: "Dejean hat einige Aufnahmen mit dem Blitz gemacht. Dann wartete er bis zum Tagesanbruch, wo dieses Foto entstand. Anschließend haben wir uns dann den malaysischen Soldaten gestellt, die uns bemerkt und verfolgt hatten." ■

Abgewiesen

Wortlos betrachtet die 98jährige Frau Phu das Foto. "Wir waren im hinteren Teil des Kielraums, nicht wahr?" fragt sie dann. Die vierzehn Mitglieder ihrer Familie bestätigen es. "Ja", sagt ihr Sohn, "es waren drei überfüllte Kielräume." Und Jessica, 30 Jahre, fügt hinzu: "Ich erinnere mich vor allem daran, daß wir nur Kekse zu Essen hatten." Familie Phu gehört zu den Flüchtlingen der *Hai Hong*, auf der sich vor allem "Hoas" eingeschifft hatten, Vietnamesen chinesischer Abstammung, die die Regierung in Hanoi loswerden wollte, da ihnen die meisten Unternehmen und Geschäfte im Land gehörten. "Man erzählt, daß die *Hai Hong* mit dem Einverständnis der Regierung ausgelaufen ist", sagt Jessica. "Jeder von uns mußte 10 Unzen Gold bezahlen, das sind 2000 Dollar. Das Problem war, daß Malaysia von Flüchtlingen überschwemmt wurde und keinen mehr ins Land lassen wollte." Nach der Veröffentlichung des Fotos erklären sich Frankreich, Kanada und die USA bereit, die 'boat people' aufzunehmen: Familie Phu geht nach Los Angeles.

Vierzehn Mitglieder der Familie Phu waren an Bord der *Hai Hong*.

"Ohne das Foto wären die Kinder und die Alten sicherlich verhungert."

“Aufgrund dieses Fotos hat sich die UNO für die *Hai Hong* stark gemacht.”

Sadako Ogata, heute Leiterin des Flüchtlings-Hochkommissariats der Vereinten Nationen, war 1978 die Vertreterin Japans beim UNHCR: “Aufgrund dieses Fotos hat sich die UNO für die *Hai Hong* stark gemacht. Meine Kollegen waren zwar schon vorher aktiv gewesen, aber dieses dramatische Bild zwang sie, noch rascher zu handeln, um so viele Leben wie möglich zu retten. Vor den 'boat people' hatten die meisten Flüchtlinge den Landweg gewählt, und da wußten wir, wie wir intervenieren mußten. Wie man aber Menschen helfen kann, die über See fliehen, wurde zu einem Wendepunkt in unserem Handeln. Das Foto hat diese Entwicklung beim Hochkommissariat beschleunigt.”

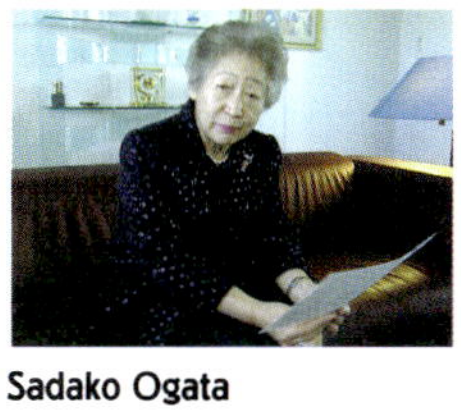

Sadako Ogata

1979

Ayatollah Khomeini

© Michel Setboun

→ **DAMALS**

1. Februar 1979: Nach 15jährigem Exil und dem Sturz des diktatorischen Schahregimes kehrt der Imam Khomeini im Triumphzug in den Iran zurück. Khomeini, der sich auf die Autorität der Mullahs und die Garden der Revolution stützt, erzwingt durch Terror die Herrschaft des islamischen Gesetzes; vielfach kommt es zu Massenhinrichtungen. Während des Krieges gegen den Irak eliminiert der Revolutionsführer die Opposition und unterstützt islamische Terroristen im Ausland. Als Khomeini 1989 stirbt, hinterläßt er ein international völlig isoliertes Land.

MICHEL SETBOUN

"Die fehlende Menschlichkeit bei Khomeini hat mich schockiert."

Die Maske herunter!

"NOCH NIE HATTE ICH eine solche jubelnde Menschenmenge gesehen. Wer konnte schon das Desaster ahnen, das folgen sollte?" An diesem 1. Februar 1979 ist Michel Setboun ein zufriedener Mensch: Es hat ihn einige Anstrengung gekostet, um an Bord des Flugzeuges zu sein, das den Imam Khomeini zurück in den Iran bringt. Der künftige Revolutionsführer wird bei seiner Ankunft von der Menschenmenge mitgerissen, die ihn unter "Allah Akbar"-Rufen zum Friedhof Behechte Zahran, der nun "Friedhof der Märtyrer" heißt, begleitet. Dann verschwindet er. Eine schlaflose Nacht. "Wir suchten ihn überall, bis wir erfuhren, daß er in die Alavi-Schule in der Nähe des iranischen Parlaments gefahren war. Dort empfing er die Mullahs, die Militärs und die Minister." Vom frühen Morgen an belagern Tausende Menschen das Gebäude in der Hoffnung, in den Schulhof zu gelangen. Eine Schlange für die Frauen, eine andere für die Männer: Der islamische Ordnungsdienst hat an alles gedacht. Das Tor öffnet sich, ein Gedränge entsteht. "Plötzlich zeigte sich der Messias am Fenster! Eine unglaubliche Inbrunst ergriff die Menge: Tausende Hände streckten sich Khomeini entgegen, der völlig abwesend wirkte. Man konnte glauben, er wäre eine Statue. Ich erinnere mich, daß mich diese fehlende Menschlichkeit schockierte." Um sein Foto zu machen, steigt Michel Setboun auf einen Basketballkorb, den die internationale Presse für sich "erobert" hatte: "Wir wechselten uns auf dem Hochsitz ab! Das dauerte eine Woche: In dieser Zeit bereitete Khomeini die Revolution vor, die in die Islamische Republik münden sollte." ■

Über sein politisches Engagement ist er zur Fotografie gekommen. "Ich war links", sagt Michel Setboun, "und die Kämpfe in der Dritten Welt hatten mich zur Politik gebracht. Als ich vom Sturz des Schahs erfuhr, machte ich eine Flasche Champagner auf und beschloß, mit meiner Kamera in den Iran zu fahren. Die iranische Revolution war äußerst visuell: Schwarzgekleidete Frauen mit dem Tschador, Mullahs mit Turban; die Menschen hatten ein Gespür für Dramatik, für die Inszenierung, für Bewegungen und Farben – alles war von unglaublicher Schönheit. Zudem unterstützte uns die Bevölkerung. Menschen sprachen mich an: 'Machen Sie Fotos, zeigen Sie, was hier passiert!' Außerdem ging ich wegen meines Aussehens leicht als Iraner durch, das ist in unserem Beruf ein Trumpf. Später entdeckten wir die Bilder, die für die internationale Presse gemacht wurden, in riesigen Vergrößerungen bei Demonstrationen wieder! Diese Aufnahme bedeutet für mich eine verlorene Illusion. Ich glaubte, man könne die Welt ändern, inzwischen bin ich mir aber nicht mehr so sicher. Für mich war es das berufliche Debüt. Die Schwierigkeit besteht heutzutage darin, mit Leidenschaft über Geschichten wie diese zu berichten und gleichzeitig den Abstand zu bewahren."

"Dieses Foto stellt die verlorene Illusion dar."

"Die Mullahs ersetzten die Intellektuellen, die Khomeini in Paris umgeben hatten."

Bani Sadr, ein Khomeini während des Exils in Frankreich nahestehender Intellektueller, war der erste Präsident der Islamischen Republik. Er distanzierte sich jedoch von den totalitären Auswüchsen des Regimes und ging 1981 erneut ins Exil. Seitdem lebt er zurückgezogen in der Nähe von Paris. "Dieses Foto kündigt die folgende Diktatur an, denn man sieht, daß Mullahs die Intellektuellen ersetzen, mit denen sich Khomeini in Paris umgeben hatte. Sie sind es, die die neue Macht in die Hände nehmen. Außer Hussein, Khomeinis Enkelsohn ganz links im Bild, und dem derzeitigen Parlamentspräsidenten ganz rechts sind alle Personen des Fotos tot. Achmad, Khomeinis Sohn, links hinter ihm, starb unter ungeklärten Umständen; der Mullah von Chirâz neben ihm wurde ermordet. Rechts von Khomeini sehen wir einen der Chefs der Revolutionären Garden, der bei einem Flugzeugabsturz – angeblich ein Attentat – ums Leben kam. Dieses Regime, das auf der ganzen Linie scheiterte, glaubte, es könne sein Ende durch Mord und Totschlag hinausschieben. Aber nie wird es das Volk zum Schweigen bringen, das Freiheit verlangt."

Bani Sadr

1980

Afghanistan

© Alain Mingam/Gamma

→ DAMALS

27. Dezember 1979: Truppen der Roten Armee marschieren in Afghanistan ein, um das durch einen Putsch an die Macht gekommene kommunistische Regime zu stärken. Von Pakistan und den USA unterstützt, führen die Widerstandskämpfer einen "heiligen Krieg" gegen 100 000 sowjetische Soldaten. Die UdSSR wird im afghanischen Bergland in einen Partisanenkrieg verwickelt, was ihre Niederlage beschleunigt. 1989 kommt es zum Abzug. Die Bilanz: 13 000 sowjetische Tote, 25% der afghanischen Bevölkerung sind ins Exil gegangen.

ALAIN MINGAM

"In dem Haß gegen diesen Mann entlud sich der ganze Haß des afghanischen Volkes gegen die Kommunisten an der Macht."

Wahl der Waffen

"ICH HATTE DEN VIETNAMKRIEG nicht erlebt, und der Kampf der Mudjaheddin gegen die größte Armee der Welt war für mich der Kampf von David gegen Goliath: Diese bärtigen Männer mit Turban faszinierten mich." Das war im Juli 1980, gut sechs Monate nach der sowjetischen Invasion. Alain Mingam, der Gamma-Fotograf, kommt nach Afghanistan, indem er sich als Reiseveranstalter ausgibt. Sein Ziel: Über den Widerstand zu berichten, der sich überall im Land formiert. In einem Teppichladen bietet ein moslemischer Dschihad-Kämpfer dem Fotografen an, ihn in das Dorf Farzac, das 30 km vor Kabul liegt, zu bringen. Es ist ein strategischer Ort an der Straße nach Salong, auf der die sowjetischen Versorgungskonvois fahren. "Ich werde nie vergessen, wie ich in diesem Tal am Ende der Welt ankam: In den Bergen wimmelte es vor Männern mit Turban, wie eine Schattenarmee tauchten sie aus dem Gebüsch auf. Sie hatten nur eine Waffe mit großem Kaliber: Eine vom Feind erbeutete Dutschaka." Im Gespräch mit dem Kommandanten erfährt Mingam, daß die Widerstandskämpfer im Begriff stehen, einen "Verräter" hinzurichten. Ein islamisches Gericht hatte den Mann verurteilt, weil er neun Mudjaheddin verraten haben soll, die daraufhin ins Gefängnis von Pol-é-Tcharkhi gesperrt wurden. "Man führte ihn uns vor. Die Hände hatte man ihm auf dem Rücken gefesselt, und er war von wütenden und drohenden Kriegern umgeben. Ich mußte das Foto machen: Es war ein starkes Zeugnis des Bürgerkriegs, der bis heute andauert. In dem Haß gegen diesen Mann entlud sich der ganze Haß des afghanischen Volkes gegen die Kommunisten an der Macht." ■

War es nötig, daß er die Hinrichtung fotografiert? Etwas entnervt antwortet Alain Mingam entschieden: "Natürlich, es ist mein Beruf zu berichten. Ob mit oder ohne Fotograf, dieser Mann wäre in jedem Fall getötet worden." Und er berichtet von den letzten Minuten des Verurteilten: "Sie brachten ihn an den Fluß. Er wandte sich gen Mekka und begann unter dem höhnischen Gelächter seiner Begleiter zu beten. Die Berge warfen das Echo der Schüsse zurück. Mit ihren Säbeln stachen sie auf die Leiche ein. Doch da griff der Kommandant ein und sagte: 'Stop, es reicht' – zweifellos, weil ich fotografierte." Die Bilder werden mit einem World Press Award ausgezeichnet.

ALAIN MINGAM

"Ob mit oder ohne Fotograf, dieser Mann wäre in jedem Fall hingerichtet worden."

"Ohne die Unterstützung der westlichen Presse hätten wir niemals militärische Hilfe erhalten."

"Botschaft der islamischen Republik Afghanistan" steht auf dem Schild im Hinterhof eines heruntergekommenen Gebäudes. Mehrabodin Masstan, der bis zum Machtantritt der "Theologiestudenten" Kulturattaché war, ist heute der Repräsentant des Kommandanten Massud, zu dessen Bewegung er seit 1980 gehört. "Dieses Foto", sagt er, "steht für den Beginn des afghanischen Widerstands, der sich mit allem bewaffnete, was er zwischen die Finger bekam: Hacken, mittelalterliche Säbel, Messer, Yenfield-Gewehre, die die Engländer im 19. Jahrhundert zurückgelassen haben, und auch zwei erbeutete Kalaschnikows. Wir hatten damals große Mühe, die Welt für unseren Kampf zu interessieren: Alle dachten, der Krieg sei von vornherein verloren und Afghanistan endgültig unter sowjetischem Einfluß. Um der kommunistischen Propaganda über eine Verbrüderung von Russen und Afghanen zu begegnen, war die Rolle der westlichen Presse entscheidend. Auf diesem Foto ist klar, daß die Mudjaheddin für den Fotografen posieren. Die Botschaft richtet sich sowohl nach innen: Keine Gnade für die Verräter, als auch nach außen: Wir sind gegen die Kommunisten. Als der Westen 1984 die Realität unseres Widerstandes begriffen hatte, kam massive Militärhilfe."

Mehrabodin Masstan

1980

Streik in Danzig

© **Alain Keler**/Sygma

→ DAMALS

14. August 1980. Die 17 000 Arbeiter der Danziger Werften treten in den Streik. Im September wird "Solidarnosc", die erste unabhängige Gewerkschaft der kommunistischen Ära, gegründet – an der Spitze Lech Walesa, ein überzeugter Katholik, der vom Papst und der polnischen Kirche unterstützt wird. Am 13. Dezember 1981 verhängt General Jaruzelski den Kriegszustand; in Polen rollen die Panzer des Warschauer Paktes ein. Die Solidarnosc wird verboten, Lech Walesa verhaftet. 1983 erhält der ehemalige Elektriker den Friedensnobelpreis, 1990 wird er Präsident der Republik.

ALAIN KELER

"Die Szenerie war absolut surreal!"

Solidarität

ALS ER VON DER SZENERIE erzählt, schwingt ein ansteckender Enthusiasmus in seiner Stimme mit: "Ich ging auf der Leninwerft herum, als ich zwei Autos sah, die durch das Eingangstor fuhren. Sofort bildeten die Arbeiter ein Spalier und begannen zu applaudieren. Es waren zwei Priester, die sich auf einen Hocker setzten und die Beichte abnahmen. Es war absolut surreal!" Der Sygma-Fotograf Alain Keler ist ohne Visum nach Warschau gekommen. Er wird ins Land gelassen, weil er sich als Geschäftsmann ausgibt. Auf den Werften gärt es; die Bevölkerung zeigt ihre Solidarität und drängt sich am Zaun der Betriebsgelände, die zu "freiem Territorium" erklärt worden sind. Nach und nach werden die Plakate der Partei durch Porträts von Johannes Paul II., dem ehemaligen Erzbischof von Krakau, ausgetauscht. Zu diesem Zeitpunkt findet die berühmte Beichte statt. Ganz links erkennt man Lech Walesa, den Kopf gesenkt, die Hände gefaltet: "Er betete den Rosenkranz vor und wirkte sehr schüchtern", erzählt der Fotograf, "niemals hätte ich geahnt, was aus ihm werden sollte." Er nicht, und auch nicht die Zeitungen, die das Foto so beschneiden, daß der Gründer der Solidarnosc nicht mehr zu sehen ist. "Damals kannte ihn keiner. Heute, 20 Jahre später, ist es ein Witz, daß man ihn weggeschnitten hat!" Und Keler setzt hinzu: "Wie dem auch sei, es sind die Priester, die das Foto ausmachen. Sie künden schon das Polen an, das wir heute haben." ■

Lech Walesa

Er sagt, die Vergangenheit interessiere ihn nicht, und er habe das Foto "nie gesehen". Nach den verlorenen Wahlen im November 1995 ist Lech Walesa in seine Hochburg Danzig zurückgekehrt. Etwas ungehalten fügt er hinzu: "Es stimmt, es war ein historischer Moment, und wir gingen anders zur Beichte als vorher. Ohne die westliche Presse wäre ich nie ein Held geworden, und wir hätten nie gewonnen: Man kann geniale Dinge tun, aber das nützt nichts, wenn niemand darüber spricht."

"Die Presse hat aus mir einen Helden gemacht."

"Ich habe die Beichte organisiert."

Jan Jankowski

Er ist der Priester in der Mitte des Bildes. 1997 wurde Jan Jankowski, der Beichtvater von Lech Walesa, wegen antisemitischer Äußerungen auf der Kanzel in den Vatikan zitiert. Aber darüber möchte der Priester in der schwarzen Soutane nicht sprechen. "Als ich von dem Streik erfuhr, beschloß ich, geistig und materiell zu helfen. Die Streikenden wollten, daß ich die Messe lese. Für den Fall, daß es schlecht ausgehen sollte, machte ich mein Testament, bevor ich dorthin fuhr. Auf der Leninwerft hatten die Arbeiter einen Traktor in einen Altar umfunktioniert. Einige von ihnen warfen ihr Parteibuch in den Gulli, andere entblößten die Brust und zeigten das Kreuz oder das Medaillon der Jungfrau. Dort bin ich zum ersten Mal Lech Walesa begegnet. Als die Messe zu Ende war, schlug ich eine Beichte unter freiem Himmel vor, was später zu einem der Rituale des Streiks wurde. Wie Lech Walesa war ich der Meinung, daß der Glaube Polen befreien könnte."

Der Krieg ums Öl

1980

Iran-Irak-Krieg

© **Henri Bureau**/Sygma

→ **DAMALS**

17. September 1980. Unter Saddam Hussein marschiert irakisches Militär in den Iran des Ayatollah Khomeini ein. Es ist der erste Krieg im Persischen Golf, und es geht um das Grenzgebiet von Schatt el-Arab, in dem sich die Hälfte der Erdölreserven der Welt befindet. Die Auseinandersetzung ist gnadenlos: Drei Millionen Soldaten liegen sich in Schützengräben gegenüber, der Krieg wird zum Gemetzel. Als es acht Jahre später zum Waffenstillstand kommt, gibt es weder Sieger noch Besiegte, sondern nur eine Million Tote und zerstörte Ökonomien.

HENRI BUREAU

"Dieses Foto hatte ich zwanzig Jahre lang gesucht."

"MAN HAT MIR VORGEWORFEN, ich hätte das Foto gestellt. Und wenn schon – was würde es einbüßen?" Der ehemalige Sygma-Fotograf Henri Bureau steht zu seinem Bild. Am dritten Tag des Krieges kommt er im Irak an. Von zwei Jeeps der irakischen Armee eskortiert, fährt er die Straße, die sich am Schatt el-Arab entlangzieht, hinauf. Plötzlich sieht er "riesige Rauchspiralen, die sich aus der Wüste erheben". Die iranischen Raffinerien von Abadan stehen in Flammen. "Stop!" schreit er, weil ihm bewußt wird, daß der Einbruch der Nacht unmittelbar bevorsteht. "Ich sah, wie mein Fahrer mit der Maschinenpistole aus dem Wagen stieg. Ich hatte etwas Außergewöhnliches im Sucher. Er lachte mich an und machte das Victory-Zeichen. Ich wollte jedoch vermeiden, daß man ihn identifizieren konnte; ich wollte ein Foto, das den Ölkrieg symbolisierte. Also bat ich ihn, sich umzudrehen. Das ist alles! Es ist kein geplantes Foto: Nicht ich habe den Krieg ausgelöst, nicht ich habe die Raffinerien von Abadan bombardiert! Das Bild ist nicht manipuliert. Während meiner Karriere habe ich Tausende Fotos verpaßt, weil ich sie einfach nicht rechtzeitig gesehen habe. Nach diesem Foto hatte ich zwanzig Jahre lang gesucht, und als ich es sah, habe ich es gemacht. Das ist mein ganzer Stolz." ■

"Das absolute Symbol für den Öl-Krieg"

"Die Stärke dieses so oft publizierten Fotos liegt darin, daß es weit über die Besonderheiten des Krieges zwischen Iran und Irak hinausgeht", erklärt Frank Mueller-May, der damals das New Yorker Büro des *Stern* leitete. Die Aufnahme, von dem Magazin 1980 veröffentlicht, wird 1991 vor Beginn der Operation "Desert Storm", dem zweiten Golfkrieg, wieder hervorgeholt. "Das Bild braucht keine Unterschrift, da schon visuell alle Elemente der Problematik in ihm enthalten sind. Es ist das absolute Symbol für den Ölkrieg, und angesichts der ökonomischen und politischen Bedeutung des Erdöls ist seine Karriere noch lange nicht beendet!"

Frank Mueller-May

1981

Putsch in Madrid

© Manuel Perez Barriopedro/Agencia Efe/Sipa Press

→ DAMALS

23. Februar 1981: Das spanische Parlament versammelt sich zu einer Plenarsitzung, um einen neuen Premierminister zu wählen. Am 19. Januar war Adolfo Suárez, der die erste demokratische Regierung seit dem Tod General Francos im November 1975 geführt hatte, zurückgetreten. Während in Valencia die Panzer auffahren, stürmt Oberstleutnant Tejero mit 200 Zivilgardisten die Cortes. König Juan Carlos, Oberbefehlshaber der Armee, stellt sich jedoch gegen die Putschisten und behauptet sich als der entscheidende Mann der jungen spanischen Demokratie.

Santiago Carrillo

Santiago Carillo, Generalsekretär der Kommunistischen Partei Spaniens, ist eine der vier Geiseln, die es abgelehnt hatten, sich auf den Boden zu legen. Er war 1976 aus dem Exil zurückgekehrt und einer der größten Gegner Francos. "Es war meines Erachtens eines Abgeordneten der Nation unwürdig, den Befehlen der Putschisten zu gehorchen. Außerdem dachte ich, daß sie mich erschießen würden, wenn der Staatsstreich gelänge. Also gab es keinen Grund, ihnen die Gelegenheit zu geben, sich über meine Feigheit lustig zu machen. Bei diesem Foto schäme ich mich für mein Land. In jener Nacht glich Spanien einer Bananenrepublik." Das Foto wurde mit dem World Press Award ausgezeichnet und findet sich in jedem spanischen Geschichtsbuch: "Für mich symbolisiert es den Sieg des spanischen Volkes über die Militärs", sagt Barriopedro.

"Ich schäme mich für mein Land."

MANUEL PEREZ BARRIOPEDRO

"Eines der schwärzesten Kapitel der spanischen Geschichte"

Arena

"MAN HAT GESAGT, mein Foto habe zum Scheitern des Staatsstreichs beigetragen, und darauf bin ich sehr stolz." Efe-Fotograf Manuel Perez Barriopedro wird die lange Nacht des "23 F", wie man in Spanien sagt, nicht vergessen. Um 18.20 Uhr, das Parlament ist mitten in der Wahl, stürmen uniformierte Männer das Halbrund und geben Salven aus Maschinenpistolen ab. "Alle auf den Boden! Bleiben Sie ruhig!" brüllt Oberstleutnant Tejero. Bis auf vier Personen werfen sich alle Abgeordneten und Minister auf den Boden. Manuel Perez Barriopedro gelingt es, elf Aufnahmen zu machen: "Ich konnte den Film gerade noch in meinem Schuh verstecken, als ich sah, wie die Zivilgarden die Filme meiner Kollegen beschlagnahmten. Um 21.30 Uhr wurden die Journalisten freigelassen." Am nächsten Morgen ist das Foto auf den Titelseiten der europäischen Zeitungen: Es zeigt den brüllenden Putschisten mit der Pistole in der Hand auf der Präsidialtribüne der Cortes. "Mein Foto hat einen echten Schock im Land ausgelöst und wurde zum Emblem des Widerstands gegen den Putsch." Hunderttausende Spanier demonstrieren in den Straßen zur Verteidigung der bedrohten Republik. Es ist eine gewaltige nationale Erhebung, die, dem Vorbild des intervenierenden Königs Juan Carlos folgend, das Ende des Putsches beeinflußt: Um 12 Uhr werden die Geiseln freigelassen, und Tejero ergibt sich. Er wird zu dreißig Jahren Gefängnis verurteilt, im Dezember 1996 aber wegen guter Führung vorzeitig entlassen. ■

1981

Attentat auf Ronald Reagan

© Ron Edmonds/Associated Press

→ DAMALS

30. März 1981: In Washington wird ein Attentat auf Präsident Ronald Reagan verübt. John Hinckley, 21 Jahre und ehemaliges Mitglied einer Neonazi-Gruppe, gibt sechs Pistolenschüsse ab. Eine Kugel trifft den Präsidenten in den linken Lungenflügel, eine andere Kugel verletzt James Brady, den Pressechef des Weißen Hauses, schwer; zwei Sicherheitsmänner werden leicht verwundet. Es ist das siebte Mal in diesem Jahrhundert, daß ein Attentat auf einen amerikanischen Präsidenten verübt wird. Die Tat führt in den USA zu einer landesweiten Debatte über das Tragen von Waffen.

Ron Edmonds: "Wenn ich mit den Augen geblinzelt hätte, wäre das Foto nicht entstanden."

Aus nächster Nähe

DEM AMERIKANISCHEN Geheimdienst zufolge spielte sich alles innerhalb von 1,9 Sekunden ab: "Wenn ich mit den Augen geblinzelt hätte, wäre das Foto nicht entstanden", bestätigt Ron Edmonds, der Korrespondent von Associated Press im Weißen Haus. Der 30. März 1981 verspricht, ein ruhiger Tag zu werden. Auf dem Programm steht ein Vortrag Reagans vor Industriellen aus dem Baugewerbe im Hilton. Unmittelbar nach der Ansprache eilt Ron Edmonds zur Tür des Hotels. Er fotografiert den Präsidenten, der beim Gang zur Limousine die Menschenmenge grüßt. "Plötzlich sah ich durch das Objektiv, daß er eine Grimasse machte. Ich fotografierte einfach weiter, ohne zu verstehen, was geschah." Da der Winder seiner Nikon maximal 6 Bilder pro Sekunde schafft, bekommt er nur vier Aufnahmen. Aber was für Aufnahmen! Alle anderen Fotografen waren in der Menschenmenge eingekeilt: Ron Edmonds ist der Einzige, der das Ereignis fotografiert hat! Oder fast … Die Negative werden sofort entwickelt und an die 4000 Kunden von AP in der ganzen Welt geschickt. 2000 Zeitungen können es noch in den Umbruch nehmen und am selben Abend auf Seite eins veröffentlichen. "Das war der intensivste Moment meiner Karriere", gesteht der Fotograf, der für sein Bild den Pulitzerpreis und den World Press Award erhielt. "Finanziell gesehen hat mir das Foto allerdings so gut wie nichts eingebracht." Normal: Ron, der bei AP angestellt ist, ist nicht der Eigentümer seiner Bilder. ■

SEBASTIÃO SALGADO

Magnum-Fotograf Sebastião Salgado ist gerade aus Australien zurückgekehrt, als er einen Auftrag von der *New York Times* erhält: Eine Woche lang soll er Ronald Reagan begleiten, um die ersten hundert Tage der Präsidentschaft zu illustrieren. "Ich riß mich nicht gerade um den Job, aber letztlich war es aufregend, mit dem mächtigsten Mann der Erde zu tun zu haben." Da er für den Hilton-Vortrag nicht akkreditiert ist, muß er regelrecht darum kämpfen, einen Platz im Fahrzeug des Personenschutzes zu ergattern. Als der erste Schuß fällt, wirft sich Salgado in das Getümmel der Sicherheitsbeamten, die versuchen, den Schützen hinter der Präsidentenlimousine dingfest zu machen. Resultat: 76 Aufnahmen, die das Attentat von der anderen Seite schildern. Ein echtes Geschenk des Himmels: Da die größten Illustrierten der Welt die Fotos drucken, bringen

"Ein Geschenk des Himmels"

sie mehr als 250 000 Dollar ein. Denn im Unterschied zu Ron Edmonds hat Salgado die Rechte an seinen Negative. Den Erlös teilt er sich mit der Kooperative von Magnum: "Ich weiß nicht mehr, wieviel ich verdient habe, aber ich konnte mir ein dickes Auto und eine Wohnung in Paris kaufen!"

Die 76 Fotos von Salgado erzählen die andere Seite des Attentats.

1981

Der Kuß von Lady Di

© Douglas Kirkland/Contact Press Images

→ DAMALS

29. Juli 1981: Prinz Charles, der englische Thronfolger, heiratet Lady Diana Spencer. 720 Millionen Fernsehzuschauer verfolgen gebannt die Feierlichkeiten. Das Haus Windsor hat alles geplant – nur nicht diesen Kuß, der zur Apotheose der prunkvollsten Hochzeit des Jahrhunderts wird. Doch das Märchen ist von kurzer Dauer: 1996 wird das Paar geschieden, und am 30. August 1997 kommt die Prinzessin von Wales bei einem Autounfall auf der Flucht vor Paparazzi in Paris ums Leben.

DOUGLAS KIRKLAND

"Mein schönster Erfolg"

WÄHREND CHARLES und Diana sich das Ja-Wort geben, machen es sich etwa 15 Fotografen schon auf der Tribüne gegenüber des Balkons von Buckingham Palace bequem, wo die königliche Familie im Anschluß an die Trauung erscheinen wird. Unter ihnen Douglas Kirkland, der für die Agentur Contact arbeitet. Mit mehreren Kameras ausgerüstet, befestigt er sein 400-mm-Teleobjektiv auf einem Stativ und wartet. Plötzlich werden Hochrufe in der Menschenmenge laut, und er beginnt, "wie ein Wahnsinniger zu schießen". "Der Auftritt dauerte eine Viertelstunde", erzählt er, "und die anderen Fotografen, die glaubten, es gäbe nichts mehr zu fotografieren, verstauten schon ihre Ausrüstungen. Da sah ich, wie sich die beiden anschauten – und dann kam es zu diesem wundervollen Kuß!" "Charles, ein Junge!" skandiert die begeisterte Menge. Der Fotograf kann drei Aufnahmen machen: auf dem ersten sieht man, wie sich die beiden nähern, während der Rest der Familien in eine andere Richtung blickt, das zweite Bild zeigt den Kuß, und das dritte hält die halb belustigte, halb betretene Reaktion der Entourage des Paares fest. Die Szene, die von der BBC gefilmt wurde, ist wieder und wieder analysiert worden. Ein Taubstummenexperte hat den Dialog, der dem Kuß vorausging, durch das Ablesen von den Lippen rekonstruiert: "Warum küßt du sie nicht?" soll Prinz Andrew seinen Bruder gefragt haben. "Mutter, darf ich?" habe sich der Bräutigam erkundigt. Und die Königin nickte! ■

Herzdame

"Dieses Foto markiert einen Wendepunkt in der Geschichte der britischen Monarchie", kommentiert Michael Rand, der den Fotodienst des *Sunday Times Magazine* leitete, das Bild. "Noch nie hatte es eine so informelle und intime Aufnahme gegeben." Im Klartext: Noch nie hatte man gesehen, wie sich ein königliches Paar in der Öffentlichkeit küßte! Und Rand fügt hinzu: "Der Mythos von der Prinzessin des Herzens ist mit diesem Foto entstanden." Überall wurde das Naturell Dianas, die sich so liebenswert über das steife höfische Protokoll hinwegsetzt, begrüßt. Dank dieses "jungen und glamourösen Images" steigt das "Royal pack" im öffentlichen Ansehen: Etwa ein Dutzend Fotografen heften sich seit der Hochzeit an Lady Dianas Fersen. Die unbedarfte junge Frau findet daran Gefallen und verschafft sich mit Hilfe der Objektive nach und nach das Image einer "rebellischen Prinzessin". "Sie lernte, die Fotografen sehr subtil zu manipulieren. Sicher hat sie die negativen Aspekte wie Paparazzi verachtet, aber generell hat sie die Fotografen ermutigt. Das hat einen Schneeballeffekt erzeugt – bis zu ihrem tragischen Tod."

"Lady Di lernte, die Fotografen sehr subtil zu manipulieren."

Michael Rand

Auf dem Balkon erschienen, von links nach rechts: Prinz Philip, die Königinmutter, Lord Nicolas Windsor und Edward van Cutsom – die Brautführer –, die fünfjährige Clementine Hambro – Urenkelin von Sir Winston Churchill – und Catherine Cameron, die Dianas Hand hält. Rechts neben dem Brautpaar: Königin Elizabeth und die Prinzen Edward und Andrew.

1982

François Mitterrand

© Guy Le Querrec/Magnum Photos

→ DAMALS

Paris, 10. Mai 1981: François Mitterrand wird zum Präsidenten Frankreichs gewählt. Mit 30 Jahren bereits jüngster Minister seit Napoleons Zeiten, will er in die Geschichte eingehen. Er ist ein guter Taktierer und verkörpert über ein Vierteljahrhundert die französische Linke. Der geborene Politiker weiß um die Bedeutung von Riten und Symbolen: Die Abschaffung der Todesstrafe; die europäische Einigung; große, maßgeschneiderte Bauprojekte. François Mitterrand ist der Architekt seines eigenen Rufes und bleibt es bis zu seinem Tod im Januar 1996.

Die Sphinx

GUY LE QUERREC

"Wir erwischten den perfekten Dreiklang, um es in der Sprache der Musik zu sagen."

AN DIESEM 8. MÄRZ 1982 scheint die Sonne in den Musiksalon des Elysée-Palastes. "Für meine Fotos war das gut", sagt Guy Le Querrec, "aber schlecht für Daniel Druet, der zum Arbeiten Lichteinfall vom Norden bevorzugt." Die beiden Männer sind ein eingespieltes Team. Seit sechs Jahren arbeiten sie für das Musée Grevin, das Wachsfigurenmuseum in Paris: Der eine fotografiert die Persönlichkeiten, damit der andere ihre Büsten anfertigen kann. Im Elysée-Palast schließt der Auftrag zudem eine Bronzebüste des Präsidenten ein. "Ich war sehr beeindruckt", erzählt Guy Le Querrec, "zum ersten Mal betrat ich die Privatgemächer des Staatschefs. François Mitterrand tat nichts, um die Situation zu entkrampfen." Zu dieser vierten Sitzung erscheint der Präsident "wie jedes Mal" mit einer halbstündigen Verspätung. Wortlos nimmt er seinen Platz auf der Estrade ein, setzt die Brille auf und vertieft sich in die Lektüre von *Libération*. Es ist der "Tag der Frau", genau zum richtigen Zeitpunkt lautet die Titelüberschrift "Mitterrand: Unsere Freundinnen, die Frauen". Am Fuß des Podestes liegt Nil, der Labrador. Zeitungsrascheln. Das schmatzende Geräusch, wenn die Hände den nassen Lehm formen. Das Klicken der Leica. Wie ein Choreograph umkreist Daniel Druet sein Modell, tritt einen Schritt zurück: "In diesem Moment hatte Danièle Mitterrand die gute Idee, durch das Zimmer zu gehen", erzählt Le Querrec. "Ein magischer Auftritt in einer völlig surrealen Szene. Gleichzeitig hob Nil die rechte Vorderpfote. "Wir erwischten den perfekten Dreiklang, um es in der Sprache der Musik zu sagen." ■

"Ich mag dieses Foto nicht besonders, weil es unangenehme Erinnerungen weckt." Daniel Druet sucht nach den passenden Worten: "Ich bekam Mitterrands Persönlichkeit nicht zu fassen. Er weigerte sich, den Blick des Bildhauers in sein Innerstes zuzulassen, und hütete eifersüchtig sein Geheimnis. Es kam alles zusammen, um mir die Arbeit zu erschweren: Das scheußliche Licht, das Kommen und Gehen der Minister, des Hundes, von Madame Mitterrand und die Launen des Präsidenten, der mal jovial, mal herablassend war. Ergebnis: Die Büste war mißraten, und nach der achten Sitzung habe ich sie kurzerhand zerstört. Mitterrand war derart überrascht, daß er seine Maske fallenließ. Diesen Moment nutzte ich aus, um zu seinem Innersten vorzudringen – innerhalb von zwei Stunden entstand die endgültige Büste. Ich besitze das einzige Bronzeexemplar: Der Präsident hat keinen Abguß bestellt, weil ich ihm etwas entrissen hatte, das er für sich behalten wollte."

Daniel Druet mit der endgültigen Büste

"Ich zerstörte die Büste nach der achten Sitzung."

Diese Büste wurde nach der achten Sitzung zerstört. Eine andere Büste entsteht in zwei Sitzungen, von der Mitterrand jedoch keinen Abguß bestellt.

"Gefallen an der Maskerade." Als François Mitterrand 1988 eine zweite Amtsperiode ins Auge faßt, geht das Foto um die Welt: "Dieses Porträt hatte deshalb so viel Erfolg, weil es die Vielfältigkeit seiner Person zeigt", sagt der Schriftsteller Jean Lacouture, Autor einer Mitterrand-Biographie. "Einerseits zeigt es das Verlangen nach Ruhm: Er läßt eine Büste von sich machen und zeigt seine Absicht, in die Geschichte einzugehen, indem er sich fotografieren läßt, und andererseits ist da – ich nenne es venezianische Versuchung – der Gefallen an der Maskerade und dem Verborgenen: Er verbirgt sich hinter seiner Brille und der Zeitung, und auch hinter seiner Frau, die zu den wichtigsten Menschen in seinem Leben gehörte. Das Zusammenspiel von Skulptur und Foto verwischt die Spuren: Es ist das perfekte Bild der Sphinx."

Jean Lacouture

1982

Der Falklandkrieg

© Rafael Wollman/Gamma

→ DAMALS

2. April 1982: 5000 argentinische Soldaten landen auf den Falklandinseln, die 500 Kilometer vom Kontinent entfernt im Atlantik liegen und seit 1833 der britischen Krone unterstehen. Mit diesem Gewaltakt wollen die argentinischen Generäle, die seit 1976 eine blutige Diktatur ausüben, von der Krise im eigenen Land ablenken. Sie machen die Rechnung jedoch ohne Margaret Thatcher, die beschließt, die Falklands zurückzuerobern. Nach kurzem Krieg kapituliert die argentinische Armee. Diese Episode führt zum Ende der Diktatur und sichert der "Eisernen Lady" einen triumphalen Wahlsieg.

"Noch nie haben wir so viel für Fotos bezahlt."

Er kann es immer noch nicht fassen, wenn er von dem "Danach" erzählt. Als Rafael Wollman zurück nach Buenos Aires kommt, wird er von den Vertretern sämtlicher Fotoagenturen bestürmt: "Ich habe noch nie einen solchen Streß gehabt. Ich hatte meine Filme noch nicht einmal entwickelt, und man wollte sie mir schon zu Preisen abkaufen, von denen ich nicht einmal geträumt hätte!" Für die Summe von 50 000 Dollar macht Gamma schließlich das Rennen. Sofort geht man bei der Pariser Agentur daran, die Aufnahmen meistbietend zu verkaufen. In Frankreich kommen zwei Kunden in Betracht: *Paris Match* und *VSD*. "Die Verhandlungen dauerten eine ganze Nacht", erinnert sich François Siegel, der damals bei *VSD* arbeite-

Die Erniedrigung

RAFAEL WOLLMAN

"Ich habe noch nie so viel Streß gehabt."

DAS NENNT MAN "Schwein haben". Am 23. März 1982 trifft Rafael Wollman auf den Falklandinseln ein, um eine Reportage über Sitten und Gebräuche der "Folders" zu machen, wie die Nachfahren der englischen Piraten heißen, die dieses abgelegene Archipel einst eroberten. "Ich hatte schon eine Woche lang fotografiert, als ich im Radio eine Rede von Rex Masterman Hunt, dem britischen Gouverneur, hörte. Er kündigte die Invasion durch die argentinische Armee an. Das erschien geradezu unglaublich." Im Morgengrauen des 2. April nehmen 5000 Soldaten Port Stanley, die Hauptstadt der Falklands, ein. Ihnen gegenüber stehen die 80 Soldaten der britischen Garnison, die sich rund um die Residenz des Gouverneurs verschanzt haben. Nach einem kurzen Feuergefecht, bei dem ein argentinischer Offizier stirbt, nähert sich Vize-Admiral Gilabert mit einem weißen Tuch in der Hand und fordert die Briten auf, sich bedingungslos zu ergeben. Die Waffe in der erhobenen Hand, ergeben sich die Briten einer nach dem andern. In diesem Moment entsteht das Foto, das die größte Erniedrigung zeigt, die das Vereinigte Königreich jemals hinnehmen mußte. Man sieht drei englische Soldaten, die von einem stolzen und drohenden Argentinier in Schach gehalten werden, bevor sie entwaffnet und auf den Boden gezwungen werden, um sich durchsuchen lassen zu müssen. Rafael Wollman fotografiert unermüdlich bis zur Evakuierung der Briten: "Ich wußte, daß ich der einzige anwesende Journalist war, weil die Argentinier die Insel gesperrt hatten: Das war der größte Erfolg meiner Karriere!" ■

François Siegel

[...]te. "Der Gamma-Unterhändler fuhr pausenlos von einem Ende der Champs-Élysées zum anderen. Bei 150 000 Francs hatten wir angefangen, für 400 000 Francs bekamen wir die Bilder. In der Geschichte unseres Magazins war das der absolute Rekord." Die Zahl gibt eine Vorstellung von dem Profit, den Gamma weltweit eingestrichen hat. Rafael Wollman rechnet kurz nach: "Ich hatte gerade mit drei argentinischen Kollegen eine kleine Agentur gegründet. Dank meines Scoops konnten wir das Studio ausrüsten, und jeder von uns konnte sich eine Wohnung kaufen oder sein Haus abbezahlen."

1983

Arafat in seinem Bunker

© **Reza**/Sipa Press

→ DAMALS

1982: Israel marschiert im Libanon ein, wo sich Jassir Arafat, der 1970 aus Jordanien vertriebene Führer der PLO, niedergelassen hat. Nach wiederholten Massakern in den palästinensischen Lagern von Sabra und Chatila geht die PLO nach Tunis ins Exil. 1983 gelangt Arafat heimlich nach Tripoli im Nordlibanon, wo er von den Syrern und palästinensischen Dissidenten belagert wird. Es beginnt der lange Gang durch die Wüste, weitab von Palästina, wohin er nach den Vereinbarungen von Oslo 1994 im Triumphzug zurückkehren wird.

REZA

"Nie werde ich die Intensität dieses Blickes vergessen."

"NOCH NIE HATTE ICH Arafat mit einem solchen Blick fotografiert: Es war ein erschütternder Moment der Wahrheit, in dem man seine Einsamkeit, aber auch seine Entschlossenheit spürte." Reza, ein in Paris lebender Iraner, ist ein alter Weggefährte des PLO-Chefs. Der Sipa-Reporter, der auch für das *Time Magazine* arbeitet, ist Arafat auf der überstürzten Flucht von Beirut nach Tunis gefolgt. Ende Oktober 1983 arbeitet er im Libanon, als er beschließt, nach Tripoli zu fahren, wo die Männer der PLO seit Ende September eingekesselt sind. Kaum im Hauptquartier der Palästinenser eingetroffen, teilt man ihm mit, daß der "Alte" eine Pressekonferenz abhalten werde und es danach "eine Überraschung" gäbe. "Aus Sicherheitsgründen geben sie Arafats Programm immer erst in letzter Sekunde bekannt", erklärt Reza. Es geht zum Palästinenserlager Bedaoui, wo sich die Anhänger der Fatahpartei verschanzt haben. "Es waren etwa 50 Personen, darunter ein Dutzend Journalisten. Arafat und Abu Jihad, sein Verteidigungsminister, inspizierten gerade die Front, als die Syrer von den benachbarten Hügeln aus das Feuer eröffneten. Der Sicherheitsdienst schickte alle sofort in den nächstgelegenen Bunker. Ich war der einzige, der diesem Aufruf nicht gefolgt ist. In meinem Beruf habe ich es mir zum Prinzip gemacht, nicht dorthin zu laufen, wo alle hinlaufen. Die Kugeln pfiffen über mich hinweg, und in wenigen Sekunden sah ich, was im Bunker los war: Arafat blickte durch einen Sehschlitz. Ich habe fünf Fotos gemacht. Die Intensität dieses Blickes werde ich nie vergessen." ■

Phönix

"Manchmal benötigen Fotos keinen Text; diese Aufnahme gehört dazu." Arnold Drapkin, der als Rentner in Florida lebt, leitete über 30 Jahre lang den Fotodienst von *Time Magazine*: "Ich erinnere mich sehr gut an den Moment, als das Bild bei der Zeitung ankam. Wir waren schon beim Umbruch und hatten keine wirklich guten Fotos. Ich wußte, daß Reza in Tripoli war und wartete ungeduldig auf sein Material, das mit der Concorde aus Paris kam. Als ich die Aufnahme dann auf dem Leuchttisch sah, war ich so aufgeregt, daß ich alle Mitarbeiter zusammentrommelte, um ihnen zu zeigen, was ein perfektes Foto ist. Es resümiert nicht nur die historische Situation, sondern ist auch ein exzellentes Porträt von Arafat, der sich wie ein Phönix immer wieder aus der Asche erhebt. Ich habe es als eines der besten Fotos des Jahres 1983 in unserer Jahresbeilage veröffentlicht."

Arnold Drapkin

"Eines der besten Fotos des Jahres 1983"

"Das Symbol des militärischen Chefs"

"Präsident Arafat mag dieses Foto sehr", sagt Leila Shahid, die die palästinensische Delegation in Frankreich leitet. "Während des nationalen palästinensischen Rates, der kurz darauf in Jordanien tagte, schenkte Reza ihm einen Abzug. Um aber die sieben Leben unseres Präsidenten darzustellen, benötigt man mehrere Fotos: Arafat als Student, Arafat vor der UNO, mit der Pistole im Halfter und einem Olivenzweig in der Hand, Arafat, der die Hand von Itzhak Rabin schüttelt… Dieses Foto symbolisiert den militärischen Chef, der sich bei all den palästinensischen Kämpfern aufgrund seines Mutes durchgesetzt hat. Außerdem erinnert dieses Foto daran, daß erst der bewaffnete Kampf den Weg für die Diplomatie freigemacht hat."

Leila Shahid

1983

Sizilianische Chroniken

© Franco Zecchin

→ DAMALS

September 1982: General Dalla Chiesa, Präfekt von Palermo, wird von der Cosa Nostra ermordet. Italien verabschiedet das erste Anti-Mafia-Gesetz: Die Aufhebung des Bankgeheimnisses und Isolationsverhöre werden möglich. 1986 beginnt der "Maxi-Prozeß", dem unter anderen Giovanni Falcone als Richter vorsitzt. 474 Personen werden angeklagt. 1992 wird Falcone Opfer eines Attentats, angestiftet von Tino Riina. In Palermo demonstrieren 300 000 Italiener: Das Ende der Omerta, dem Gesetz des Schweigens, führt zu einer umfassenden Mobilisierung gegen "die Krake".

FRANCO ZECCHIN

"Die Bevölkerung wohnte dem Blutbad schweigend und voller Furcht bei."

Auge um Auge

AM 15. NOVEMBER 1983 hat Franco Zecchin Bereitschaftsdienst bei der Zeitung *L'Ora*, als er einen Funkspruch der Polizei auffängt, im dem ein Mord in einem Randbezirk von Palermo gemeldet wird. "Damals befand sich der Krieg zwischen den verschiedenen Mafia-Clans auf dem Höhepunkt", erzählt er, während er mit großen Schritten eine gewundene Gasse hinaufgeht. "Täglich passierten ein oder zwei Morde, die Bevölkerung ließ dieses Blutbad schweigend und voller Furcht geschehen." Der Fotograf fährt mit der Vespa zum Tatort, an dem ein Dutzend Menschen zusammengekommen ist. "An dieser Steinmauer war es", deutet er heute auf die Stelle. "Im Vordergrund lag die mit einem weißen Laken bedeckte Leiche von Benedetto Grado in einer Blutpfütze. Und dann die Mutter und seine beiden Töchter, schwarz gekleidet und kraftlos inmitten der Polizisten und Beamten. Ich spürte, daß ich ein sehr starkes Bild machen konnte, wenn es mir gelang, die Szene zu 'reduzieren': Ich stellte mich so hin, daß ich nur die drei Frauen in ihrem stummen und resignierten Schmerz im Sucher hatte." Anschließend eilt Franco Zecchin in die Redaktion, um den Umbruch für die Abendausgabe nicht zu verpassen. Er legt die gerade entwickelten Fotos auf den Schreibtisch des Chefredakteurs: "Der nahm das erste Bild, schnitt es zurecht, und fertig war die Aufnahme für die Nummer!" Aber es war nicht DAS Bild: "Später habe ich die Kontaktstreifen genauer betrachtet: Erst jetzt bemerkte ich das einzigartige Foto, auf dem sich das Gesicht der Frau in der Blutlache spiegelt." ■

"Eines Tages war das Maß voll", erzählt Franco Zecchin. "Mit meiner Freundin Lettizia Battaglia, Journalistin bei *L'Ora*, und einigen Freunden beschlossen wir, dem Massaker um uns herum nicht länger tatenlos zuzusehen. Zu viele Menschen – Journalisten, Beamte, Politiker –, deren soziales Engagement wir schätzten, waren gestorben. Deshalb gründeten wir 1979 das erste Anti-Mafia-Zentrum von Palermo." Sein Name: "Impastato", als Hommage an einen Ermordeten, der den Einfluß der "Ehrenwerten Gesellschaft" in seinem Heimatort denunziert hatte. Das Ziel: Zum Nachdenken über die Mafia anzuregen. Es wurden Wanderausstellungen organisiert, die deren "wahres Gesicht" zeigten: "Wir sammelten alle Fotos von Mordopfern, die im Laufe der Jahre in der Presse veröffentlicht worden waren. Zusammen gezeigt, war die Wirkung beträchtlich: Manche trauten sich nicht einmal, anzuhalten und sie anzugucken, weil sie ahnten, daß es sie dazu bringen würde, die Mafia zu verdammen. Genau das wollten wir: Das allgemeine Einverständnis, von dem die Mafia noch profitierte, und das Schweigen, auf dem ihre Macht basierte, brechen! Die Fotografie ist eine direkte Sprache, die jeden, egal welcher Herkunft, erreicht. Nach und nach bildete sich eine Anti-Mafia-Kultur heraus, die heute, zwanzig Jahre später, zu einer starken Bewegung in der Gesellschaft geworden ist."

"Die Geburt einer Anti-Mafia-Kultur"

"Als würden 100 oder 1000 Menschen sprechen."

Es war wie eine Art Erdbeben: 1992 lanciert die Firma Benetton eine Werbekampagne unter dem Motto "Schockrealität", in der – koloriert – das Foto von Franco Zecchin verwendet wird. Michela Buscemi, seit dem Tod ihrer zwei Brüder 1986 Mitglied der Bewegung "Frauen gegen die Mafia", entdeckt das Foto auf einer großen Werbetafel: "Als ich das Bild sah, verspürte ich einen unwahrscheinlichen Zorn. Am meisten hat mich das Gesicht der Frau berührt, das sich im Blut des Toten spiegelt: Ich glaubte, mich selbst mit meinen toten Brüdern zu sehen. Dieses Foto ist zur Stimme derjenigen geworden, die gegen die Mafia kämpfen: Es ist, als würden 100 oder 1000 Menschen sprechen."

Michela Buscemi

1984

Olympiade in Los Angeles

© **David Burnett**/Contact Press Images

→ DAMALS

Juli 1984: Vom Ostblock boykottiert, werden in Los Angeles die Olympischen Spiele eröffnet. Die Läuferin Mary Decker, seit ihrem Triumph bei den Weltmeisterschaften in Helsinki im Vorjahr "die Göttliche" genannt, ist die große Hoffnung Amerikas. Sie startet den 3000-Meter-Lauf an der Seite von Zola Budd – und stürzt auf halber Strecke. Die Rumänin Maricica Pulca gewinnt in 8:35,96 Gold. Ein junger Sprinter beherrscht die Spiele: Carl Lewis gewinnt in Abwesenheit der Sowjetunion vier Goldmedaillen.

DAVID BURNETT

"Ich konnte nicht glauben, was ich im Sucher sah: Mary Decker ist gestürzt."

ER WAR KEIN SPORTFOTOGRAF, und das war sein Glück. "Man muß immer aufpassen, wo sich Burnett plaziert", sagt ein Kollege von der Agentur Gamma. "Er täuscht sich nie bei der Wahl seines Standortes. Es ist ganz einfach: Er ist der Beste." An diesem 10. August 1984 ist die Spannung im Coliseum aufgeladen: Es ist der Tag des 3000-Meter-Endlaufes der Damen, einer der Höhepunkte der Spiele von Los Angeles. Hunderte von Fotografen drängen sich an der Ziellinie: "Einige hatten seit 5 Uhr morgens gewartet", erzählt David Burnett. "Sie hatten mehrere Stative mit unzähligen Kameras und Objektiven aufgebaut. Der Versuch, mit ihnen zu rivalisieren, war sinnlos." Der Fotograf beschließt, die Strecke hochzugehen, um "etwa 50 Meter entfernt ein bequemes Plätzchen zu finden". In der fünften Runde des Laufs bemerkt er, wie Zola Budd versucht, sich vom Feld abzusetzen. Von Mary Decker flankiert, wird die junge Südafrikanerin in der Kurve auf die Außenbahn gedrängt. "Ich wechselte die Kamera, um eine kürzere Brennweite zu benutzen", sagt David Burnett. "Als die beiden auf mich zuliefen, konnte ich kaum glauben, was ich im Sucher sah: Es gab eine Art Zusammenstoß, und Mary Decker stürzte zu Boden. Ich nahm das Teleobjektiv, als die Sanitäterin ankam. Das Ganze dauerte 15 Sekunden: Mit dem Winder fotografierte ich durchgehend. Am Abend rief ich dann meine Frau an und sagte ihr: 'Ich habe eine gute und eine schlechte Nachricht: Die schlechte ist, daß Mary Decker gestürzt ist, und die gute ist, daß sie das genau vor meiner Nase getan hat.'" ■

Herzzerreißend

Man nannte sie die "Barfußläuferin". Zola Budd, in Südafrika geboren, das von der Olympiade ausgeschlossen ist, erhält innerhalb von zwei Wochen die britische Staatsangehörigkeit. "Betrug", schimpfen böse Zungen, die sie beschuldigen werden, Mary Decker ein Bein gestellt zu haben. Zola Budd – zunächst disqualifiziert, dann als Sechste plaziert – tritt vom internationalen Wettkampf zurück. "Das war der schwerste Moment in meinem Leben: Für mich war Mary ein Vorbild, und es war unerträglich, daß man mich verdächtigte, ihren Sturz provoziert zu haben. Ich weiß nicht, was damals passiert ist. Meine einzige Erinnerung daran ist die, die auch auf dem Bild enthalten ist: Die Wut auf ihrem Gesicht. Und ich spüre immer noch, daß sie gegen mich gerichtet ist."

"Ich spüre immer noch ihre Wut auf mich."

Zola Budd

Mary Decker

Zum ersten Mal ist sie bereit, über diesen verhängnisvollen Tag zu sprechen. Mary Decker gesteht, daß sie "das Foto jahrelang nicht sehen konnte". Zu viel Leid, Bedauern und auch Wut: "Man kann die Zeit nicht zurückdrehen. Es ist die totale Ohnmacht." Der olympische Traum wurde auf dem Rasen des Coliseums begraben. 1976 hatte eine Beinverletzung sie dazu gezwungen, die Olympiade am Fernseher zu verfolgen; vier Jahre darauf konnte sie aufgrund des amerikanischen Boykotts nicht in Moskau teilnehmen. 1984 endlich schlug ihre Stunde: Mary ist 25, mehrfache Weltmeisterin und weiß ganz Amerika hinter sich: "Der Druck war sehr stark, und wenn man dann einen Fehler macht, ist es noch schlimmer. Ich weiß nur noch eins: Ich wollte wieder aufstehen, aber ein furchtbarer Schmerz in der Hüfte hielt mich ab. Und das Rennen ging ohne mich weiter. Als das Foto dann erschien, warf man mir vor, daß ich geweint habe. Heute stehe ich dazu: Athleten sind keine Maschinen, sondern Menschen wie alle anderen auch. Dieses Foto hat zumindest ein Tabu gebrochen: Inzwischen habe ich auch Basketball-, Fußball- und Baseballspieler weinen sehen. Warum sollte ich nicht das Recht haben zu weinen?"

"Athleten sind Menschen wie alle anderen auch."

1985

Das Mädchen aus Armero

© **Frank Fournier**/Contact Press Images

FRANK FOURNIER

"Es war einer der schmerzhaftesten Augenblicke meiner Karriere."

Omayra

→ DAMALS

Mittwoch, 13. November 1985: Der kolumbianische Vulkan Nevado del Ruiz bricht aus. Zwanzig Millionen Kubikmeter Vulkanasche und -gestein ergießen sich auf die Gletscher und setzen dadurch enorme Wassermengen frei, die ins Tal strömen. Brücken, Straßen, Dörfer: Nichts widersteht dem sintflutartigen Strom, der zwei Stunden später die kleine Stadt Armero vernichtet. Da es keinen Evakuierungsplan für dieses Gebiet gibt, kommen 24 000 Menschen ums Leben, Zehntausende werden heimatlos. Es ist einer der mörderischsten Vulkanausbrüche des Jahrhunderts.

"DIESES KLEINE MÄDCHEN hat die Verantwortungslosigkeit der Politiker mit seinem Leben bezahlt. Wenn ich es wieder machen müßte, würde ich das Foto noch einmal machen." Die Stimme belegt, fällt es Frank Fournier schwer, über Omayra, die kleine Kolumbianerin aus Armero zu sprechen, deren Bild die ganze Welt erschüttert hat. Am Samstag nach der Katastrophe trifft der Fotograf morgens um 6 Uhr einen Bauern, der ihn zu einem schlammigen Tümpel führt. Aus der Kloake, in der sich Trümmer angestaut haben, ragt der Kopf eines Mädchens. Omayra Sanchez, 12, klammert sich an einen Holzpfahl; seit zwei Tagen und drei Nächten steckt ihr Körper im Schlamm, ihre Beine sind im Dachgestühl des Hauses eingeklemmt. Ein Kran, um die Trümmer anzuheben, und eine hydraulische Pumpe, um den Wasserstand zu senken, wären das einzige, was sie retten könnte. Der Kran trifft niemals ein, die Pumpe kommt zu spät. "Fast hätte ich gar kein Foto gemacht, denn es war so unerträglich. Dann sagte ich mir, daß es meine Pflicht ist, Zeugnis abzulegen, und daß ich auf der Höhe ihres Mutes sein mußte, mit dem sie dem Tod begegnete." Omayras Haut ist durchsichtig, ihre Augen sind vor Erschöpfung gerötet, ihre Hände fast schneeweiß. Zwischendurch lächelt sie. Sagt, daß sie in die Schule muß. Bittet die Helfer, mit ihr zu beten. Gegen 9 Uhr hat sie einen Herzanfall. Die Retter versuchen eine Herzmassage, aber es ist zu spät. "Um 9.16 Uhr legte sie den Kopf zurück und starb." ■

Das Foto von Omayra ruft in der ganzen Welt hitzige Diskussionen hervor. Zielscheibe ist der Fotograf, den man eines Voyeurismus um des Geldes und Erfolgs willen beschuldigt. "Die Leute haben mit der gleichen Heftigkeit auf das Bild reagiert wie ich auf die Situation", meint Frank Fournier. "Unter dem Deckmantel einer ethischen Debatte war ich der gefundene Sündenbock. Diese Polemik war das Ventil für ein kollektives Schuldgefühl angesichts der Unfähigkeit, die Rettung zu organisieren." In Kolumbien führt das Foto zu einer "großen Solidaritätsbewegung mit Omayras Mutter", erzählt der Journalist German Santamaria. Zum Zeitpunkt des Dramas hielt sich Maria Sanchez gerade in Bogota auf, durch das Fernsehen erfuhr sie vom Leid ihres Kindes ... Außerdem bewirkt das Bild, daß ein Katastrophenplan erstellt wird. Was die ethische Debatte betrifft, so verabschiedet Kolumbien ein Gesetz, das die Veröffentlichung von Bildern verhafteter Minderjähriger oder Katastrophenopfer verbietet. "Doch wenn sich so etwas wiederholen sollte", meint German Santamaria, "würden die Journalisten darüber hinweggehen, denke ich. Die kleine Omayra ist eine Nationalheldin: Diejenigen, die sie erlebt haben und dann sterben sahen, werden sie niemals vergessen können. Und seitdem sind wir stärker geworden, älter und demütiger."

German Santamaria

"Omayra ist eine Nationalheldin geworden."

Aids

© **Alon Reininger**/Contact Press Images

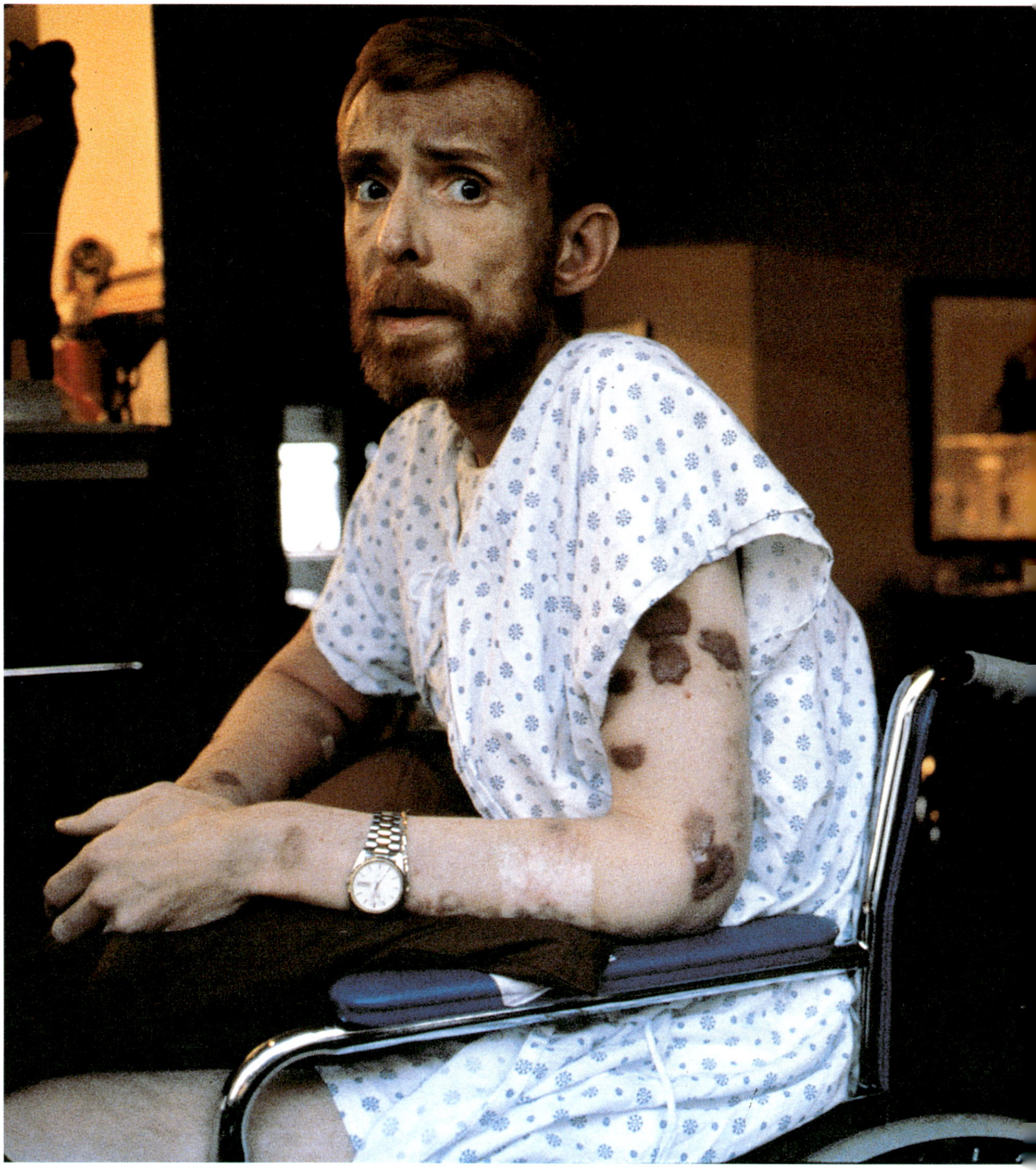

→ DAMALS

1981: Die Welt erfährt von einer seltsamen Krankheit, die "Schwulenkrebs" genannt wird, und deren Opfer männliche Homosexuelle in Los Angeles und New York sind. Sofort beginnen die amerikanischen Homosexuellen einen Kreuzzug gegen die Krankheit, die eine der größten Epidemien des Jahrhunderts werden sollte. Der Beginn des Aids-Zeitalters wird von der Furcht vor der Ansteckung geprägt: Der 1983 identifizierte Virus macht vor keinem Menschen halt. 1997 hat Aids 12 Millionen Opfer gefordert; 30 Millionen Menschen vor allem in den Entwicklungsländern haben sich infiziert.

"Das 'visuelle Geheimnis' mußte gelüftet werden."

Der Schriftsteller und Schwulen-Aktivist Larry Kramer ist die Galionsfigur der amerikanischen Anti-Aids-Bewegung. Als Mitbegründer von "Act Up" überzeugt er Alon Reininger davon, über dieses Thema zu berichten: "Zu Beginn der achtziger Jahre galt Aids in der Öffentlichkeit als Schande, und die Kranken starben ohne Beistand in völliger Einsamkeit. Man hatte panische Angst vor der Krankheit, ohne jemals einen Kranken gesehen zu haben. Dieses 'visuelle Geheimnis', das Aids umgab, mußte gelüftet werden. Reininger stieß aber auch innerhalb der Schwulenbewegung auf großen Widerstand, da das Klima durch die sensationslüsterne oder moralisierende Berichterstattung aufgeheizt worden war. Sein Trumpf war, daß er es nicht eilig hatte. Er nahm sich Zeit, um wirkliche Kontakte zu knüpfen, bevor er fotografierte. Dank dieser Aufnahme sind die Aidskranken wieder zu menschlichen Wesen geworden. Alon Reininger hat mehr für den Kampf gegen Aids getan, als es tausend Reden vermögen würden."

Larry Kramer

Ich … habe …

ALON REININGER

"Um dieses Foto zu machen, brauchte ich nicht zu fragen. Ken war bereit…"

DAS IST DIE GESCHICHTE eines Fotos, das die ganze Welt erstarren ließ. Sogar in China wurde es für eine Aufklärungskampagne benutzt. Man sieht einen erschreckend mageren Mann, dessen Arme von furchtbaren Flecken übersät sind. "Ein Kaposi", sagen die Spezialisten, ein Hautkrebs, der für Aids im Endstadium charakteristisch ist. Der Mann hieß Ken Meaks. Er war der erste amerikanische Kranke, der sich dank der Beharrlichkeit von Alon Reininger fotografieren ließ. Seit 1981 interessiert sich der Fotograf für die "seltsame Krankheit". "Damals herrschte in den USA eine kollektive Hysterie, die sich in einer starken Schwulenfeindlichkeit ausdrückte." Reininger lernt Ken, einen Lehrer aus San Francisco, und seinen Freund Jack kennen. Beide engagieren sich im Kampf gegen Aids. Demonstrationen, Krankenhausaufenthalte, die Hochzeit des Paares … Tag für Tag fotografiert Reininger ihr Leben. Weihnachten 1985: "Zum erstenmal zeigte mir Ken seine Kaposi-Flecken. Es war ein entsetzlicher Anblick. Ich sagte zu ihm: 'Denkst du nicht, daß die Menschen das sehen sollten?' Aber er wollte nicht fotografiert werden." Reininger muß mit dem Foto bis zum Herbst 1986 warten. Ken, der weiß, daß seine Tage gezählt sind, ruft Alon in New York an: "Ich nahm den ersten Flug, denn ich wußte, daß dies das Ende war. Er saß neben dem Fenster in der Küche, und um dieses Foto zu machen, brauchte ich nicht zu fragen. Ken war bereit…" ■

1986

Die Katastrophe von Tschernobyl

© Igor Kostin

→ DAMALS

26. April 1986: Der Reaktor Nr. 4 des Atomkraftwerkes von Tschernobyl explodiert. Eine riesige Strahlenwolke zieht über die UdSSR und verseucht vor allem die Ukraine und Weißrußland. Nach zweitägigem Schweigen evakuieren die sowjetischen Behörden schließlich 350 000 Menschen. 600 000 Soldaten werden eingesetzt, um den Ort zu säubern und die Reaktorreste unter einer Betondecke zu begraben. Offiziell starben bei der Explosion 31 Menschen, aber zwölf Jahre später geht die Zahl der Verseuchten in die Tausende.

IGOR KOSTIN

"Ich will, daß man nie vergißt, welche Opfer diese Männer gebracht haben."

Räumkommando

JULI 1986. Novosti-Fotograf Igor Kostin beschließt, ein Räumkommando auf das Dach von Block Nr. 3 zu begleiten, der an den zerstörten Reaktor grenzt. "Die Strahlung war enorm. Ohne einen Führer mit Geigerzähler wäre ich überhaupt nicht auf das Gelände gekommen. Tastend bewegten wir uns vorwärts und suchten uns vor dem fatalen, aber unsichtbaren Übel zu schützen." Die achtköpfigen Räumkommandos auf dem Dach wechseln sich alle 40 Sekunden ab. Mit Bleiwesten ausgerüstet, zucken die Männer, eine Schaufel in den Händen, zurück, sobald die Sirene aufheult. Zeit genug, um eine Schippe Schutt in den Krater zu schaufeln, den die Explosion gerissen hat. Innerhalb einer Woche kehrt der Fotograf fünfmal für je 2 oder 3 Minuten auf das Dach zurück. "Alle meine Filme waren schwarz. Ich steckte also meine Nikon in eine Bleiverkleidung und schnitt die Filme in 20 Zentimeter lange Streifen, die ich unterschiedlich lang belichtete. Heute liegen vier von meinen Kameras auf dem Nuklearfriedhof." Das Foto von Tschernobyl geht um die Welt: Es zeigt drei Männer inmitten der Apokalypse. Auf dem unteren Teil des Bildes sieht man weiße Schwaden: "Das sind radioaktive Wellen. Ich will, daß man nie vergißt, welche Opfer diese Männer gebracht haben." ■

"Ich fotografiere alles", sagt Igor Kostin. "Die Wissenschaftler müssen das ihre tun."

Er sagt, Tschernobyl sei seine "Droge", bevor er einen weiteren Wodka hinunterkippt. Dann zeigt er auf die Fotos, die ausgebreitet vor ihm liegen. "Ich hoffe, daß meine Arbeit die kommenden Generationen von dem Horror verschont." Sein erstes Bild von der Katastrophe machte Igor Kostin einige Stunden nach der Explosion: Über der Reaktorruine öffnet er die Luke des Hubschraubers, um fotografieren zu können. Sein "Wahnsinn" bringt ihm 1987 den World Press Award ein. Seitdem hat er mit minutiöser Besessenheit "alles fotografiert": Fohlen mit acht Hufen, die Mutation von Bäumen oder Äpfeln. Und totgeborene Kinder, denen Hände mit Schwimmhäuten aus den Schultern wachsen, Babies ohne Beine und Arme, Kinder, die an Schilddrüsenkrebs erkrankt sind (800 Fälle wurden aktenkundig), die Soldaten der Räumkommandos, die an Leukämie erkrankten (über 60 000 Menschen sollen daran gestorben sein) oder an "posttraumatischem Streß" leiden. "Ich fotografiere alles. Die Wissenschaftler müssen das ihre tun." Wegen "Schilddrüsenbeschwerden" war er bereits mehrmals im Krankenhaus, darunter einen Monat in Hiroshima. Aber Fragen nach seiner Gesundheit weicht er aus. "Ich habe die fünffache Dosis abbekommen, aber wir Moldawier sterben als Hundertjährige!" Seine Pläne? "Einen Verleger für ein Buch zu finden, und ein Kind mit seiner Frau Alla bekommen."Wir hatten gerade die dritte Fehlgeburt…", murmelt er.

"Ich hoffe, daß meine Arbeit die kommenden Generationen von dem Horror verschont."

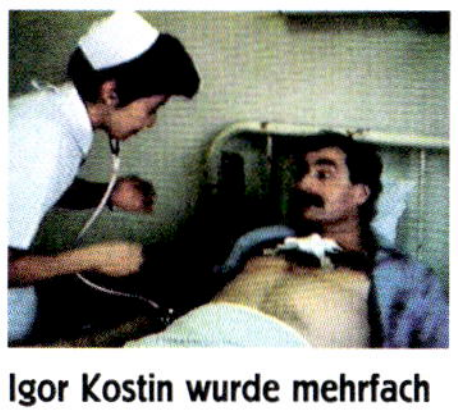

Igor Kostin wurde mehrfach an der Schilddrüse operiert.

1989

Der Fall der Berliner Mauer

© Raymond Depardon/Magnum Photos

→ DAMALS

1989: Durch Osteuropa weht der Wind der Perestroika. Ungarn wird zum Vorreiter der Liberalisierung, indem es seine Grenze zu Österreich öffnet. Sofort strömen Tausende Ostdeutsche zu diesem Loch im "Eisernen Vorhang", um in die Bundesrepublik zu gelangen. In der DDR nehmen die Demonstrationen zu und erzwingen den Rücktritt Erich Honeckers. Von Michail Gorbatschow unterstützt, kommt es am 9. November 1989 zum Fall der Berliner Mauer, die den Sturz der Regime in der Tschechoslowakei, Bulgarien und Rumänien vorwegnimmt. Ein Jahr darauf ist Deutschland wiedervereinigt.

RAYMOND DEPARDON

"Ich suchte die Wut, die das Ende der größten Dummheit des Jahrhunderts ausdrückte."

Der Exorzist

"IN DIESEM BERUF muß man wie ein Cowboy sein: bewaffnet und stets bereit zu schießen!" sagt Raymond Depardon. "Fast hätte ich das Foto verpaßt. Es war eine Sache von Sekunden." Das war am 10. November 1989. In der Nacht ist die Berliner Mauer wie eine reife Frucht ohne Tote und Verletzte gefallen. Als der Fotograf in Berlin eintrifft, ist die ganze Stadt auf den Beinen. "Ich kannte Berlin und seine unglaubliche Fähigkeit, in der Gegenwart zu leben. Ich war beim Mauerbau dort gewesen, beim Kennedy-Besuch und als Königin Elizabeth in der Stadt war, aber noch nie hatte ich das Gefühl gehabt, wirklich einen historischen Augenblick zu erleben." Hunderttausende Schaulustige drängen sich zwischen Checkpoint Charlie und dem Brandenburger Tor: Beherrschte Freude bei den Ostdeutschen in "falschen Blue Jeans und dunklen Parkas", überschäumende Ausgelassenheit bei ihren Vettern aus dem Westen in "Pelzmänteln oder Lederjacken". Umarmungen, Tränen, frenetisches Klopfen von Hammer und Meißel, mit denen die Menschen unter den ungläubigen Blicken der Polizei dem Beton auf den Leib rücken. "Das alles war mir fast zu kontrolliert, zu nett", sagt Depardon. "Es fehlte mir die Wut, die das Ende der größten Dummheit des Jahrhunderts ausdrückte." Das "Wunder" ereignet sich unweit des Potsdamer Platzes. Ein "lauter Schrei" zerreißt den blauen Himmel: "Man konnte meinen, es wäre ein Vogel, ein Außerirdischer oder ein Besessener. Ich drehte mich um und fotografierte. Ich lud nach, aber es war schon vorbei. Ich hatte gefunden, was ich suchte, und bin nach Paris zurückgefahren." ■

"Ich bin ein heftiger Verteidiger des fotografischen Ausdrucks, denn er gehört zu den Grundlagen der Demokratie: Wenn er verschwindet, ist das der Beginn des Schweigens und des Totalitarismus." Raymond Depardon wählt in seinem Pariser Loft sorgsam die Worte. Als unabhängiger Fotograf und Filmemacher ist der "Bildermann" auf der "Suche nach dem Anderen" viel herumgekommen. "Ich mag dieses Foto sehr, weil es mir ähnelt", sagt er: "Ich bin ein Einzelgänger und kann keine Menschenmengen fotografieren. Hier ist es mir gelungen, einen Menschen zu isolieren, der alle Menschen um sich herum symbolisiert. Ich sage es offen: Ich möchte diesen jungen Mann nicht kennenlernen. Man muß auch weiterhin Bilder von Unbekannten an öffentlichen Orten machen können, denn die authentischsten und wirklichkeitsgetreuesten Fotos sind diese Momentaufnahmen, die sogenannten gestohlenen Bilder. Natürlich gibt es das Urheberrecht, aber es ist da, um sich gegen Manipulationen oder Mißbrauch zu schützen. Die Fotografie ist ein wichtiger historischer Zeuge. Sie ist die Eloge des Wirklichen und Gegenwärtigen. Sie ist ein Schrei, den man nicht ersticken darf."

"Die Fotografie ist ein Schrei, den man nicht ersticken darf."

"Von da oben schrie ich: Revolution!"

Er hat keine Punkfrisur mehr, sondern trägt ein Kopftuch, einen Ring im Ohr und einen in der Nase. Armin Strauch hat Berlin verlassen und lebt in Südbayern. Von Beruf ist er Gärtner, sein Hobby sind Collagen: "Diese mag ich am liebsten", sagt er und zeigt auf eines seiner Werke, die in dem Café, in dem wir uns treffen, ausgestellt sind. "Die habe ich mit *meinem* Foto gemacht! Diesen Moment werde ich nie vergessen: Ein Kumpel und ich wollten uns ein Stück von der Mauer holen, aber die Bullen nahmen uns den Hammer ab. Also hat mein Kumpel eine Räuberleiter gemacht, und bei der Vorstellung, etwas zu tun, was am Vortag noch tödlich gewesen war, mußte ich jubeln! Die Vopos befahlen mir, herunterzukommen, da die Mauer Eigentum der DDR wäre! Und da schrie ich: REVOLUTION! Ich bin dann aus Berlin weggegangen, weil die Stadt nicht mehr dieselbe war. Mit der Mauer gab es mehr Verständnis und Solidarität zwischen den West- und Ost-Berlinern. Der Beton ist verschwunden und hat einer unsichtbaren, noch perverseren Mauer Platz gemacht: Und auf diese Mauer kann man sich nicht setzen ..."

Armin Strauch

1989

Tiananmen

© Stuart Franklin/Magnum Photos

Totem

STUART FRANKLIN
"Das Fernsehen hat das Bild groß gemacht."

→ DAMALS

Mai 1989: Durch Michail Gorbatschows Besuch ermutigt, demonstrieren Hunderttausende Chinesen und fordern mehr Demokratie und den Kampf gegen die Korruption. Vorneweg: die Studenten, die den Tiananmen, den Platz des "Himmlischen Friedens", besetzen und in den Hungerstreik treten. Das Regime schwankt zwischen Befürwortern des Dialoges und den konservativen Vertretern der harten Linie. In der Nacht zum 4. Juni befiehlt Deng Xiaoping die Räumung des Platzes durch Panzer. Die Repression ist grausam: Man zählt über 1000 Tote und zahllose Verhaftungen.

"OHNE DAS FERNSEHEN wäre das Bild nicht in die Geschichte eingegangen." Stuart Franklin, der auf der Terrasse oberhalb der Shanghai-Avenue in Peking steht, läßt sich nicht davon abbringen: "Es ist wirklich kein gutes Bild, weil ich viel zu weit entfernt war." Aus gutem Grund: Es war am Morgen des 4. Juni 1989, unmittelbar nach dem Blutbad auf dem Platz des Himmlischen Friedens. Während die Armee den Platz abriegelt, auf dem so viele Hoffnungen keimten, werden die Journalisten im Hotel Beijing unter Arrest gestellt. "Die Sicherheitskräfte kontrollierten das gesamte Hotel und ließen uns nicht heraus", erzählt der Fotograf. Von seinem Balkon aus hat man jedoch einen Blick auf den Platz: "Mit eigenen Augen habe ich gesehen, wie die Soldaten auf unbewaffnete Studenten schossen. Ich war wahnsinnig frustriert, daß ich nicht näher rankonnte, um das mit der Kamera zu dokumentieren. Dann verließen die Panzer den Platz. In diesem Moment bemerkte ich einen jungen Mann, der sich vor die Kolonne stellte. Mindestens eine Viertelstunde lang diskutierte er mit den Panzerführern. Das war unglaublich mutig, ein äußerst dramatischer Moment: Man rechnete jeden Moment damit, daß ihn die Panzer überrollen würden. Mit dem Teleobjektiv habe ich vier oder fünf Filme verschossen, und jedesmal, wenn ich den Film wechselte, hatte ich Angst, etwas zu verpassen. Schließlich haben Demonstranten den Unbekannten geholt, und er verschwand in der Menge." Und dank einer mutigen französischen Studentin gelangt das Foto auf dem Boden einer Teedose nach Paris. ■

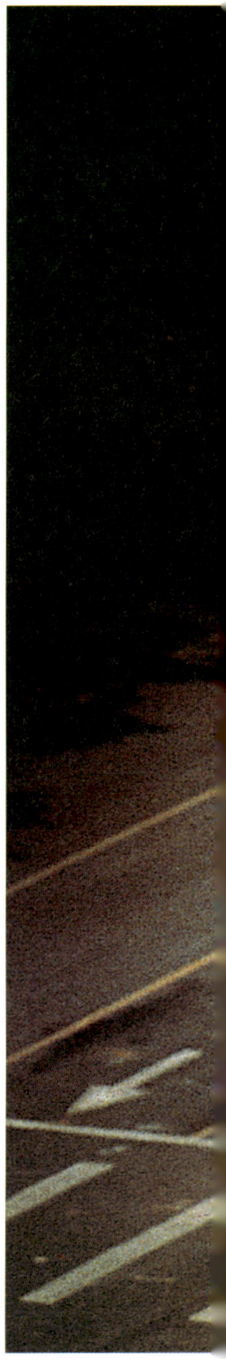

Er war 20 Jahre alt und einer der Helden vom Platz des Himmlischen Friedens. Auf Fernsehbildern sieht man ihn mit einem roten Stirnband und einem Megaphon, wie er zur Menschenmenge spricht. Wang Dan, Mitbegründer der unabhängigen Studentenorganisation von Peking, saß sieben Jahre im Gefängnis, bis er im April 1998 in die USA abgeschoben wurde. In seinem Büro der Human Rights Watch im 34. Stock des Empire State Buildings in New York gibt der junge Mann mit erstaunlicher Zurückhaltung Interviews: "Meine Freunde und ich haben alles versucht, um den Unbekannten auf dem Foto zu finden. Ich hätte gern den Mann kennengelernt, der uns so gut verkörperte. Es ist wahrscheinlich ein Arbeiter, denn wäre er Student, hätte ihn unsere Organisation gefunden. Gerüchten zufolge heißt er Wang Wei Min und stammt aus der Provinz Hunan, aber das können wir nicht bestätigen. Jedenfalls ist es gut, daß er von hinten fotografiert wurde, das hat ihn sicherlich geschützt. Der Gipfel ist, daß die chinesische Regierung dieses Foto benutzt hat, um zu sagen: Seht her, wir unterdrücken niemanden. Daß der Panzer diesen Mann nicht überfahren hat, ist der Beweis."

Wang Dan

"Den Mann auf dem Foto haben wir nie identifiziert."

1991

Die Autobahn des Todes

© **Jacques Langevin**/Sygma

→ **DAMALS**

2. August 1990: Der Irak besetzt Kuwait. Am 17. Januar 1991 beginnt die Operation "Desert Storm". An der Spitze der Koalition von 32 Ländern, die mit der Zustimmung der UNO handelt: die USA, die 500 000 Soldaten in den Persischen Golf entsendet. 750 Journalisten aus aller Welt sind beim Pentagon akkreditiert, das die Pressearbeit kontrolliert und organisiert. In den 47 Tagen des Golfkriegs werden 80 000 Tonnen Bomben über Kuwait und dem Irak abgeworfen. Die Bilanz: 300 000 Tote auf irakischer Seite, 200 bei den Alliierten.

JACQUES LANGEVIN

"Fuck the pool!"

Freischärler

"ICH HABE SECHS MONATE aus dem Golf berichtet, aber erst zum Schluß begriff ich, daß es sich wirklich um einen Krieg handelt." Am 27. Februar 1991 ist Sygma-Fotograf Jacques Langevin bei der Befreiung von Kuwait City dabei. Am selben Tag beschließt er, die Autobahn zur irakischen Grenze zu nehmen. Es herrscht eine Atmosphäre wie bei einer Sonnenfinsternis: Vor seinem Rückzug hat Saddam Hussein die Ölquellen in Brand stecken lassen, und der Himmel ist rauchgeschwärzt; nur hier und da scheint die Sonne durch. "Ich kam zu einem riesigen Autofriedhof. Dort gab es alles: Krankenwagen, Panzer, Autos mit Waschmaschinen und Kühlschränken auf dem Dach. Ich hörte Radios spielen, laufende Motoren – es war, als hätte man die Insassen weggezaubert." Einige Stunden zuvor war dieser irakische Flüchtlingskonvoi auf dem Weg nach Bagdad von den Amerikanern bombardiert worden: Zivilisten und Soldaten hatten sich auf dieser Hauptverkehrsader gedrängt, die als "Autobahn des Todes" in die Geschichte eingeht. "Ich hatte eine heftige Gefühlsaufwallung, als ich die verkohlte Leiche dieses Mannes sah. Das ist das einzige Bild, das mir von dem Golfkrieg in Erinnerung geblieben ist. Ein echtes Paradox: Kein Krieg in diesem Jahrhundert ist so durch die Medien und für die Medien inszeniert worden – mit einer Armada von Journalisten, die über die neuesten Technologien verfügten, aber es ist praktisch kein Bild übriggeblieben. Wie im Ersten Weltkrieg zeigte uns die Propaganda einen sauberen, gesichtslosen Krieg. Und deshalb sage ich: Fuck the pool!" ■

Jacques Langevin

Sein schelmischer Blick erinnert an einen Jungen, der jemandem einen gelungenen Streich gespielt hat. "Wollen Sie wirklich meine Verkleidung sehen?" fragt er und öffnet einen Schrank. Er holt eine amerikanische Uniform heraus, die er in Paris gekauft, und einen Helm, den er sich in New York bestellt hat. "In dieser Aufmachung wurden wir an jeder Straßensperre durchgewunken, und es fehlte nur noch, daß die saudischen Soldaten vor uns strammstanden!" Zehn Tage nach der irakischen Invasion trifft Jacques Langevin in Dharan ein. Er ist dabei, als "die amerikanische Armada auspackt. Das war eindrucksvoll, aber die Arbeit war für uns sehr schwer. Die Journalisten wurden von den Offizieren des Pentagon zu Pools zusammengefaßt, und man fuhr uns im Bus auf festgelegten Routen durch die Gegend." Als die Operation "Desert Storm" beginnt, ist Jacques Langevin drauf und dran, das Handtuch zu werfen. "Die europäischen Journalisten wurden systematisch auf die Wartelisten gesetzt. Jeden Morgen stand ich in der Hoffnung Schlange, daß ein Platz in den Pools freigeworden war. Es war unerträglich." Ein Dutzend Journalisten proben den Aufstand. Die Parole: "Fuck the pool", die härtere Version von "Freischärler-Fotografen": "Dank unserer Verkleidung konnten wir den Amerikanern entwischen und in die Wüste verschwinden!" Die Militärs nennen es die "Technik

"Dank unserer Verkleidung konnten wir den Amerikanern entwischen!"

des Untertauchens". Die Gruppe richtet sich in einer Tankstelle an der kuwaitischen Grenze ein. Der Plan: Mit den ersten Konvois ins Emirat zu gelangen, sobald der Bodenkrieg beginnt. Am 24. Februar läuft alles wie geplant: Die "Freischärler" sind bei den saudischen und amerikanischen Panzern, die auf Kuwait City zurollen, und fotografieren die sich auflösenden irakischen Truppen. Im Morgengrauen des 27. Februar sind sie Zeugen der Befreiung der Hauptstadt. Als am Nachmittag die Pressepools eintreffen, haben sie die Welt schon mit ihren Fotos überschwemmt.

1991

Die Schwarze Flut im Golf

© Sebastião Salgado/Amazonas/Contact Press Images

→ DAMALS

Es war die größte schwarze Flut des Jahrhunderts: Vor dem Rückzug aus Kuwait im Februar 1991 befiehlt Saddam Hussein die Zerstörung der Ölquellen: Über 650 Bohrlöcher brennen, 70 000 Tonnen Erdöl ergießen sich in den Golf. Die Löscharbeiten, die 2 Milliarden Dollar kosten, dauern elf Monate; die Kuweit Oil Company holt die Besten ihres Faches: Die texanischen Brandmeister Red Adair, Well Contril, Poots und Coot. Der letzte Brand wird im November 1991 gelöscht, aber die Umweltverschmutzung wird das Ökosystem der Region noch auf Jahre hinaus belasten.

SEBASTIÃO SALGADO

"Ich war von der übermenschlichen Leistung der Feuerwehrmänner fasziniert."

"ES WAR DIE HÄRTESTE Arbeit meines Lebens, aber am Ende war die bizarre Hölle des Erdöls zu meinem Zuhause geworden", erzählt Sebastião Salgado: "Es regnete Erdöl. Mitunter sah man 48 Stunden lang nicht den Tag. Ich arbeitete mit hochempfindlichen 3200-Asa-Filmen und war sehr sparsam, denn man konnte die Filme nicht wechseln, ohne daß Öl ins Gehäuse drang. Abends wusch ich mich mit Benzin: Nach einigen Tagen konnte ich mir die Haut in Streifen vom Leib ziehen … Ich war von der übermenschlichen Leistung der Feuerwehrmänner, die unter Einsatz ihres Lebens kämpften, fasziniert." In ihren Asbestanzügen klettern die Fire Fighters auf Bulldozer, um den Metallschrott zu entfernen, der auf die Bohrlöcher gehäuft worden war. Das alles unter einem ständigen Wasserstrahl, um sie vor der Hitze zu schützen. An den Rändern der Brandherde herrschen 1200 °C. Danach werden die Bohrlöcher gesprengt und die Brände gelöscht, wobei der geringste Funke eine neuerliche Explosion hervorrufen kann. Auf dem Ölfeld von Al-Ahmadi südlich von Kuwait City stößt Salgado auf einen "wundervollen roten Lastwagen", der der kanadischen Gesellschaft Safety Boss gehört. Unter der Leitung von Mike Miller versuchen die Feuerwehrmänner, ein Bohrloch mit einem neuen Ventil abzudichten. "Sie waren am Ende ihrer Kräfte", erinnert sich der Fotograf. "Einige von ihnen wurden wegen des durchdringenden Ölgestanks ohnmächtig, einer von ihnen wurde wirklich wahnsinnig. Ich fotografierte wie im Rausch, bis ich DIE Aufnahme hatte." ■

Die Hölle

"Sehe ich so aus, als ob ich bete?" Bei der Frage muß Mike Miller, der Chef der kanadischen Feuerwehrmänner, den man rechts im Bild sieht, lächeln. Acht Monate lang arbeiteten seine Männer im Schichtdienst rund um die Uhr: Eine Mannschaft von 12 Männern ist dreißig Tage im Dienst. Mike Miller stieß auf das Foto, als er in den Straßen von Amsterdam spazierenging: "Da hing ein riesiges Poster in einem Schaufenster. Ich ging darauf zu und sagte mir: Meine Güte, das bin ja ich! Zuerst erinnerte ich mich an den ohrenbetäubenden Lärm und an die glühende Hitze, die an den Bohrlöchern herrschte. Es war hart, sehr hart, aber wenn ich dieses Foto ansehe, spüre ich eine große Nostalgie: Es war das wichtigste Ereignis meines Lebens."

"Es war das wichtigste Ereignis meines Lebens."

Mike Miller

Sebastião Salgado ist zur Fotografie gekommen wie andere zur Religion. Der brasilianische Wirtschaftswissenschaftler findet seine Berufung, als er für die Internationale Kaffee-Organisation in London arbeitet. "Ich entdeckte die Probleme der Dritten Welt", erzählt er dreißig Jahre später, "und ich begriff, daß man darüber berichten muß, wenn man etwas ändern will." Von nun an zieht er rund um den Globus, um von dem Leben der Menschen zu erzählen, die Tag für Tag Geschichte machen. Sein Grundsatz: Abseits der Aktualität zu arbeiten, dort, wo "a priori nichts los ist". 1987 beginnt er ein monumentales Projekt über die Entwicklung des Handwerks – eine globale Saga, die in einem vielfach ausgezeichneten Buch erzählt wird: *Terra*. "Ich arbeitete über die Geschichte des Erdöls in Venezuela, als der Golfkrieg ausbrach", erzählt er. "Als er zu Ende war, ging ich zu den Teeplantagen in Ruanda. Ich bin nach Kuwait gefahren, um das Epos der Feuerbekämpfer zu erzählen." Das Foto der Feuerwehrmänner – wie Salgados gesamtes Werk in Schwarzweiß aufgenommen, da sich Ästhetik und Ethik so harmonischer verbinden – ist fast eine religiöse Ikone: "Was ich will, ist eine Hommage an den Menschen", kommentiert sein Urheber lediglich.

"Eine Hommage an *Terra*."

Die Hochzeit von Liz Taylor

© Phil Ramey/Ramey Photo Agency

→ DAMALS

Am 6. Oktober 1991 heiratet Liz Taylor den Maurer Larry Fortensky: Es ist die achte Hochzeit des Stars, 160 Gäste sind geladen, darunter die Ex-Präsidenten Ford und Reagan. Ein gefundenes Fressen für die "Paparazzi" – der Begriff wurde 1959 von Fellini geprägt. Seitdem haben die "Bilderdiebe" die Welt erobert. Die ausgefallensten Verstecke; Objektive, die 500 m weit reichen; ein Netzwerk von Informanten in Hotels und Reisebüros: ein lukratives Geschäft, das zugleich Anwälte hervorbringt, die darauf spezialisiert sind, die Stars zu verteidigen.

PHIL RAMEY

Phil Ramey: "Es ist kein gutes Foto, aber es ist das einzige!"

DER MANN IST EIN schlauer Kopf, und er ist stolz darauf: "In diesem Beruf", sagt er, "verdient derjenige, der am gerissensten ist." "Viel Geld", können wir hinzusetzen. Phil Ramey fährt fort: "Als ich erfahren habe, daß Liz Taylor wieder heiratet, habe ich in den Himmel gesehen und sah es Hundert-Dollar-Scheine regnen!" Unverzüglich mobilisiert er sein "Netz von Informanten": Die Diva wird auf der Ranch von Michael Jackson – 600 Hektar Landbesitz, verborgen im hintersten Kalifornien – in den Hafen der Ehe einlaufen. "Für die Presse unzugänglich", übersetzt der Paparazzo. Es wird also eine "Hochzeit im Hubschrauber" werden. Ein Informant gibt den goldenen Tip: Drei Tage vor der Zeremonie findet eine Generalprobe statt. Phil Ramey ist im Hubschrauber mit einer Videokamera dabei. "Ich habe alles gefilmt", lacht er, "und als der Tag gekommen war, habe ich der gesamten Konkurrenz eine Nase gedreht." Fernsehsender, Regenbogenpresse, alle sind sie da und überfliegen ab 16 Uhr die Ranch "wie Fliegen den Mülleimer": "Es waren etwa fünfzehn Hubschrauber und ein sonderbares Luftgefährt, das auf dem Rasen notlanden mußte." Phil Ramey trifft im letzten Moment ein: "Liz war immer schon zu spät, selbst am Tag ihrer Geburt!" So wird es 18.15 Uhr, bis die Feier beginnt. Die Braut, in großer Toilette zu 16 000 Dollar, hakt sich bei ihrem Auserwählten ein, gefolgt von Michael Jackson im schwarzen Gehrock: "Ich hatte sieben Sekunden für meine Schüsse zwischen dem Moment, in dem sie das Zelt verließ und bis sie unter den Bäumen verschwand." Schwindendes Tageslicht, ein 1000-mm-Objektiv, 1500 Höhenmeter: "Es ist kein gutes Foto, aber es ist das einzige." Volltreffer! ■

Paparazzo

Bis auf zwei Stunden hat Phil Ramey sich für diesen Tag freigenommen: "Monica Lewinsky geht um zwölf joggen; sie ist im Moment sehr gefragt." Im Klartext: Einige Wochen vor dem Clinton-Prozeß erzielt sie Höchstpreise. Es ist das Gesetz des Marktes: "Wenn Liz Taylor morgen erneut heiratet, bin ich wieder dabei! Sie ist eine sichere Bank: Ich bin ihr nach Hongkong gefolgt, zu ihrer Entziehungskur und in die Klinik, in der ihr ein Tumor wegoperiert wurde." Die "Hubschrauberhochzeit" hat Phil Ramey anläßlich der Trauung von Madonna erfunden. Etwa dreißig Hochzeiten später besitzt er selbst drei Hubschrauber. Über seinen Job: "Die Stars sollten nicht so verlogen sein. Sie brauchen uns genauso wie wir sie. Wenn man übrigens aufhört, ihnen hinterherzulaufen, sorgen sie sich um ihre Popularität und rufen dich an. Ich mache nicht Fotojournalismus, sondern Show-Business: Das bringt viel Geld, und das ist meine einzige Motivation. Ob ich Lady Di nach dem Unfall fotografiert hätte? Natürlich. Ich hätte das Bild gemacht und den Rettungswagen gerufen. Und ich wäre nicht da geblieben, damit die Polizei kommt und mir den Film wegnimmt..."

Phil Ramey und Liz Taylor

"Ich mache Show-Business."

"Es war der reinste Zirkus"

Er wohnt in einer großen Villa mit Swimmingpool unweit von San Diego – seine "Abfindung", wie böse Zungen angesichts seiner kürzlichen Scheidung sagen. Mit seiner schüchternen und rauchigen Stimme verflucht Larry Fortensky die "Tiere", die ihm seine Hochzeit verdorben haben: "Es war der reinste Zirkus. Ein Typ ist sogar mit dem Fallschirm abgesprungen! Der Sicherheitsdienst war gnadenlos, und ich glaube, daß man in Michaels Rasen noch den Gesichtsabdruck von dem Kerl findet. Liz hatte nur einen einzigen Fotografen innerhalb der Ranch zugelassen; der Erlös aus dem Verkauf der Rechte an den Fotos sollte an ihre Aids-Stiftung gehen. Die Paparazzi haben sie wahnsinnig gemacht. Mich selbst hat Phil Ramey wochenlang verfolgt. Morgens um sechs Uhr war er im Hubschrauber über meinem Haus, um mich bis auf meine Baustelle zu verfolgen. Wenn ich früher aufstand, war er da. Ich schlief bei Freunden – er war da. Er und seine Kompagnons haben mir wirklich das Leben vermiest, aber jetzt interessieren sie sich nicht mehr für mich."

Larry Fortensky

1992

Die vergewaltigten Frauen in Bosnien

© Andrée Kaiser/G.A.F.F./Sipa Press

→ DAMALS

1991: Kroatien und Slowenien erklären ihren Austritt aus der jugoslawischen Föderation. Ein vierjähriger Konflikt ist die Folge, der die Landkarte der Region nachhaltig verändert. Die serbischen Nationalisten verfolgen eine Politik der ethnischen Säuberung und organisieren den Genozid der bosnischen Moslems: Die Bevölkerung wird ermordet, das Kulturerbe zerstört, Frauen werden systematisch vergewaltigt. 1993 tritt in Den Haag der UNO-Gerichtshof zusammen, um die Kriegsverbrecher aus dem ehemaligen Jugoslawien zu verurteilen. Nach seinen Statuten ist die Vergewaltigung ein Kriegsverbrechen.

ANDRÉE KAISER

"Wir weinten mit ihnen."

Der Beweis

MIT SEINEN 35 JAHREN und dem schüchternen Blick eines Jugendlichen wirkt Andrée Kaiser nicht wie ein Sensationsreporter. In seiner Fotoagentur in Ost-Berlin betont er: "Ohne Roy Gutman hätte ich diese Reportage nie machen können." Der Fotograf begegnet dem amerikanischen Journalisten beim Fall der Mauer in Berlin. 1992 reisen sie gemeinsam nach Jugoslawien, um über den Krieg zu berichten. Ihr Ziel ist Bosnien, wo sie als erste von den serbischen Konzentrationslagern berichten werden. "Ein hartnäckiges Gerücht besagte, daß die Milizen systematisch moslemische Frauen vergewaltigten. Wir beschlossen, in Tuzla zu recherchieren." Um die eingeschlossene Stadt zu erreichen, schließen sie sich einem Versorgungskonvoi an. Sie werden zu einer Turnhalle gebracht, in die sich 200 bosnische Frauen, Mädchen und Mütter, geflüchtet haben: "Stumm, verstört und völlig erschöpft irrten sie in der Turnhalle umher. Nur das Schreien von Kindern durchbrach die Stille. In den ersten beiden Tagen habe ich die Kamera nicht angefaßt. Wir sprachen lange mit einer kleinen Gruppe von Frauen, die uns von den erlittenen Mißhandlungen und der unerträglichen Scham, die sie verspürten, berichteten. Bis eine von ihnen, die 17jährige Sena, sagte: 'Ich lasse mich fotografieren, denn ich will, daß die Welt die Wahrheit über uns erfährt.' Ich machte ein erstes Gruppenfoto, auf dem die Frauen und ihre Mütter Hand in Hand zu sehen sind. Plötzlich begannen sie zu weinen und sich zu umarmen. Wir weinten mit ihnen …" ■

Die Reportage von Roy Gutman mit den Fotos von Andrée Kaiser wird am 23. August 1992 in der New Yorker Zeitung *Newsday* veröffentlicht: Sie erhält den Pulitzer-Preis. "Die Beziehung, die ich zu Andrée hatte, ist für einen Journalisten sehr ungewöhnlich. Er vertraute meinem Urteilsvermögen, was die Verbrechen betraf, und ich vertraute seinem Können, es zu dokumentieren. Wir befanden uns auf einer Wellenlänge. Für mich ging es darum, Beweise dafür zu sammeln, daß die Vergewaltigung als Mittel ethnischer Säuberung benutzt wurde. Aber um die Öffentlichkeit zu überzeugen, brauchten wir Bilder. Andrées Fotos waren der Beweis für meine Recherche. Und es waren diese Aufnahmen, die die internationale Gemeinschaft handeln ließ. Nach meiner Reportage haben auch andere Journalisten über das Thema gearbeitet, aber da es nur Andrées Fotos gab, erschienen sie überall. Sie entwickelten eine Art Eigenleben und wurden der universelle Beweis für ein neuerliches Verbrechen gegen die Menschlichkeit."

"Die Fotos waren der Beweis für meine Recherche."

Roy Gutman

Er wurde Fotograf, “um Ungerechtigkeiten anzuprangern”. Nach dem weltweiten Erfolg seiner Arbeit in Bosnien hat Andrée Kaiser Schwierigkeiten, wieder Fuß zu fassen: “Zwei oder drei Jahre lang war ich deprimiert. Ich fragte mich dauernd, wie ich das Niveau halten könnte. Dieses Erlebnis hat mich tatsächlich blockiert. Zum Glück hatte ich meine Frau. Meine Motivation kehrte zurück, als ich begriff, daß man auch abseits der Schlachtfelder seinen Beruf ausüben kann, indem man den Alltag um sich herum beobachtet. Heute arbeite ich vor allem über die gesellschaftlichen Probleme, die das wiedervereinigte Deutschland beherrschen.”

Roy Gutman

ANDRÉE KAISER

“Dieses Erlebnis hat mich lange Zeit blockiert.”

New York Newsday

Bosnia Rape Horror

The War On Women

Newsday

TERROR IN BOSNIA

Torture Chamber

Sunday Newsday

Bosnia's Camps Of Death

Serb Conquerors Slaughter And Starve Civilian Prisoners

Sunday Newsday

THE RAPES OF BOSNIA

'We Want The World To Know'

Systematic Assault on Thousands of Muslims

1992

Der Sieg über den Leuchtenden Pfad

© Wesley Bocxe/Sipa Press

Inszenierung

→ DAMALS

September 1992: Abimael Guzmán wird in Lima verhaftet. "Presidente Gonzalo", ein Bewunderer Pol Pots, ist der Guerillaführer des Leuchtenden Pfades, der 1978 nach der Spaltung der kommunistischen Partei Perus entstand. Er stützt sich auf die ausgebeutete Indiobevölkerung und predigt einen unnachgiebigen Maoismus, der zu einem schmutzigen Krieg ausartet. Massaker, Morde an Politikern, Auseinandersetzungen mit der Armee: 15000 Opfer in 15 Jahren. Nach einem Wahlkampf, der vor allem die Terrorismusbekämpfung zum Inhalt hat, wird 1990 Fujimori Präsident von Peru.

093

WESLEY BOCXE

"Die Presse wurde manipuliert, und ich wollte, daß man genau das in der Presse auch sieht."

WESLEY BOCXE ARBEITET in El Salvador, als er auf BBC hört, daß Guzmán verhaftet worden ist. Der amerikanische Fotograf fliegt sofort nach Peru. Nach zehntägigem Warten wird er vom Pressedienst des Präsidenten in ein ehemaliges Kommissariat in einem Vorort von Lima bestellt. Dort stehen 200 Journalisten Schlange, um in einen rechteckigen Hof zu gelangen, in dem eine Pressetribüne errichtet worden ist. Ihr gegenüber steht ein mit einer Plane bedeckter "Käfig". "Wir wußten nicht, was passieren würde; das Gerücht ging um, Guzmán sei tot. Dann nahmen die Militärs die Plane herunter: Mit einem Schild um den Hals saß Guzmán in Gefangenenkleidung auf einem Stuhl. Ein langes Schweigen folgte: Er sah uns an, wir sahen ihn an, und wir konnten nicht glauben, daß er es wirklich war. Ein Raubtier in einem Zirkuskäfig, könnte man sagen." Mit Maschinenpistolen bewaffnete Soldaten auf dem Dach überwachen die Szenerie, dazu noch Zivilbeamte: "In Anzug und Krawatte hatten sie sich unter die Journalisten gemischt und begannen, Guzmán zu beschimpfen." Die umgehende Antwort ist eine zornige Rechtfertigung des bewaffneten Kampfes. Beleidigungen gehen hin und her, immer wieder vom wütenden Gebrüll Guzmáns unterbrochen. Bocxe macht zunächst einige Nahaufnahmen von dem tobenden Gefangenen, bevor er ein Weitwinkelobjektiv aufsetzt: "Ich sagte mir, daß das Foto die ganze Inszenierung zeigen müßte. Wir wurden manipuliert, und ich wollte, daß man das sieht!" ■

"Diese Aufnahme hat die Guerilleros entmutigt."

Während die westlichen Zeitungen das Foto von Wesley Bocxe bringen, werden in Peru nur Nahaufnahmen des "Führers der Weltrevolution" veröffentlicht. Und die Propaganda erreicht ihr Ziel: "Die Guerilleros des Leuchtenden Pfades wurden durch das Bild ihres Anführers hinter Gittern demoralisiert", erzählt Carlos Tapia, ein Journalist und Abgeordneter, der nicht hinter Präsident Fujimori steht. "Ein Jahr nach der Verhaftung von Abimael Guzmán hatten sich 1200 Regionalkader der Polizei gestellt. Vom Leuchtenden Pfad sind noch 10 Prozent übrig, die überwiegende Mehrheit der Bevölkerung lehnt ihn ab. Das ist besonders wichtig."

Carlos Tapia

"Ich war es, der diesen Käfig entworfen hat, zusammen mit einem Schlosser, der das Gitter des Palastes geschmiedet hat. Es war nicht teuer: 270 Dollar, und der Schlosser arbeitete eine ganze Nacht lang daran!" Alberto Fujimori verbirgt seine Befriedigung nicht. Und ist nicht zu bremsen, wenn es darum geht, über den größten Erfolg seiner Karriere zu sprechen: "Ich habe auch die quergestreifte Gefangenenkleidung ausgesucht: Ich dachte, das würde gut zu dem vertikalen Gitter passen!" Mit einem Lächeln fügt er hinzu: "Was den Ort der Inszenierung betrifft, so habe ich mir einige angesehen, bevor ich das alte Kommissariat aussuchte: Ich wollte so viel Journalisten wie möglich, damit das Ereignis für immer im Gedächtnis haften bleibt."

"Ich wollte, daß das Ereignis für immer im Gedächtnis haften bleibt."

Alberto Fujimori

1994

Genozid in Ruanda

© James Nachtwey/Magnum Photos

→ DAMALS

6. April 1994. Der Präsident von Ruanda wird ermordet. Das Land versinkt im Horror: Innerhalb weniger Wochen werden fast eine Million Tutsi von den Hutu-Milizen umgebracht, die einen wahren Völkermord verüben. Ihre Waffe: die Machete. Die internationale Gemeinschaft reagiert erst Ende Juni, als Hunderttausende Hutus vor der Tutsi-Armee nach Zaire fliehen. Die UNO, die endlich die Realität des Völkermords anerkennt, setzt im November 1994 einen internationalen Gerichtshof ein, der die Verantwortlichen zur Rechenschaft ziehen soll.

JAMES NACHTWEY

"Dieses Foto wurde zu spät gemacht."

“DIESES FOTO WURDE zu spät gemacht, es hat niemanden mehr gerettet. Ich hoffe, daß wir es nicht vergessen und daß es hilft zu reagieren, wenn ein erneuter Völkermord droht." Mit schmerzerfüllter Stimme sucht James Nachtwey nach Worten. Der amerikanische Magnum-Fotograf kommt, nachdem er über Nelson Mandelas Wahl zum südafrikanischen Präsidenten berichtet hat, Mitte Mai nach Ruanda. Fast 500 000 Tutsi sind bereits ermordet worden. "Die Arbeitsbedingungen waren sehr heikel: Die Hutu-Milizen, aber auch die Tutsi-Armee, die FPR, schränkten die Freiheit der Presse ein." Nach zähen Verhandlungen gestattet die FPR einer kleinen Gruppe von Journalisten die Reise in die soeben befreite Region von Nayensa. Auf diese Weise gelangt Nachtwey in das Spital des Internationalen Roten Kreuzes, wohin die Opfer des Todeslagers von Tangaï evakuiert werden. Er bemerkt einen "furchtbar verstümmelten Mann", der in einer Ecke sitzt. Frische, tiefe Narben überziehen sein Gesicht: Er ist Hutu, hatte sich jedoch geweigert, an dem Massaker teilzunehmen; die Milizen haben sich mit der Machete gerächt. Aufgrund einer Verletzung an der Kehle kann er nicht mehr sprechen. "Ich sah in seine Augen, und er sah in meine Augen. Er war sehr schwach, aber sein Blick sagte mir, daß ich ihn fotografieren durfte. Er drehte den Kopf zur Seite, damit ich die Narben besser sehen konnte, als wolle er der Welt durch mich zeigen, was ihm und all den anderen widerfahren war. Daß er mir sein schweigendes Einverständnis gab, ermöglichte mir, konzentriert zu arbeiten." ■

Ruhe, man mordet

James Nachtwey bleibt noch mehrere Wochen. Er "wollte weg", als er in einer Dorfkirche Hunderte Leichen mit durchschnittener Kehle entdeckt, darunter Kinder, die noch auf dem Rücken der Mutter festgebunden sind. Und er erzählt, wie mies er sich fühlte, als er die Scharen von Journalisten eintreffen sah, die über die Flucht der Hutus nach Zaire berichten wollen. 700 000 Flüchtlinge erreichen die Lager von Goma, wo über 50 000 von ihnen an Cholera oder Ruhr sterben. "Natürlich war es wichtig, über die humanitäre Operation zu berichten, aber mit einem Schlag wurden in den Schlagzeilen die Henker zu Opfern, und der Genozid war vergessen." Die Verwirrung, als er die Flüchtlinge fotografiert: "Ihr Exodus hatte etwas Biblisches; es war, als würden sie für die begangenen Verbrechen büßen. Letztlich hat man nicht mehr die Kraft zu einem Urteil, man kann nur an der menschlichen Tragödie teilnehmen." Schließlich spricht er über die Schwierigkeit, "danach zu leben": "Von dem, was ich in Ruanda gesehen habe, habe ich mich nicht erholt. Ich habe immer noch Schuldgefühle."

"Von dem, was ich in Ruanda gesehen habe, habe ich mich nicht erholt."

JAMES NACHTWEY

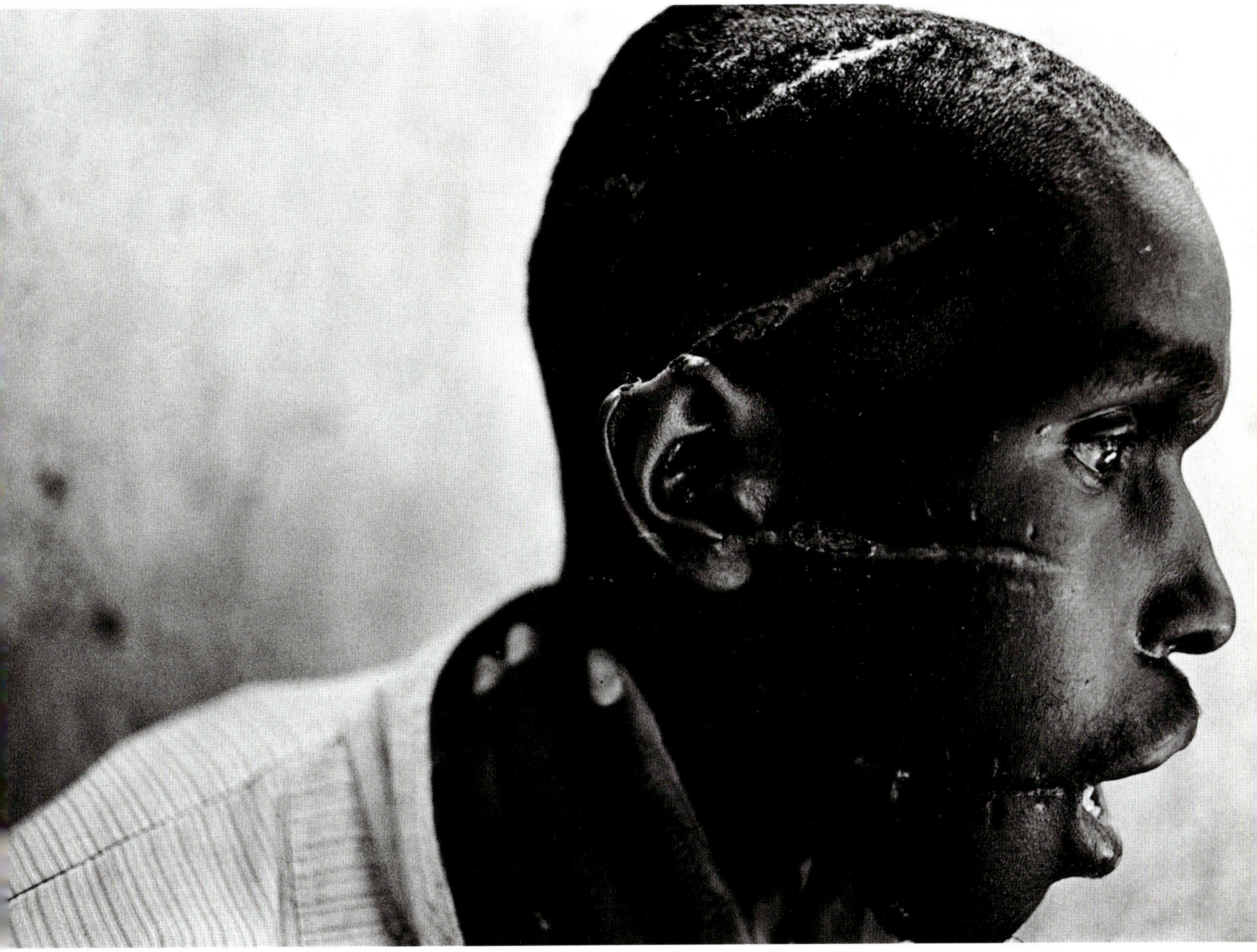

"Diese Narben appellieren an unsere kollektive Verantwortung."

"Wir hatten die Anweisung, das Wort 'Genozid' nicht zu gebrauchen, da wir sonst nach der Konvention vom 9. Dezember 1948 zur Intervention gezwungen gewesen wären", berichtet Boutros Boutros-Ghali, der damalige UNO-Generalsekretär. "Unglücklicherweise interessiert sich niemand für einen Krieg, der im hintersten Afrika stattfindet, wo es noch nicht einmal Erdöl gibt." Zu dem Foto: "Dieses Bild symbolisiert den größten Mißerfolg meines Lebens." Während in Ruanda ganze Dörfer vernichtet werden, verschließt die Weltöffentlichkeit die Augen. Damit nicht genug: Als die Massaker Ende April ihren Höhepunkt erreichen, beschließt die UNO sogar, wesentliche Teile ihrer dort stationierten Truppen abzuziehen, während einige wenige Fotografen vergeblich versuchen, ihre Fotos in der Weltpresse zu veröffentlichen. "Ein lebender Mensch, der die Spuren seiner Verletzungen behält, hat mehr Symbolkraft als ein Toter, denn Tote sprechen nicht. Die Narben dieses Mannes appellieren an unsere kollektive Verantwortung."

Boutros Boutros-Ghali

1995

Die Abkommen von Oslo

© Barbara Kinney/The White House

→ DAMALS

13. September 1993. Itzhak Rabin und Jassir Arafat unterzeichnen in Washington die Vereinbarung von Oslo I, die die Schaffung eines autonomen Palästinensergebiets in Gaza und den Abzug der Truppen Israels vorsehen. Im Juli 1994 kehrt der PLO-Chef nach 40jährigem Exil nach Palästina zurück. Am 4. November 1995 wird Rabin von einem jüdischen Extremisten ermordet, in Israel nehmen die Anschläge islamistischer Fundamentalisten zu. Die Regierung Netanjahu bedeutet das Ende der Verträge von Oslo, doch seit der Wahl von Barak 1999 gibt es Hoffnung auf Frieden.

BARBARA KINNEY

"Mir hat sich eine Frage gestellt: Trug Arafat eine Krawatte?"

Menschlich

SIE MACHTE DAS FOTO, weil ihr Chef an diesem Tag Besseres zu tun hatte! Ergebnis: Ein World Press Award in der Kategorie "Spot News"! "Barbara Kinney bekam deshalb nicht den Großen Preis", erklärt ein Mitglied der Jury aus Amsterdam, "weil sie zum Personal des Weißen Hauses gehört und keinen Presseausweis besitzt. Aber ihr Foto wurde einstimmig ausgezeichnet." Noch heute lacht sie darüber: "Wie jeden Tag kam ich an diesem 28. September zur Arbeit, und man sagte mir, ich solle Clinton folgen. Es war ein außergewöhnlicher Tag, weil alle führenden Politiker aus dem Nahen Osten im Weißen Haus zusammenkamen, an der Spitze Jassir Arafat und Itzhak Rabin, aber auch König Hussein von Jordanien und Hosni Mubarak aus Ägypten." Auf dem Programm stand die Unterzeichnung der Verträge von Oslo II, die die Ausweitung der palästinensischen Autonomie im Westjordanland vorsahen. "Das Foto entstand im Roten Salon, während die Zuschauer gerade in dem Saal Platz nahmen, in dem die Verträge unterschrieben werden sollten. Clinton wollte schon die Tür öffnen, als ihm sein Assistent sagte, sein Krawattenknoten sei schief. Mit dem rechten Auge am Sucher sah ich, wie der Präsident seinen Schlips zurechtrückte, mit dem linken bemerkte ich, daß alle die gleiche Geste machten. Ich habe sehr rasch drei Aufnahmen gemacht, dann verließen sie den Salon. Unmittelbar danach schoß mir eine Frage durch den Kopf: Trug Arafat eine Krawatte? Ich war sehr aufgeregt, und als ich das Foto sah, sagte ich mir: Und das habe ich gemacht? Es ist wirklich gut!" ■

"Ich habe Krieg geführt, solange keine Möglichkeit bestand, Frieden zu machen", sagte Premierminister Itzhak Rabin vor 100 000 Israelis, bevor er durch die Kugeln des Integristen Igal Amir fiel. Heute führt Lea Rabin, seine Frau, mit der er über vierzig Jahre verheiratet war, seine Mission fort. Den 28. September 1995, als der Frieden zum Greifen nahe schien, hat sie nicht vergessen: "Als sie ihre Schlipse zurechtrückten, war ich mit den anderen Ehefrauen im zweiten Stock des Weißen Hauses, durch das Hillary Clinton uns gerade führte", erzählt sie in ihrem Büro in Tel Aviv. "Die Atmosphäre war sehr entspannt: Es war die Zeit der Versöhnung im Nahen Osten, und wir waren von Vertrauen und Hoffnung erfüllt. Das drückt diese Aufnahme so gut aus, man spürt das Einverständnis und den tiefen gegenseitigen Respekt. Leider hatte der Friedensprozeß auf beiden Seiten mächtige Feinde. Und wenn ich dieses Foto ansehe, muß ich daran denken, daß mein Mann auf dem Altar des Friedens geopfert wurde."

Lea Rabin

"Mein Mann wurde auf dem Altar des Friedens geopfert."

Itzhak Rabin Hosni Moubarak König Hussein Bill Clinton Jassir Arafat

1995

Die Kinder von Ruanda

© Reza/Imax

→ DAMALS

Es war der größte Exodus des Jahrhunderts: Im Juli 1994 fliehen mehr als eine Million Hutus aus Ruanda, wo die Tutsi-Rebellen die Macht übernommen haben. Die Flüchtlinge kommen in fünf Lager in Goma und Bukavu im Osten des damaligen Zaire; mehr als 50 000 von ihnen fallen Epidemien zum Opfer. Fast 30 000 Kinder verlieren auf dieser Flucht ihre Eltern. Man nennt sie "alleinstehende Kinder", da sie nicht zwingend Waisen sind. Ende 1994 sind 2 Millionen Ruander in die Region der Seen geflohen, darunter 100 000 "alleinstehende Kinder".

REZA
"Einmal hat die Fotografie wirklich etwas Gutes bewirkt!"

Suchmeldung

"SUCHE DURCH BILDER" steht auf dem Schild am Eingang des Zeltes. Im Inneren richten sich 12 000 Augenpaare auf den Besucher. Erstarrte, lächelnde oder ängstliche Blicke: von Kindern, nur von Kindern. "Das ist das bewegendste Erlebnis meines Lebens", sagt Reza. "Einmal bewirkt die Fotografie wirklich etwas Gutes!" Das war 1995. Reza, der über das Thema Kinder arbeitet, richtet sich im Lager von Goma ein. Dort entdeckt er die Geschichte der "alleinstehenden Kinder" aus Ruanda, um die sich die UNICEF und das Internationale Rote Kreuz kümmern. Seit einem Jahr haben die beiden Organisationen ein Projekt, das mangels fehlender Logistik und Hilfskräfte auf Eis liegt: Sie wollen Bilder der kleinen Flüchtlinge ausstellen, um ihren Familien zu ermöglichen, sie wiederzufinden. Reza wendet sich an die Fotoindustrie, um Kameras und Filme zu bekommen. Dann weist er fünf Einheimische in die Technik des Fotografierens ein. Ein Holzrahmen, ein Stuhl, ein weißes Tuch: Fertig ist das Studio. 25 Zairer ziehen die Fotos ab, ordnen und kleben sie auf Tafeln. Ergebnis: Eine Ausstellung, die in den fünf Flüchtlingslagern parallel gezeigt wird. Die Neuigkeit verbreitet sich wie ein Lauffeuer: "Viele Eltern kamen Dutzende von Kilometern zu Fuß, um sie anzusehen", erzählt Reza. "Und wie diese beiden schwangeren Frauen blieben sie manchmal mehrere Stunden, um die Fotos zu betrachten. Sie kamen ein-, zwei-, fünfmal. Wir sagten ihnen zwar, daß es jedesmal dieselbe Ausstellung sei, aber einige Kinder wurden erst bei der fünften Besichtigung identifiziert." ■

"Einige Eltern hatten in ihrem Leben noch kein Foto gesehen."

"Ich werde nie den Augenblick vergessen, als die Kinder ihre Eltern wiederfanden", sagt Philippe Duamelle, UNICEF-Verantwortlicher für die Flüchtlingslager im damaligen Zaire. "Plötzlich erwachten die auf dem Film erstarrten Blicke zum Leben." Die Technik eines solchen "Fotosuchdienstes" war bereits nach dem Zweiten Weltkrieg benutzt worden, um 250 000 deutsche Waisen zu identifizieren, ebenso in Biafra und in Thailand. Aber noch nie hatte die UNICEF sie in einem solch großen Maßstab eingesetzt. Monatelang befragten UNO-Mitarbeiter die Kinder und stellten 26 Fragen: Name, Alter, Anzahl der Geschwister, Beruf des Vaters ... Dann bekam jedes Kind eine Identifikationsnummer, die auch auf dem Porträt erschien. "Unsere Hauptschwierigkeit war das Fehlen der Bildkultur bei diesen Menschen, bei denen die orale Tradition vorherrscht", sagt Philippe Duamelle. "Viele Erwachsene hatten noch nie ein Foto gesehen. Ich erinnere mich an eine Frau, die in Tränen ausbrach, weil sie glaubte, man habe das Kind geköpft. Wir haben Leute ausgebildet, die den Eltern beim Lesen der Fotos halfen. Von den erfaßten 27 000 Kindern fanden schließlich 14 600 ihre Eltern wieder, 2600 davon dank der Fotos."

Philippe Duamelle

1996

Mord in Argentinien

Tödliches Foto

Gabriel Michi: "Als ich von dem Mord an Jose Luís erfuhr, dachte ich sofort an das Foto."

→ DAMALS

März 1976: Militärputsch in Argentinien. In sechs Jahren fordert die Diktatur 30 000 Opfer. Am 30. Oktober 1983 wird Raul Alfonsín zum Präsidenten gewählt: Er kündigt an, die Verantwortlichen vor Gericht zu stellen. Fünf hohe Offiziere werden verurteilt, aber fortgesetzter Aufruhr in der Armee zwingt die Regierung, die niederen Chargen ungestraft davonkommen lassen. 1990: Carlos Menem kommt an die Regierung. Seine ultraliberale Politik – Privatisierungen, Kapitalöffnung nach außen – zieht die Verarmung der Bevölkerung nach sich, während einige Wenige immer reicher werden.

ES IST EIN banales Foto: ein Mann in Badehose, der mit seiner Frau an einem argentinischen Strand entlanggeht. Er heißt Alfredo Yabran und dirigiert das bedeutendste Finanzimperium des Landes. Im August 1995 nennt ihn Finanzminister Domingo Cavallo öffentlich den "Chef der Mafia". Der Geschäftsmann, der exzellente Beziehungen zu den ehemaligen Schergen der Militärdiktatur unterhält, soll zwei Milliarden Dollar schwer sein. "Sein Name war bekannt, nicht aber sein Gesicht", sagt der Journalist Gabriel Michi. "In einem Interview, das er unserer Zeitung 1994 gegeben hatte, sagte er, es käme einer Kugel in den Kopf gleich, ein Foto von ihm zu machen. Wir haben diese Drohung nicht ernstgenommen." Wir: Das sind Gabriel und der Fotograf Jose Luís Cabezas, die Doppelspitze der Zeitschrift *Noticias*. Der angesehene Journalist recherchiert über den nebulösen Yabran und seine Strohmänner im Zentrum der Macht. Es fehlt nur das Foto. Im Februar 1996 mieten sich die beiden Freunde in Pinamar ein, einem noblen Badeort, wo der Mafioso verkehrt. "Plötzlich verließ er seinen Privatstrand, um am Ufer spazierenzugehen. Wir waren etwa 100 Meter entfernt. Jose Luís bat seine Frau, so zu tun, als würde sie für ihn posieren. Dann hat er mit dem Teleobjektiv die Aufnahme gemacht." Das Foto erscheint am 3. März 1996 auf der Titelseite von *Noticias*. Am 25. Januar 1997 verschwindet der Fotograf nach einer Party in Pinamar: Man findet seine verkohlte Leiche mit einer Kugel im Kopf im ausgebrannten Wrack seines Wagens unweit des verhängnisvollen Strandes. ■

"Jose Luís wäre nicht gestorben, wenn die Mörder der 30 000 Verschwundenen der Diktatur verurteilt worden wären!" Die Menge, die Plakate mit dem Porträt des Fotografen schwingt, applaudiert dem Redner. Seit Januar 1997 machen 800 Reporter mobil. Tausende Argentinier demonstrieren mit ihnen, um zu verhindern, daß die Ermittlungen eingestellt werden. Ein Polizist wird verhaftet, der das Verbrechen gesteht. Das Belastungsmaterial gegen Alfredo Yabran ist erdrückend, aber als man ihn als Auftraggeber anklagt, begeht der Geschäftsmann Selbstmord. Seitdem demonstrieren Fotografen und Bürger am 25. eines jeden Monats. "Dieses Foto macht mir Angst, erfüllt mich mit Schmerz und Ohnmacht", sagt Maria Cristina Robledo, die Witwe von Jose Luís Cabezas. "In was für einem Land leben wir denn, daß eine so alltägliche, banale Aufnahme den Tod ihres Fotografen herbeiführen kann? Das ist es, was ganz Argentinien zu verstehen versucht."

María Cristina Robledo

"Wie konnte ihn dieses Foto nur töten?"

"Ein Toter zuviel"

In den neunziger Jahren sind über 600 Journalisten, vor allem Fotografen, getötet worden. Aber noch nie hat der Tod eines Reporters eine solche Bestürzung ausgelöst: "Zum ersten Mal wurde ein Fotograf wegen eines Bildes ermordet", sagt Robert Mesnard, Gründer von "Reporters sans Frontières". "Deshalb ist diese Angelegenheit über Argentinien hinaus exemplarisch geworden. In Lateinamerika, wo man die Rückkehr zur Demokratie feierte, war dieser Tote ein Toter zuviel – er beschwor das Gespenst der Diktatur, die man besiegt glaubte, wieder hinauf. Deshalb beschlossen die 'Reporter ohne Grenzen' eine besondere Aktion, um all diejenigen zu unterstützen, die sich für die Verurteilung der Täter einsetzen: Wir haben eine Web-Site eröffnet und Fotografen in der ganzen Welt gebeten, uns ein Foto zu schicken. Hunderte haben darauf reagiert, von Henri Cartier-Bresson bis hin zum einfachen Lokalreporter. Für sie alle ist Jose Luís Cabezas das Symbol des aufrichtigen, mutigen Journalisten, der für Freiheit und Demokratie kämpft."

Robert Mesnard

Der Tod des Fotografen führte zu einer beispiellosen Mobilisierung in Argentinien.

1997

Massaker in Algerien

© Hocine/AFP

→ DAMALS

1962, nach acht Jahren Krieg mit Frankreich, wird Algerien unabhängig. Die nationale Befreiungsfront setzt ein sozialistisches Regime ein. In den achtziger Jahren kommt es aufgrund der wirtschaftlichen Flaute und der Korruption bei führenden Politikern zu Aufständen im ganzen Land. Die Islamische Heilsfront gewinnt 1991 die Parlamentswahl, die jedoch für ungültig erklärt wird. Das Land versinkt in einem schmutzigen Krieg. Bewaffnete islamische Gruppen ermorden ganze Dörfer, Intellektuelle und Ausländer. Die Bilanz: Bis 1998 mindestens 80 000 Tote.

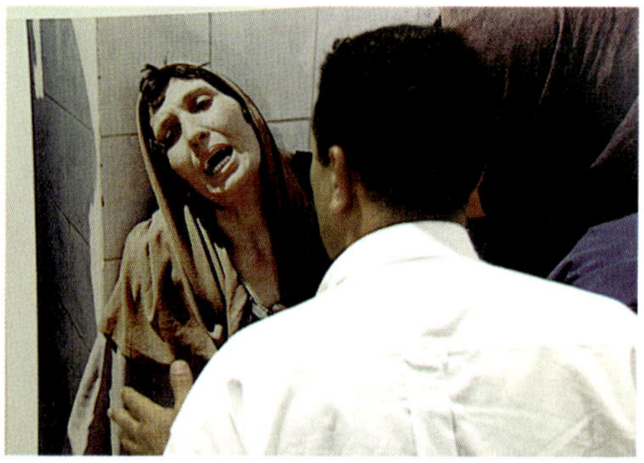

HOCINE
Sein Vorname ist seine ganze Identität.

Malek Chebel: "Dieses Bild beschwichtigte den Westen."

"Madonna"

"Wirklich, ich verstehe es nicht: Sieben Preise in einem Jahr, darunter der World Press Award! Und ich dachte, ich hätte an dem Tag kein gutes Foto gemacht." Hocine ist seit 1993 Fotograf bei der Agentur AFP. Am 23. September 1997 erfährt er auf der Straße, daß in Bentalha südlich von Algier ein neuerliches Massaker verübt worden ist. Wie ein Lauffeuer verbreitet sich die Nachricht: Islamistische Extremisten hätten Männern, Frauen, Kindern die Kehle durchgeschnitten, man spricht von mindestens 200 Toten. Es ist nicht möglich, an den hermetisch abgeriegelten Schauplatz des Verbrechens zu gelangen. Hocine begibt sich ins Zmirli-Krankenhaus, wo die Leichen hingebracht worden sind. Draußen haben sich die Familien versammelt, die außer sich vor Angst auf Neuigkeiten warten. "Dort ist mir eine Frau aufgefallen, die weinte und schrie, nachdem sie Verwandte identifiziert hatte. Eine Freundin versuchte, sie zu trösten. Am gleichen Abend habe ich meine fünf Negative ohne große Überzeugung an die AFP geschickt." Am nächsten Tag ist das Foto auf den Titelseiten einiger hundert Zeitungen in aller Welt. In den Redaktionen der westlichen Länder nennt man die von ihrer Trauer überwältigte Mutter, die der Bildunterschrift zufolge "ihre acht Kinder verloren" habe, die "Madonna". "Algerien – das war ein Krieg ohne Gesicht und somit schwer faßbar", erklärt der algerische Anthropologe Malek Chebel. "Dieses Bild beschwichtigt die westliche Welt, denn wie die Pieta von Michelangelo schreibt es sich in das jüdisch-christliche visuelle Gedächtnis ein. Es symbolisiert das Leiden des algerischen Volkes, ohne den Schrecken der Wirklichkeit zu zeigen." ■

Im Gegensatz zu der ursprünglichen Bildunterschrift von AFP hat Oum Saâd nicht ihre acht Kinder, sondern ihren Bruder, ihre Schwägerin und ihren Neffen verloren. Sie wohnt nicht in Bentalha und war sofort zum Zmirli-Krankenhaus geeilt, als sie von dem Massaker erfahren hatte. Algerische Journalisten interviewten sie, die wider ihren Willen zu einer Heldin wurde: "Als ich meine toten Verwandten gefunden habe, wurde mir schlecht, und man forderte mich auf herauszugehen. Draußen bin ich in Ohnmacht gefallen. Da ist dann das Foto gemacht worden. Ich bin Algerierin, Moslemin und die Tochter eines Märtyrers. Ich will nicht mit einer Madonna verglichen werden, die Christin und keine Moslemin ist. Sogar bei Festen und Hochzeiten lasse ich mich nicht gern fotografieren. Ich will, daß die algerische Regierung die Verbreitung dieses Fotos beendet. Ich will nicht, daß das Foto um die ganze Welt geht, ich will, daß es in Algerien bleibt."

"Wer dieses Foto verunglimpft, macht mit den Terroristen gemeinsame Sache."

Noch nie hat ein Foto zu solch erhitzten Auseinandersetzungen geführt. In einer algerischen Zeitung lanciert ein Kollege das Gerücht, das Bild sei "eine Archivaufnahme". Das erste Dementi: Ein Kollege von Hocine legt ein Foto vor, auf dem dieser mit dem Rücken zur Kamera zu sehen ist, während er das Bild macht. Das Gerücht wird wieder laut, als bekannt wird, daß die Bildunterschrift falsch ist. Die Regierungszeitung *Horizons* titelt mit "grobe Fälschung" und läßt durchscheinen, daß diese Frau niemals existiert habe – bis Oum Saâd im Fernsehen auftritt: "Ich bin keine Erfindung", erklärt sie, während der Premierminister im Parlament Anschuldigungen gegen die AFP erhebt. Nach dem World Press Award weiterer Ärger: Oum Saâd, von einem Anwalt von *Horizons* vertreten, verklagt die AFP und Hocine wegen Verleumdung. "Das ist kein Zufall", meint der Fotograf, "schon seit Monaten versuchen Leute, mein Foto und damit die Arbeit der AFP zu verunglimpfen. Indem sie das tun, machen sie gemeinsame Sache mit den Terroristen. Ich würde das Foto jederzeit noch einmal machen. Ich fotografiere lieber lebende Menschen als verstümmelte Leichen. Ich habe mich trotz der Drohungen, die ich erhalten habe, entschlossen, in Algerien zu bleiben, denn dies ist mein Land. Für mich ist es eine Form des Kampfes."

In Hunderten Zeitungen auf Seite 1

SEIT 1993 SIND IN ALGERIEN 59 JOURNALISTEN UMS LEBEN GEKOMMEN.

1997

Dolly

© Rémi Benali und Stephen Ferry/Gamma

Eine andere Welt

RÉMI BENALI UND STEPHEN FERRY

"Um die Bedeutung von Dolly zu betonen, wollten wir einen anderen Typus Bild schaffen."

→ DAMALS

1997: Es ist das am häufigsten fotografierte Tier des Jahrhunderts: Dolly, der erste Klon eines ausgewachsenen Säugetieres – die exakte Kopie eines sechsjährigen Schafes. Seitdem wird unnachgiebig diskutiert: Klonen oder nicht klonen? In den Laboren wird an Tieren experimentiert, die menschenähnliche Organe oder medikamentöse Proteine liefern könnten. Aber die eigentliche Zielscheibe ist das Klonen von Menschen: Die ethische Verantwortung ist immens und stößt an die Grenzen von Wissenschaft und Leben. Dolly, das Schaf, hat die Büchse der Pandora geöffnet.

DER EINE IST FRANZOSE, der andere Amerikaner. Beide arbeiten bei Gamma, als sie in der Presse auf das Thema Dolly stoßen. "Eine ganze Nacht lang malten wir uns das Bild aus, mit dem wir dieses Thema illustrieren könnten", erzählt Stephen Ferry. Ein Anruf bei *Life*, und der Auftrag ist gebont. Als die beiden Kollegen nach Schottland fliegen, haben sie bereits eine präzise Vorstellung von dem Foto: Dolly soll aufgenommen werden, wie sie sich in einem Spiegel betrachtet, der von ihrem Erzeuger gehalten wird. Das reflektierte Bild wird am Computer verdoppelt. "Das war das Entscheidende", kommentiert Rémi. Die erste Etappe besteht darin, den Biologen, der sich vor Interviewanfragen nicht mehr retten kann, zu überzeugen. "Ich stimmte zu, weil ich ihren Vorschlag sehr originell fand", sagt Professor Wilmut. Nun müssen die Zutaten und die Bühne gefunden werden. "Wir suchten einen alten Spiegel und ein Feld mit einem alten Bauernhof, um den Bruch zwischen der Vergangenheit und der Zukunft hervorzuheben." Schließlich finden die Aufnahmen hinter dem Roslin Institute statt, wo Dolly entstanden ist. "Als Rémi den Professor fotografierte, der den Spiegel hält, kniete ich dahinter und hielt den Rahmen!" lacht Stephen. Nun muß das Schaf fotografiert werden, wie es sich im Spiegel betrachtet. Doch Dolly bewegt sich in ihrem streng bewachten Stall unentwegt hin und her: Um sie vor den Spiegel zu locken, hält man ihr einen Eimer mit Futter hin. "Plötzlich stand sie still", erzählt Stephen, "und ich machte klick, klick, klick!" Die endgültige – digitale – Montage macht Steve Walkowiak, das "Informatikgenie von *Life*", in New York. ■

"Dieses Bild stößt an die Grenzen unseres Berufes."

Das Foto von Dolly, am Computer entstanden, symbolisiert zwei Probleme: Das der Wissenschaftsethik, die durch genetische Manipulationen ins Wanken geraten ist, und das des Fotojournalismus, der sich durch die neuen Technologien mit der Manipulation von Bildern auseinandersetzen muß. Über letzteres sind sich Rémi Benali und Stephen Ferry einig: "Als wir Dolly zum ersten Mal sahen, war unser Eindruck gemischt. Einerseits war es ein völlig normales Schaf, vielleicht etwas fett! Und andererseits war es ein ganz neues Wesen, das ohne Vater geboren wurde. Und das wollten wir zeigen: Die Welt ist immer noch dieselbe, und doch ist etwas Außergewöhnliches passiert. Als wir entschieden, das Bild im Computer zu montieren, wußten wir, daß wir an die Grenzen dessen rühren, was man in unserem Beruf machen darf. Deswegen verlangen wir, daß das Bild nur zusammen mit dem Vermerk 'digital montiert von Steve Walkowiak' publiziert wird. Das Foto hat keinen Preis gewonnen, weil man zu den großen Wettbewerben keine manipulierten Bilder einreichen kann. Das ist o. k.: Die digitale Manipulation von Fotos kann genauso schlimm sein wie die stalinistischen Retuschen. Die Fotografen müssen wachsam sein: Ihre Glaubwürdigkeit und damit ihre Zukunft steht auf dem Spiel."

Aus diesen drei Fotos entstand das endgültige Bild.

1997

Planet Mars

© Aufbereitung des Bildes durch Olivier de Goursac/Nasa/JPL/Caltech/SAF (Société astronomique de France, 75016 Paris)

Bild der Zukunft

Matthew Golombek: "Das ist kein Foto, sondern ein Mosaik aus Pixeln, die der Computer zusammengesetzt hat."

→ DAMALS

Das Ende des Kalten Krieges hat die Reduzierung der Rüstungshaushalte zur Folge. "Schneller, kleiner, billiger" lautet die Devise von Daniel Goldin, dem neuen Chef der NASA. Bemannte Raumflüge stehen nicht mehr auf der Tagesordnung und werden durch ferngesteuerte Programme mit interaktiven Sonden und Robotern ersetzt. Dazu gehört auch die Mars-Mission "Pathfinder" 1997, die 260 Millionen Dollar kostet. 21 Jahre nach Viking, bei dem der Rote Planet kartographiert wurde, kündigte die NASA für den Beginn des 3. Jahrtausends weitere Programme an.

DER ENTSPANNT wirkende Vierzigjährige Matthew Golombek ist ein Profi der Kommunikation. In seinem Büro im Jet Propulsion Laboratory (JPL) in Pasadena erzählt er uns begeistert von seinem "schönsten Baby": Die Mars-Mission Pathfinder. "Alles lief genau so, wie wir es geplant hatten", sagt er mit breitem Lächeln. "Am 4. Juli 1997 um 10.7'25" Uhr kalifornischer Zeit setzte das Raumschiff mit seinen Stoßdämpfern auf dem hügeligen Gelände von Ares Vallis, das vor drei Milliarden Jahren von sintflutartigen Überschwemmungen ausgewaschen wurde, auf dem Mars auf. Die 1,8 Meter hohe Teleskopantenne mit der IMP-Kamera (Imager for Pathfinder) wurde ausgefahren: Es ist eine Stereokamera mit zwei Linsen und einem Dutzend Filter, die zwischen 0,4 und 1,1 Micron erfassen, und die von der Zentrale des JPL aus gesteuert wird. Dann wurde Sojourner, der Forschungsroboter, der ebenfalls mit drei Kameras ausgerüstet war, ausgesetzt. Dieses Bild ist ein Ausschnitt aus einem 360°-Panorama: Am Horizont sieht man die Berge Twin Peaks, die etwa 30 Meter hoch sind. Rechts sehen wir die Riefen des Hügels North Peak, die von einer Überschwemmung mit flüssigem Schlamm stammen, und schließlich Sojourner, der mit seiner Sonde den Felsen Yogi beschnuppert. Dieses Foto ist ein Mosaik aus Hunderten Pixel, numerische Bilder, die die IMP-Kamera uns gebündelt übermittelt hat: Es gibt weder einen Film noch Papier: Das Bild wurde vom Computer zusammengesetzt." ■

100

"Ein absoluter Rekord in der Geschichte des Web!"

"Möchten Sie den Sonnenuntergang auf dem Mars sehen?" Olivier de Goursac klickt ein Fenster an seinem Computer auf: "Sehen Sie! Wunderbar, nicht wahr?" Der Enthusiasmus des Mannes ist ansteckend. Nachdem er mehrere Jahre bei der NASA gearbeitet hatte, wurde er Bankier, aber sein Hobby hat er nie aufgegeben: Er war es, der am Computer die Tausende Pixel bearbeitet hat, die das System Pathfinder übermittelte. "Als wir die ersten Bilder erhielten, waren wir sehr bewegt. So sehr, daß wir am folgenden Sonntag alle in die Kirche gegangen sind! Dieser wüste Ort mit den Felsen und ausgewaschenen Kieseln, den tiefen Aushöhlungen, ist der Beweis, daß auf dem Mars Wasser geflossen ist, wie es einige wissenschaftliche Hypothesen vermutet hatten. Die große Weltpremiere war, daß diese Bilder sofort für alle im Internet zugänglich waren. Bis dahin brauchte man ein gedrucktes Medium, aber jetzt wird alles ins Haus geliefert! Am 6. Juli, einem Sonntag, haben wir auf der Web-Site des JPL 400 000 Millionen Anfragen registriert, und das ist der absolute Rekord in der Geschichte des Web!"

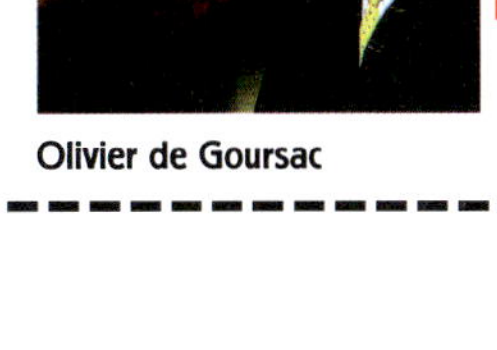

Olivier de Goursac

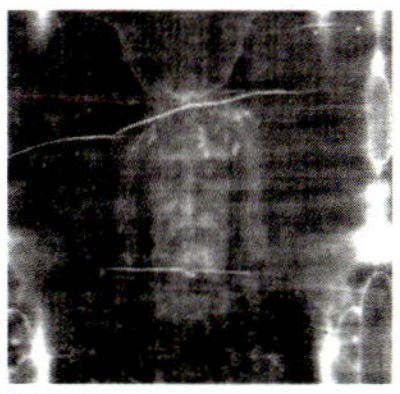

1898

Das Grabtuch

© Secondo Pia
Museo del sindone
001

Warum findet sich diese Aufnahme von 1898 unter den großen Fotos des 20. Jahrhunderts? Nun, seine massenhafte Verbreitung beginnt mit unserem Jahrhundert. Zwar berichten die europäischen Zeitungen 1898 von Secondo Pias Entdeckung, jedoch ohne das Bild zu zeigen, da dies die damalige Drucktechnik nicht zuläßt. Paul Vignon, Biologie-Professor am Institut Catholique de Paris, veröffentlicht das Foto 1901 in der ersten wissenschaftlichen Abhandlung über den "Fund" des Turiner Fotografen.

1900

Der Boxeraufstand

© Bildarchiv Preussischer Kulturbesitz
002

Der Fotograf galt als anonym, bis der Brief eines Fernsehzuschauers aus Saint-Dié eintraf, der die Sendung gesehen hatte: "Ich war sehr erstaunt, dort ein Foto zu sehen, von dem ich das Original zu besitzen glaubte. Der erste Mann meiner Großmutter hat sieben Jahre lang in China gedient. Er kehrte mit 44 Aufnahmen zurück, die er oder einer seiner Kameraden gemacht hatten, darunter auch diese. Außerdem brachte er den Zopf eines Hingerichteten mit, den ich vor einigen Jahren verbrannt habe. Er ist 1915 in Straßburg gestorben."

1907

Autochrom

© L'Illustration/Sygma
003

Die Zeitschrift *L'Illustration* hat dem dänischen Königspaar einen Abzug des Fotos geschenkt, der noch in den Archiven der königlichen Familie schlummert. Die dänische Königin hat ein Interview abgelehnt.

1908

Kinderarbeit

© Lewis W. Hine
Courtesy George Eastman House
004

Es war unmöglich, die Identität des Mädchens herauszubekommen. Lewis Hine notierte nur die Vornamen der Kinder, die er fotografierte, ihr Alter, den Ort und die Art der Arbeit, die sie verrichteten. Die kleine Spinnerin, um die Jahrhundertwende geboren, hat sicherlich irgendwo in den USA Nachfahren. Aber würden diese ihre Großmutter auf diesem Foto wiedererkennen? Dies ist zu bezweifeln. Und wo sollte man die Suche aufnehmen? Wir haben es gelassen.

1912

Die Suffragetten

© Hulton Getty/Fotogram Stone Images
005

Die Wahl dieser Aufnahme entspricht den Wünschen Richard Pankhursts, Sylvias Sohn, der unfreiwillig Zeuge des Familienstreites wurde: Sylvia, die Sozialistin, beschuldigt Emmeline und Christabel 1914 der "Wende nach rechts", weil sie für die Rekrutierung von Soldaten warben. Nach dem Tod der Mutter 1928 wird Christabel Mitglied einer fundamentalistischen amerikanischen Sekte. Sylvia hingegen wird Journalistin und engagiert sich gegen den aufstrebenden Faschismus in Europa. Die beiden Schwestern haben sich nie wiedergesehen.

1912

Das verformte Auto

© Jacques-Henri Lartigue
Ministère de la culture/France/AAJHL
006

Ein Teil der Illustrationen dieses Buches sind Standbilder aus den für die TV-Serie gedrehten Interviews. Marc de Banville, "Mister Informatik" bei Capa, verbrachte ganze Nächte damit, sie technisch so zu verbessern, daß sie als Abbildungen verwendet werden können. Florette Lartigue, Frau und Gefährtin von Lartigue, hat es freundlich, aber bestimmt abgelehnt, so abgebildet zu werden: "Ich gefalle mir überhaupt nicht", entschied sie und gab uns eine andere Aufnahme von sich.

1917

Der Erste Weltkrieg: Die Propaganda

© Ernest Brooks
Imperial War Museum
007

1918

Der Erste Weltkrieg: Die Wirklichkeit

© L'Illustration/Sygma
008

Eine einzige Aufnahme auszuwählen, die den "Großen Krieg" illustriert, war unmöglich; es gibt nicht *das* Bild von diesem Krieg, das überall veröffentlicht worden wäre, da jedes Land sein eigenes fotografisches Gedächtnis hat. Es ist allerdings möglich, zwei Richtungen aufzuzeigen, die charakteristisch für die Kriegsfotografien sind: die Aufnahmen der offiziellen Armeefotografen (die Propaganda) und die der Frontsoldaten (die Wirklichkeit).

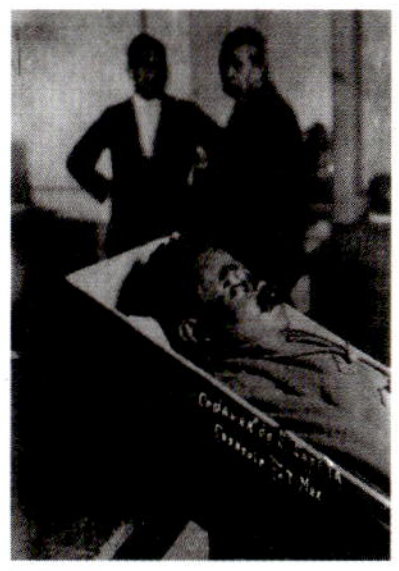

1919

Zapata: Tod eines Helden

© Agustín Victor Casasola
INAH
009

Für welche Aufnahme soll man sich entscheiden? Es gibt drei sehr bekannte Fotos: das 1914 von Miguel Casasola, den Bruder von Agustín, aufgenommene berühmte Porträt des lebenden Zapata; das Bild von Jesus Mora, das direkt nach der Ermordung des Guerillaführers entstand, und das Foto von Agustín Casasola, für das der Leichnam Zapatas hergerichtet wurde. Da letzterer einer der größten lateinamerikanischen Fotografen war, haben wir sein Bild genommen.

1920

Lenin

© G.P. Goldstein
David King Collection
010

Wen soll man für die Rechte an dieser Aufnahme honorieren? Die Archive in Moskau oder den britischen Sammler David King, der dreißig Jahre darauf verwendet hat, die Originale der manipulierten Fotos aufzutun? Die Qualität von Kings Dokumenten hat zu dessen Gunsten entschieden.

1921

The Kid

© Roy Export Company Establishment
011

Bei "Chaplin" denkt jeder sofort an seine Tochter Geraldine; doch sie verlangt 70 000 Francs für ein Interview ... Jane hingegen, ihre jüngere Schwester, hat uns durch ihre Aufrichtigkeit überzeugt.

1928

Die Todesstrafe

© Thomas Howard
Daily News L.P.
012

Wir haben nicht nach Lorraine gesucht, die bei der Hinrichtung ihrer Mutter neun Jahre alt war – eine Frage des Anstands.

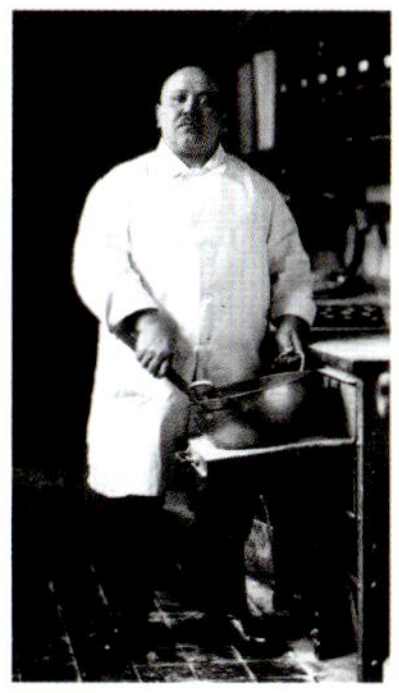

1928

Der Konditor

© August Sander-
Archiv, Köln/ADAGP Paris 1999
013

Das August Sander-Archiv liegt bei der Kulturstiftung der Stadtsparkasse Köln. Es gilt hier besonders die Arbeit von Gabriele Conrath-Scholl zu erwähnen, die über Jahre hinweg versucht hat, die Personen aus *Menschen des 20. Jahrhunderts* ausfindig zu machen. Nur deshalb konnten wir das Gespräch mit Lili Bremer führen.

1928

Schwarze Erde

© Albert Londres
SCAM
014

Der Name Albert Londres ließ ganze Generationen frankophoner Journalisten schwärmen, und erst recht der Preis, der seinen Namen trägt und 1933, kurz nach seinem mysteriösen Tod auf dem Schiff *George Phillipar*, geschaffen wurde. Doch wer wußte, daß der Mann, der "die Ehre seines Berufsstandes" verkörperte, auch Fotograf war? Ohne das Buch *Putain d'Afrique!* von Didier Folléas hätten wir dies nie erfahren.

1930

Haager Konferenz, 1 Uhr morgens

© Erich Salomon
Bildarchiv Preussischer Kulturbesitz
015

Die Begegnung mit Peter Hunter, dem Sohn von Erich Salomon, war eine Wonne. Dieser polyglotte und belesene Herr war ebenfalls Fotograf und hat in London seine eigene Agentur gegründet. Aber darüber wollte er mit uns nicht sprechen: Er hat sein Leben dem Gedenken an seinen Vater gewidmet. "Als einziger Überlebender meiner Familie hatte ich keine andere Wahl. Ich betrachte es als eine Aufgabe, wenigstens einem der 6 Millionen Opfer Hitlers den Namen zurückzugeben."

1933

Hitler

© Heinrich Hoffmann
Fotografarchiv Hans Döring
016

Sie ist eine bemerkenswerte Dame, die uns nach langem Zögern in Düsseldorf empfangen hat. "Ich wollte vor allem vermeiden, daß man denkt, ich sei Nazi gewesen", erklärte sie sichtlich bewegt. Gisela Twer mag beruhigt sein; wir haben dies niemals angenommen, und wir wissen, wir sehr sie an dem "Unglück, das über Deutschland und den Rest der Welt hereinbrach" gelitten hat, um es in ihren eigenen Worten zu sagen. Wir danken ihr für ihren Mut und ihre Bereitschaft, mit uns zu sprechen.

1934

Mexiko 1934

© Henri Cartier-Bresson
Magnum Photos
017

Zuerst sagte er nein: "Ich lasse mich nicht gerne filmen", meinte er in der ihm eigenen Offenheit, in die sich ein Schuß Koketterie mischt. Schließlich gab ein Text von André Pieyre de Mandiargues den Ausschlag: "Wenn wir über Liebe sprechen, bin ich einverstanden. Aber ich möchte, daß Sie mich von hinten filmen!" Die "Unterhaltung" begann mit einer Profilaufnahme, doch ganz plötzlich blickte er frontal in die Kamera. Ein wahres Glück: Was wäre "HCB" ohne seine Augen?

1936

Stalin und Guelia

© Kalaschnikow
David King Collection
018

Als unsere Korrespondentin in Moskau, Dascha Tolstoi, uns mitteilte, daß sie die "kleine" Guelia ausfindig gemacht habe, war die Freude groß. 1996 hatte die Presse über sie geschrieben, nachdem Guelia Markizova Einsicht in die KGB-Akte ihrer Mutter erhalten hatte.

1936

Migrant mother

© The Dorothea Lange Collection/
The Oakland Museum of California/
City of Oakland/
Gift of Paul S. Taylor
019

Um Kathleen McIntosh zu finden, das kleine Mädchen, das sich an seine Mutter schmiegt, mußte Nathalie Bourdon, Journalistin bei Capa, eine regelrechte Spurensuche veranstalten. Den entscheidenden Hinweis gab die Veröffentlichung des Fotos am 24. August 1983 in der *New York Times*, in der die Kinder von Florence Thompson zu Spenden aufriefen, um ihrer an Krebs erkrankten Mutter zu helfen. So erfuhren wir, daß "Migrant mother" nach Modesto in Kalifornien gezogen war, wo auch Kathleen McIntosh lebt.

1936

Die Volksfront

© Willy Ronis
Rapho
020

Sie hatten sich zwar schon geschrieben, waren einander aber nie wiederbegegnet. Anläßlich des 60. Jahrestags der Volksfront schrieb Susanne Trompette zum ersten Mal an Willy Ronis: Sie hatte das Foto in einer Veröffentlichung von *La Vie ouvrière* entdeckt und bat um zwei Abzüge. Es folgten noch zwei Briefe, und dann das Treffen in einem Café.

1936

Spanischer Bürgerkrieg

© Robert Capa
Magnum Photos
021

Wir hätten gerne Cornell Capa, den Bruder von Robert, kennengelernt – ebenfalls einer der großen Fotografen der Agentur Magnum und Gründer des International Center of Photography in New York. Doch leider war das nicht möglich: "Cornell ist sehr erschöpft", sagte uns sein Freund John Morris lediglich.

1937

Der Zeppelin explodiert

© Sam Shere
Keystone
022

Keiner der Nachfahren von Ferdinand Graf von Zeppelin wollte über dieses Foto sprechen. Zu einem Zeitpunkt, da das Unternehmen Rundflüge über die Alpen ankündigt, fürchtete man vielleicht um das Image …

1942

Leiden auf der Krim

© Dmitri Baltermants
Tatiana Baltermants
023

Tatiana Baltermants, das spürt man, ist keine Frau der feinen Nuancen. Und das ist gut so: Wer weiß, was ohne ihren eisernen Willen aus der größten fotografischen Sammlung der sowjetischen Ära geworden wäre? Ganz Tochter ihres Vaters, verteidigt sie ihn engagiert in ihrer Datscha in der Nähe von Moskau, während in den USA ihr Agent die Stellung hält.

1943

Warschauer Ghetto

© Rechte vorbehalten
024

Ist er der kleine Junge, der zum Sinnbild der Tragödie des Warschauer Ghettos wurde? Eine skandinavische Dokumentation hat uns in der Überzeugung bestätigt, daß Tsvi Nusbaum dieser Junge ist. Zwei entscheidende Faktoren sprechen dafür: Die Aufnahme entstand nicht, wie immer gesagt wurde, im Ghetto, da es 1943 keine überlebenden Kinder mehr gab. Ein computergestützter morphologischer Vergleich des Gesichts auf dem Foto mit einem Porträt des zehnjährigen Tsvi Nusbaum ergab verblüffende Übereinstimmungen. Und was den New Yorker Arzt betrifft: Er hat nichts von einem Lügner oder Phantasten.

1944

Die Landung in der Normandie

© Robert Capa
Magnum Photos
025

Wir hätten nie gedacht, daß wir den Helden dieses "leicht verschwommenen" Fotos finden würden. Cornell Capa, Roberts Bruder, konnte uns jedoch Namen und Adresse geben. Jahrelang hatte Edward Regan die Seite aus *Life* mit dem Bild von sich aufgehoben, bis sie buchstäblich in Fetzen ging. Daher wandte er sich an Cornell, mit der Bitte um einen Abzug. Kurz nach unserem Gespräch ist der alte Herr gestorben.

1945

Iwo Jima

© Joe Rosenthal
Associated Press
026

Zu unserem außerordentlichen Bedauern haben wir Joe Rosenthal, der 1997 schwer erkrankt ist, nicht treffen können. 1995 hatte ihn jedoch ein Team des Festivals Visa in Perpignan interviewt – dies ist das einzige gefilmte Gespräch, dem dieser zurückhaltende Mann, Urheber des berühmtesten Fotos der USA, jemals zugestimmt hat.

1945

Die Lager des Todes

© H. Miller
National Archives/
Courtesy of USHMM
Photo Archives
027

Wir haben wirklich nichts unversucht gelassen, um Henry Miller zu finden, den amerikanischen Soldaten, der diese Aufnahme gemacht hat. Vergeblich. Weder über Militärarchive noch durch Veteranenverbände war zu erfahren, was aus ihm geworden ist.

1945

Mussolinis Tod

© Vincenzo Carrese
Publifoto Olympia
028

Dieses Foto wurde von Vincenzo Carrese gemacht, der mit Fidele Toscani, dem Vater des Art-directors von Benetton, die erste italienische Fotoagentur gründete. Einige Jahre vor diesem Bild hatte Toscani einen hübschen Coup gelandet: Ein Foto von Mussolini beim Urinieren in einen Straßengraben in Sizilien. Das Bild, für gutes Geld in die Schweiz verkauft, versetzte die führenden Faschisten, die den Fotografen nie identifizieren konnten, in helle Wut. Oliviero Toscani hat es abgelehnt, uns ein Interview zu geben.

1945

Die rote Fahne

© Jewgeni Chaldei
Ana Chaldei/Corbis/
Sipa Press
029

Wir hatten uns für den 13. November 1997 in seiner Wohnung in einem Moskauer Vorort verabredet. Wir waren dort, nicht aber er: Jewgeni Chaldei war am 6. Oktober gestorben. Er ist achtzig Jahre alt geworden. "Bevor wir uns unterhalten", sagte seine Tochter Ana, "müssen wir auf seine Gesundheit anstoßen." Und wir tranken ein Glas Wodka im Gedenken an diesen bescheidenen Großmeister der Fotografie, der sein Leben mit einer monatlichen Rente von 70 DM beendete.

1945

Hiroshima

© George Caron
Rechte vorbehalten
030

Es war unmöglich, die Mannschaft der *Enola Gay* zu befragen: Der Artillerist George Caron ist tot, und seine Frau will keine Stellungnahme abgeben. Der Pilot Paul Tibbets seinerseits hat einen Agenten verpflichtet, der astronomische Summen für Interviews fordert. Unser besonderer Dank gilt Vicki Goldberg, Autorin des Buches *Power of Images*, die uns bei drei Fotos, darunter dem von Hiroshima, mit ihrer Sachkenntnis geholfen hat.

1946

Mahatma Gandhi

© Margaret Bourke-White
Life Magazine/
PPCM
031

Es war eine unserer Lieblingsfragen: Wen sollten wir die "Anekdote" – die kleine Geschichte zu dem Foto – erzählen lassen? Margaret Bourke-White hat keine Nachkommen. Und diejenigen, die sie gut kannten, sind gestorben oder aber zu alt, als daß wir sie hätten treffen können. Es ist Sean Callahan, Autor eines Buches über die Fotografin, zu verdanken, daß das Bild zu diesem Buch gehört. Und es ist eine Möglichkeit, *Life Magazine* die Ehre zu erweisen.

1947

Die Exodus

© Rechte vorbehalten
032

Dank vor allem an die Zeitschrift *L'Arche* in Paris, die uns half, die Zeugen dieses Abenteuers zu finden, ohne die wir das Foto nicht hätten publizieren können: Negativ und Abzüge waren unauffindbar.

1950

Der Kuß vor dem Rathaus

© Robert Doisneau
Rapho
033

Nichts war einfacher, als den verliebten Mann des berühmtesten Kusses des Jahrhunderts zu finden. Mit Robert Doisneau solidarisch, hatte Jacques Carteaud in dem Prozeß ausgesagt, den ein französisches Paar gegen den Fotografen angestrengt hatte. Doisneau und sein "Modell" haben sich mehrmals wiedergetroffen, vor allem in Südfrankreich.

1950

Der Kuß der Rosenbergs

© Rechte vorbehalten **034**

Der Fotograf des Bildes, das für die wichtigste politische Justizaffäre der US-Nachkriegszeit steht, ist unbekannt. Auch war kein besserer Abzug möglich: Das Negativ ist verschwunden.

1951

Geburt im Kibbuz

© **David Seymour**
Magnum Photos **035**

Ohne ein Foto von David Seymour, einem der Gründungsväter von Magnum, konnten wir dieses Buch nicht machen. Aber welches nehmen? Als Ariel Cohen uns aus Israel mitteilte, daß er Eliezer Trito gefunden habe, war es entschieden: die Magnum-Fotografen, die durch den Holocaust zutiefst erschüttert waren, haben ausführlich über die Geburt des Staates Israel berichtet.

1954

Auf der Straße nach Cuzco

© **Werner Bischof**
Magnum Photos **036**

Wir haben wirklich ALLES versucht, um den kleinen Indio zu finden: Das Bild wurde in einer Zeitung in Cuzco veröffentlicht; Olinda Celestino, eine peruanische Anthropologin, verteilte Abzüge in der Umgebung des "geheiligten Tales". Vergeblich: Keiner meldete sich. "In dieser entlegenen Andenregion sind Fotos kein sehr verbreitetes Medium", sagt Olinda. "Das Fehlen einer Bildkultur mag erklären, daß die Menschen selbst eine nahestehende Person auf einem Foto nicht erkennen können."

1960

Che

© **Alberto Korda** **037**

Was könnte man dem Gesagten über dieses zur Ikone gewordenen Fotos noch hinzufügen? Vielleicht den Satz von Ernesto Guevara March, dem jüngsten Sohn von Che: "Das Foto ist mir unerträglich geworden: Ich habe es auf T-Shirts gesehen, die von der MSI, der italienischen faschistischen Partei, hergestellt werden!"

1960

Marilyn

© **Eve Arnold**
Magnum Photos **038**

Warum dieses Foto und nicht das von Marilyn im Abendkleid über dem U-Bahnschacht, mit dem Schauspieler Tom Ewell? Noch nie hat sich eine Schauspielerin so perfekt die Möglichkeiten der Fotografie zunutze gemacht. Und niemand konnte uns diese Geschichte besser erzählen als Eve Arnold.

1960

Lumumba

© **Dietrich Mummendey**
Corbis/
Sipa Press **039**

Fast wäre das Bild nicht in diesem Buch erschienen. Am Tag von Lumumbas Verhaftung waren zwei Fotografen vor Ort: Horst Faas für die Agentur Associated Press und Dietrich Mummendey für United Press International. Ihre Aufnahmen wurden weltweit publiziert. Doch AP hat alles verloren, Negative wie Abzüge. Und UPI existiert nicht mehr. Schließlich erhielten wir ein Duplikat von Mummendeys Bild durch die belgische Zeitung *Le Soir*, die es viermal veröffentlicht hat.

1961

Die Berliner Mauer

© **Peter Leibing** **040**

Es war nicht schwierig, die zwei Protagonisten dieses Fotos zu finden: Peter Leibing lebt noch immer in Hamburg, und seit ihrer ersten Begegnung 1986 war er in Kontakt mit Konrad Schuman geblieben. Mit Bestürzung haben wir erfahren, daß der Mann, der "stolz darauf war, die Freiheit zu verkörpern", 1998 Selbstmord begangen hat.

1961

Lei Pheng

© **Zhou Jun**
Xinhua/Sipa Press **041**

Dank Anne Loussouarn, unserer Korrespondentin in Peking, haben wir Zhou Jun, den Fotografen dieser Ikone des Maoismus, interviewen können. Der kleine Soldat, so bestätigte man uns, wurde am 15. August 1962 von einem Lastwagen überfahren.

1962

Die Kuba-Krise

© **CIA** **042**

Der eine arbeitete beim fotografischen Dienst der CIA, der andere war damals KGB-Oberst und Botschafter der UdSSR in Kuba. Wir trafen Dino Brugioni in den USA und Alexander Alexejew in Rußland: Ein doppelter Blick auf die Geschichte eines Fotos, von dem beide übereinstimmend sagen, daß es geholfen habe, "den Atomkrieg zu verhindern".

1963

Der Mord an JFK

© **James W. Altgens**
Associated Press **043**

Ursprünglich wollten wir über den Film, den Abraham Zapruder gedreht hat, erzählen: Sechs Sekunden auf Super 8, die er für 150 000 Dollar an das *Life Magazine* verkaufte, das dann Fotogramme davon veröffentlichte. Vom Wunsch zur Realität: Die amerikanische Regierung hat davon Abstand genommen, das Dokument zu kaufen, obwohl es von öffentlichem Interesse ist: Die Rechteinhaber verlangten 20 Mio. Dollar! Und Oliver Stone mußte 40 000 Dollar bezahlen, um die 6 Sekunden in seinen Film *JFK* einzubauen.

1964

Paul VI. im Gelobten Land

© **Georges Ménager**
Paris Match **044**

Warum dieses Foto? Zum einen als Erinnerung an einen Kollegen bei der Agence Capa, dem Produzenten der Fernsehserie, die diesem Buch zugrunde liegt. Zum anderen als Hommage an *Paris Match*, mit *Life Magazine* die bedeutendste Illustrierte des Jahrhunderts.

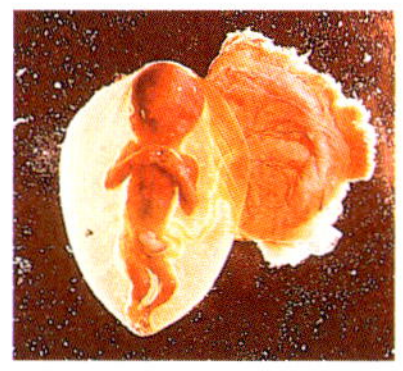

1965

Die Geheimnisse des Lebens

© **Lennart Nilsson**
Life Magazine/PPCM **045**

Wir hatten davon geträumt, die Person befragen zu können, zu der dieses Ungeborene geworden ist. Bis wir erfuhren, daß es aufgrund einer Bauchhöhlenschwangerschaft abgetrieben wurde. Deshalb war es auch so schwierig, ein Interview mit Nilsson zu bekommen. Aber er kann beruhigt sein: Das Foto wird im Kollektivbewußtsein bleiben und darauf kann er stolz sein.

1966

Maos Bad

© **Quian Sije**
Xinhua/Sipa Press **046**

Es ist wie ein Foto von einem anderen Stern: Wer könnte sich 30 Jahre später eine ähnliche Situation mit Bill Clinton oder Tony Blair vorstellen? Anne Loussouarn, unsere Korrespondentin in Peking, hat Quian Sije, den Fotografen dieses bei uns so bekannten Bildes, getroffen: In China zieht man ein anderes, einige Minuten später entstandenes Foto vor – Mao im Bademantel, der die Menge grüßt.

1967

Hügel 881

© **Catherine Leroy** **047**

Als wir zu seiner Hütte im hintersten Arizona kamen, machte er gerade Makramee-Arbeiten. Ein Leuchten ging über sein Gesicht, als er seine "Schwester im Herzen", Catherine Leroy, sah, die seinen Schmerz als Marine im vietnamesischen Morast unsterblich gemacht hat. "Wie mutig sie war", sagte Vernon Wyke nur. Die beiden lächelten sich an, und wir begriffen, daß das Foto sie für immer vereint hat.

1967

Protest gegen den Vietnamkrieg

© **Marc Riboud**
Magnum Photos **048**

Die Recherche zu diesem Foto gehört zu den schönsten der zweijährigen Arbeit: 1992 schrieb das "Blumenmädchen" Jane Rose Kasmir an Marc Riboud. Fünf Jahre später ist sie unter der angegebenen Adresse nicht mehr zu erreichen. Also mußten wir die Telefonbücher der USA konsultieren: 41 Kasmirs, aber keine Jane Rose. In ihrem Brief hatte die hübsche Brünette jedoch einen Hinweis gegeben: Sie war mit 42 Jahren Mutter geworden, von "Lisa Ann" wie "L. A. Kasmir", der neunte Name auf unserer Liste. Warum nicht, sagt sich Delphine de la Selle, die bei Capa arbeitet. Bingo! Wir geben die Adresse an Marc Riboud weiter, der Annick Cojean von *Le Monde* einschaltet. Et voilà!

1968

Der Mord an Martin Luther King

© **Joseph Louw**
Life Magazine/PPCM **049**

Es ist unmöglich, mit den Kindern von Martin Luther King zu sprechen, es sei denn, man zahlt – und zwar sehr viel. So viel, daß wir darauf verzichten mußten, für die Fernsehserie einen Ausschnitt aus der Rede zu verwenden, in der der schwarze amerikanische Pastor den berühmten Satz ausspricht: "I have a dream." Und das hat uns doch sehr enttäuscht.

1968

Mai 68

© Gilles Caron
Contact Press Images

050

Wir haben nicht herausfinden können, wer der unerschütterliche Ordnungshüter auf dem Foto ist. Dabei haben wir nichts unversucht gelassen: Die Archive der Präfektur in Paris, die Verbände Ehemaliger … Schließlich der Eindruck: Er versteckt sich, sofern er nicht gestorben ist und sein Geheimnis mit ins Grab genommen hat.

1968

Gereckte Fäuste in Mexiko

© John Dominis
Life Magazine/PPCM

051

Dank Annick Cojean von *Le Monde* haben wir Tommie Smith wiederfinden können. Denn der Name des Mannes, dessen Höhenflug ein so abruptes Ende fand, war aus der Adressenliste des amerikanischen Leichtathletikverbandes gestrichen worden.

1968

Das Ende des Prager Frühlings

© Ladislav Bielik
Agentura Oko

052

Um ehrlich zu sein, hätten wir unter das Foto zu diesem Kapitel gern "Joseph Kudelka" gesetzt. Doch das war leider nicht möglich, da er die Ausstrahlung der gedrehten Reportage untersagt hat. Unwichtig: Bieliks Foto war das am häufigsten veröffentlichte Bild der Geschehnisse, und wir freuen uns, einem Fotografen die Ehre erweisen zu können, dessen Talent von den sowjetischen Panzern zerrieben wurde.

1969

De Gaulle

© Jean-Pierre Bonnotte
Gamma

053

Er hat uns oft zum Lachen gebracht, was bei den sonst doch sehr ernsten Themen dieser Serie eher selten war. Der Ort der Dreharbeiten: Colombey-les-deux-Eglises, das Wäldchen gegenüber von de Gaulles Landsitz, in dem Jean-Pierre Bonnotte tagelang auf der Lauer lag. Es fehlten nur die Plastikplanen und Bierdosen!

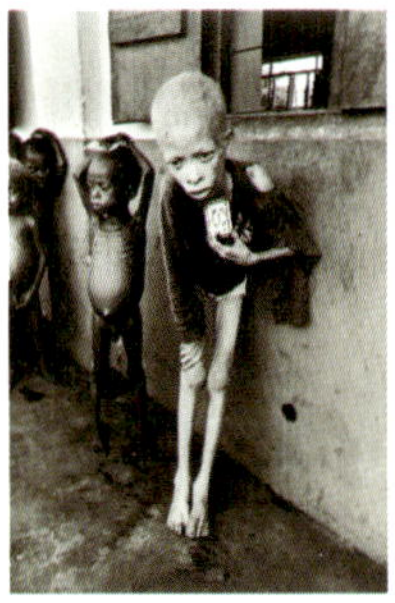

1969

Biafra

© Don McCullin
Contact Press Images

054

Es war eine der eindrucksvollsten Begegnungen dieser Reise um die Welt: An diesem Tag wütete ein Sturm über Südengland, und wir kamen viel zu spät zu unserer Verabredung. "Ich gestehe Ihnen vier Stunden zu", hatte Don McCullin, der im tiefsten Somerset lebt, gesagt. Der Blick aus seinen blauen Augen geht uns durch und durch, wir vergaßen darüber unser Englischkenntnisse. Egal: Wir mußten nur zuhören.

1969

Der Mensch betritt den Mond

© Neil Armstrong
NASA

055

Keine Chance, Neil Armstrong zu treffen: Die NASA gibt seine Adresse nicht heraus, da "er sehr krank" sei. Gerüchten zufolge hat er es nicht verarbeitet, einen der ältesten Träume der Menschheit verwirklicht zu haben.

1971

Die Überlebenden des Jahrhunderts

© Jean-Pierre Laffont
Sygma

056

Warum dieses Foto? Zum einen handelt es sich um eines der großen "Abenteuer" des Jahrhunderts. Außerdem erschien es uns interessant, ein Beispiel dafür zu geben, was in der Branche "abstauben" genannt wird. Denn das ist zwar eine gängige Praxis, aber nur selten spricht ein Profi darüber.

1971

Massaker in Dakka

© Christian Simonpietri
Sygma

057

Macht man das Bild oder macht man es nicht? Diese Frage berührt ein Grundproblem: die Ethik des Fotojournalismus. Christian Simonpietri machte das Foto, Marc Riboud verzichtete darauf: Verschiedene Reaktionen auf ein extremes Erlebnis.

1972

Bürgerkrieg in Nordirland

© Christine Spengler

058

3. Februar 1999: Die Zeitung *Irish News* druckt das Foto von Christine Spengler auf der ersten Seite mit der Legende: "Wer sind diese Kinder? Rufen Sie uns an!" Am Tag darauf bricht die Telefonleitung schier zusammen, sogar aus Kanada gehen Anrufe ein! Fünfzehn waren sie auf dem Foto, neun von ihnen trafen sich mit Christine Spengler in dieser Straße von Londonderry, das eine Hochburg des Widerstands gegen die "britische Besatzung" war.

1972

Napalm

© Nick Ut
Associated Press

059

Sie gab den Anstoß zu dem *Die Fotos des Jahrhunderts*: 1989 erfuhren wir während einer Reportage auf Kuba, daß Kim Phuc in Havanna studiert. Vier Jahre später versuchten wir, sie zu kontaktieren, aber sie war nach Kanada ins Exil gegangen. Bei einer Capa-Redaktionskonferenz schlugen wir eine Serie vor, die die Geschichte des Jahrhunderts mit Hilfe seiner großen Fotos erzählen sollte: "Nur zu!" nickte Hervé Chabalier, der Chef der Agentur. Die Begegnung mit Kim Phuc kam im Herbst 1998 in Toronto zustande.

1972

Tomoko beim Bad

© Eugene Smith
Magnum Photos

060

Es war nicht möglich, mit Tomokos Eltern zu sprechen, die es seit dem Tod ihrer Tochter ablehnen, sich über das Foto zu äußern. Als sie 1972 einverstanden waren, "die Krankheit von Minamata" öffentlich bekannt zu machen, hatten sie keine Sekunde daran gedacht, daß dieses Bild ein Eigenleben haben könnte, über den Tod von Tomoko hinaus.

1973

Das letzte Bild von Allende

© New York Times

061

Es war regelrechte Kriminalistik, die uns von Santiago über New York und Madrid nach Miami führte. Vergeblich: Der Fotograf dieser Aufnahme, der unbekannte Preisträger des World Press Award 1973, war nicht zu identifizieren. Nach letzten Informationen soll er Chiruco Bravo geheißen haben und vor kurzem gestorben sein. Einem anderen Gerücht zufolge hat ihm ein Militär beim Verlassen der Moneda den Film abgenommen und die Bilder unter eigenem Namen verkauft.

1974

Der Blitzer

© Ian Bradshaw
Mirror Syndication International

062

"Lassen Sie mich doch mit dieser alten Geschichte in Frieden, ich kann sie nicht mehr hören!" Der pensionierte Polizist knallte den Hörer auf die Gabel! Wider Willen ist er einer der Helden des Fotos. Sein Kollege Bruce Perry – der den Helm hält – erzählt, der Arme sei zusammengebrochen, als das Foto wochenlang an den Londoner Bushaltestellen hing!

1974

Mohammed Ali

© Howard Bingham

063

Es ist nicht DAS Foto dieses legendären Boxkampfes. Aber Howard Bingham ist der Fotograf von Mohammed Ali: Als Ali jubelnd die Faust in den Himmel reckte, vergaß Bingham, auf den Auslöser zu drücken. Aus gutem Grund: Vor Freude umarmte er seine Nachbarn!

1975

Carlos

© Nik Wheeler
Sipa Press

064

Abdelaziz Bouteflika, damaliger algerischer Außenminister, hat auf unsere Interviewanfrage nicht reagiert. Und der französische Justizminister verweigert kategorisch Pressebesuche bei Carlos im Gefängnis, wo dieser seine Strafe verbüßt.

1976

Krieg im Libanon

© Françoise de Mulder

065

Es geschah am selben Ort, an dem das Foto entstand. Marc de Banville filmte Fouad Abu Nadar, einen der Falangisten dieser schwarzen Nacht, als sich ein alter Palästinenser einmischte und auf die Frau auf dem Bild zeigte. Die beiden Männer sind offenbar nicht einer Meinung. "Was sagt er?" fragt Marc. Fouad Abu Nadar übersetzt: "Er sagt, daß die Zivilisten verschont wurden." "Lügner!" fährt unser Dolmetscher in Paris hoch. "Er sagte: 'Diese Frau ist meine Cousine! Sie wurde kurz darauf getötet.'"

1976

Bob Marley

© Kate Simon

066

Wir hätten gern mit Rita Marley, der Witwe, über die Geschichte des Fotos gesprochen, das im Eingang des Museums hängt, das sie in Jamaika eröffnet hat. Roger Steffens, der sie gut kennt, riet uns, uns auf der Insel niederzulassen, um mit Sicherheit einen Termin zu bekommen!

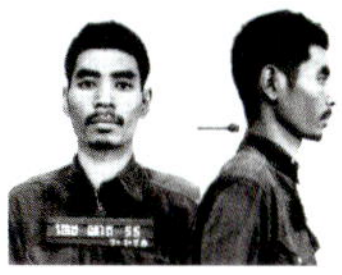

1978

Die Opfer von Pol Pot

© Nhem Ein
Rechte vorbehalten 067

Es erschien uns unverzichtbar, die Fotos der Gefolterten von Tuol Sleng in diese illustrierte Geschichte des Jahrhunderts aufzunehmen. Marie-Christine Courtès hat in Phnom Penh Nhem Ein, den Fotografen all dieser Porträts, aufgespürt. Wir haben das Foto von Vann Nath ausgewählt, einem der sieben Überlebenden dieses Vernichtungslagers, weil er auch im Namen aller Opfer spricht.

1978

Aldo Moro ermordet

© Gianni Giansanti
Sygma 068

Kann man heute noch ein Foto wie dieses veröffentlichen, ohne das Risiko einzugehen, wegen Verletzung der Persönlichkeitsrechte verklagt zu werden? Wohl kaum. In den USA wie in Europa sind die gesellschaftlichen Beziehungen immer stärker durch die Rechtsprechung geprägt, und das betrifft auch den Fotojournalismus. Immer häufiger erheben fotografierte Personen und ihre Familien Klage und fordern Schmerzensgeld: "Im Fall meines Vater," sagt Giovanni Moro, "ging das Recht auf Information über das Recht auf die Privatsphäre."

1978

Südafrika

© Abbas
Magnum Photos 069

Dank der Bemühungen der südafrikanischen Botschaft in Paris konnten wir General Malan treffen, den weißen Protagonisten dieser Aufnahme, die die Apartheid symbolisiert. Ein Beweis mehr dafür, daß sich die Dinge in Südafrika geändert haben.

1978

Revolution in Nicaragua

© Susan Meiselas
Magnum Photos 070

1991 kehrte Susan Meiselas nach Nicaragua zurück, um die Menschen wiederzusehen, die sie 1978–79 fotografiert hat. Ihre gefilmte Recherche ist ein ausgezeichneter Dokumentarfilm mit dem Titel *Bilder einer Revolution*. Und bei dieser Reise erneuerte sie ihre Freundschaft zu Justo, einem der Guerilleros auf dem Bild.

1978

Boat People

© Alain Dejean
Sygma 071

Es war eine regelrechte Fleißarbeit, die die Capa-Journalistin Geneviève de Montgolfier leisten mußte, um die Passagiere der *Hai Hong* zu finden. Auf den Listen des Flüchtlingshochkommissariats steht hinter den Namen der Tausenden geretteten "boat people" nur das Land, das sie aufnahm! Ein Verband vietnamesischer Flüchtlinge in den USA druckte das Foto und stellte so den Kontakt zu Familie Phu in Los Angeles her.

1979

Ayatollah Khomeini

© Michel Setboun 072

Über die Rückkehr Khomeinis in den Iran haben zahlreiche Fotojournalisten berichtet. Auch dieses Motiv ist so ähnlich mehrfach aufgenommen worden, unter anderem von David Burnett. Da der Contact-Reporter jedoch schon mit seinem Bild von Mary Decker in Los Angeles vertreten ist, haben wir das seines Kollegen Michel Setboun gewählt: Auch so setzte sich allmählich das Illustrationen-Mosaik des 20. Jahrhunderts zusammen.

1980

Afghanistan

© Alain Mingam
Gamma 073

Die Serie, zu der diese Aufnahme gehört, erhielt einen World Press Award. Über die Umstände seiner Entstehung gibt es Gerüchte: "Für den Fotografen gestelltes Bild", lautet der Vorwurf. Mehrabodin Masstan, ein ehemaliger Mudjaheddin, der damals für die Pressearbeit zuständig war, erklärt: In der Anfangsphase des afghanischen Widerstandes, der durch organisierte Denunzierung geschwächt wurde, war die öffentliche Hinrichtung von "Verrätern" oder Verdächtigen gang und gäbe, um potentielle Feinde abzuschrecken.

1980

Streik in Danzig

© Alain Keler
Sygma 074

Nach dem Foto versuchte Alain Keler, nach Polen zurückzukehren. Aber Jaruzelskis Geheimdienst führt ihn in seinen Listen. Bei der Ankunft in Warschau wird er verhaftet und verhört, bis man ihm ein Angebot macht: "Ich sollte die Kollegen, die mit einem Touristenvisum zurückzukehren versuchten, und die 'unkontrollierbaren Elemente' der Solidarnosc denunzieren. Ich weigerte mich und wurde ausgewiesen. Bis zum Ende des Regimes durfte ich nicht nach Polen einreisen."

1980

Iran-Irak-Krieg

© Henri Bureau
Sygma 075

Das Foto ist "gestellt", und Henri Bureau gebührt das Verdienst, dies einzuräumen: Das ist in diesem Metier, wo man eifersüchtig seine kleinen Geheimnisse hütet, selten.

1981

Putsch in Madrid

© M. Perez Barriopedro
Agencia Efe/Sipa Press 076

Die Überraschung von Franck Duprat, unserem Korrespondenten in Barcelona, war groß, als ihm das Presseamt des spanischen Parlamentes mitteilte: "Sie erhalten keine Genehmigung, Manuel Perez Barriopedro in den Cortes zu filmen, denn das auf dem Foto abgebildete Ereignis ist nur ein Detail in der spanischen Geschichte!" Franck erzählt dies zwei Journalisten, die ihm sofort anbieten, einen Artikel darüber zu schreiben, "wenn man uns dies offiziell bestätigt". Umgehend erhält Franck die Dreherlaubnis.

1981

Attentat auf Ronald Reagan

© Ron Edmonds
Associated Press 077

Ein Beispiel für die unterschiedliche Stellung als Fotograf: Einerseits Ron Edmonds, der bei AP angestellt ist, andererseits der Freiberufler Sebastião Salgado, Mitglied der Kooperative Magnum. Der erste tut, was man ihm sagt, und kümmert sich um nichts weiter; der zweite wählt seine Themen selbst und bezahlt die Hälfte der Unkosten. Edmonds verdient gleichmäßig, bei Salgado gibt es enorme Schwankungen. Am Rande: Agenturfotografen haben oft ein kurzes Gedächtnis – nur wenige erinnern sich daran, wieviel ihnen ein "Scoop" eingebracht hat.

1981

Der Kuß

© Douglas Kirkland
Contact Press Images 078

Wir hätten gern erfahren, wieviel dieses Foto seinem Urheber eingebracht hat, aber in diesen Dingen ist man diskret...

1982

François Mitterrand

© Guy Le Querrec
Magnum Photos 079

"Darf ich die Fotos veröffentlichen?" fragte Guy Le Querrec am Ende der zehn Sitzungen. "Das wäre mir nicht so recht..." erwiderte Mitterrand. Der Fotograf wartet sechs Jahre, bevor er die Serie publiziert: In *Le Monde* sieht er eine Karikatur von Pancho, die von seiner Arbeit inspiriert wurde. Er wischt die Bedenken des Präsidenten beiseite. Als François Mitterrand seine zweite Amtsperiode anstrebt, geht das Foto um die Welt.

1982

Der Falklandkrieg

© Rafael Wollman
Gamma 080

Von Beginn des Falklandkriegs an kontrolliert die Regierung Thatcher streng die Pressearbeit. Nur einige handverlesene Fotografen dürfen an Bord der Schiffe der britischen Flotte. Don McCullin, einer der größten Kriegsreporter des Jahrhunderts, berichtet in seinen Memoiren, wie er damals abgewiesen wurde. Das wirft ein neues Licht auf den Scoop von Rafael Wollman!

1983

Arafat in seinem Bunker

© Reza
Sipa Press 081

Es war eine weitere immer wiederkehrende Frage bei dieser Serie: Anderthalb Jahren warteten wir auf ein Interview mit dem Palästinenserführer. Wir haben alles versucht, aber vergeblich.

1983

Sizilianische Chroniken

© Franco Zecchin 082

Als Benetton 1992 seine Kampagne "Schockrealität" startete, bei der Dokumentarfotos, darunter auch das von Zecchin, benutzt wurden, erhoben die abgebildeten Frauen Klage. Sie gewannen den Prozeß und bekamen eine Entschädigung im Sinne des "Schutzes der Persönlichkeit". Die Richter begründeten ihr Urteil mit dem kommerziellen Charakter der Werbekampagne.

1984

Olympiade in Los Angeles

© David Burnett
Contact Press Images 083

Als das Foto in einer großen amerikanischen Wochenzeitung erschien, bemerkte David Burnett zu seinem Erstaunen, daß es retuschiert worden war: Die Antenne des Walkie-Talkie der Sanitäterin war verschwunden. Zehn Jahre vor der Entwicklung digitaler Techniken zur Bearbeitung und damit Manipulation von Bildern löst diese Geschichte eine erregte Debatte über die Ethik im Fotojournalismus aus.

1985

Das Mädchen aus Armero

© **Frank Fournier** 084

Contact Press Images

"Ich kann Omayras Mutter finden", sagte uns der Journalist German Santamaria, "aber sie hat bisher jeden Kommentar verweigert. Soll ich sie überreden?" Die Frage löste eine lange Diskussion innerhalb unseres Teams aus. Schließlich beschlossen wir, nichts zu unternehmen. Es kommt vor, daß die Opfer einer Katastrophe freiwillig darüber sprechen, aber das ist bei der Mutter der kleinen Märtyrerin nicht der Fall: Wir respektieren ihren Entschluß.

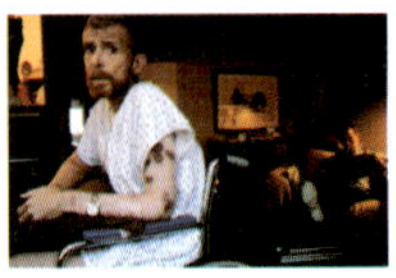

1986

Aids

© **Alon Reininger** 085

Contact Press Images

Es ist die Geschichte eines Fotos, das sein Leben lebt, nachdem sein Protagonist gestorben ist. Für den Überlebenden, den man im Hintergrund wahrnimmt, ist das schwer. Wie bei "Tomoko" von E. Smith hat diese unkontrollierbare Autonomie des Bildes das Verhältnis zwischen dem Fotografen und dem Fotografierten gebrochen.

1986

Tschernobyl

© **Igor Kostin** 086

Wir hatten große Mühe, mit Igor Kostin Kontakt aufzunehmen, der aus Schaden klug geworden war: Auf eine Einladung hin hatte er seine Bilder in Italien ausgestellt, mußte später jedoch entdecken, daß eine Agentur die Abzüge an sich gebracht und vermarktet hat, ohne ihn darüber zu informieren, geschweige denn zu bezahlen.

1989

Der Fall der Berliner Mauer

© **Raymond Depardon** 087

Magnum Photos

Wegen eines Schneesturms kamen wir viel zu spät zu dem Hotel, in dem wir verabredet waren. "Ist er immer noch Punk?" fragten wir an der Rezeption. "Punk? Nein, er ist Rasta!" Panik brach aus: ein Schwindler? Wir hatten das Foto in einer deutschen Zeitung veröffentlicht. Und eines Tages rief Armin Strauch an: "Das bin ich, aber ich lebe in Bayern." Und er war es: Von Rasta keine Spur, er hatte gerade mal ein Zöpfchen unter seinem Kopftuch. Aber in Bayern ist das schon viel!

1989

Tiananmen

© **Stuart Franklin** 088

Magnum Photos

Monatelang sind wir dem Gerücht nachgegangen: Er stamme aus der Provinz Hunan, heiße Wang Wei Min, habe in Paris gelebt und sei nun in den USA zu finden. Alle Fährten erwiesen sich als falsch oder führten zu nichts. Das Gerücht kam in einer Zeitung in Hongkong auf, wo ein Zeuge den mysteriösen Unbekannten von Tiananmen erkannt haben wollte.

1991

Die Autobahn des Todes

© **Jacques Langevin** 089

Sygma

Es ist nicht das bekannteste Bild des Golfkriegs, aber es erlaubt, dessen Paradox zu thematisieren. Nie hat es bei einem Krieg eine derartige Medienpräsenz gegeben, und nie sind so wenig Bilder haften geblieben. Betrachtet man die gemachten Aufnahmen, vergißt man fast, daß dieser Krieg mindestens 300 000 Menschenleben gekostet hat.

1991

Die Schwarze Flut im Golf

© **Sebastião Salgado** 090

Amazonas/
Contact Press Images

Sebastião Salgado sei Dank, daß wir mit Mike Miller, einem der Feuerwehrmänner auf dem Foto, Kontakt aufnehmen konnten. Er arbeitet immer noch bei der kanadischen Firma Safety Boss, deren Arbeit der Fotograf einen Monat lang dokumentiert hat.

1991

Die Hochzeit von Liz Taylor

© **Phil Ramey** 091

Ramey Photo Agency

Es ist unglaublich: Dieses verschwommene und unterbelichtete Foto ging durch die internationale Regenbogenpresse. Der Fotograf ist einer der größten Paparazzi überhaupt, der auch zu seinem Beruf steht und darüber spricht. Nach dem tragischen Tod von Lady Di war das ein unverhofter Glücksfall.

1992

Die vergewaltigten Frauen in Bosnien

© **Andrée Kaiser** 092

G.A.F.F./Sipa Press

Mit Roy Gutmans Hilfe haben wir versucht, eine der Frauen dieses Bildes wiederzufinden. Die Gynäkologin, die die Opfer im Krankenhaus von Tuzla versorgte, hat eine der Frauen kontaktiert: Zunächst stimmte sie zu, dann hatte sie jedoch Bedenken: Wir haben nicht darauf insistiert.

1992

Der Sieg über den Leuchtenden Pfad

© **Wesley Bocxe** 093

Sipa Press

Der Vorschlag, dieses Foto zu nehmen, stammt von Franck Duprat, unserem Korrespondenten in Barcelona. Auf die Idee hatte ihn Hector Mata gebracht, der für Agence France Press bei der "Zurschaustellung" von Abimael Guzmán dabei gewesen war. "Wir drängten uns alle auf der Pressetribüne, als ich Wesley Bocxe bemerkte, der am Rand ganz nach oben geklettert war. Er hat recht, sagte ich mir, DAS Foto muß die ganze Inszenierung zeigen."

1994

Genozid in Ruanda

© **James Nachtwey** 094

Magnum Photos

Er ist einer derjenigen, die nur schwer zu fassen sind: James Nachtwey ist ständig unterwegs und verursachte uns einiges Kopfzerbrechen, bis wir ihn in New York festnageln konnten. Als "wahrer Diener der Information", wie ein Kollege über ihn sagt, trägt der meistprämierte Fotograf seiner Generation das Gewicht der Welt mit einer bewundernswerten Selbstlosigkeit.

1995

Die Abkommen von Oslo

© **Barbara Kinney** 095

The White House

König Hussein hatte einem Interview zugestimmt, das wegen seiner Krankheit jedoch immer wieder verschoben werden mußte. Nun, es ist nie dazu gekommen.

1995

Die Kinder von Ruanda

© **Reza** 096

Imax

Warum dieses Foto? Abgesehen von dem Drama, über das es erzählt, veranschaulicht es auch etwas anderes: Noch ist die Fotografie nicht in die Teile der Welt eingedrungen, in denen die orale Tradition über die Schrift herrscht. Bevor sie mit der Hoffnung, ihre Kinder wiederzufinden, in die Ausstellungen kamen, hatten viele der Ruandesen noch nie ein Foto gesehen.

1996

Mord in Argentinien

© **Jose Luís Cabezas** 097

Rechte vorbehalten

Festival Visa in Perpignan, September 1998: Sie sind argentinische Fotografen und kamen mit Unterstützung der Veranstalter: Eine Fluglinie spendierte das Ticket, die Unterbringung hatte der Direktor des Festivals organisiert. Ihr Anliegen: Das Schicksal von Jose Luís Cabezas bekanntzumachen, der ermordet wurde, weil er an einem noblen Strand ein Foto gemacht hatte. Als Exempel für das, was auf dem Spiel steht, gehört dieses Bild zwangsläufig in eine Serie, die auch eine Hommage an den Fotojournalismus und die Pressefreiheit sein will.

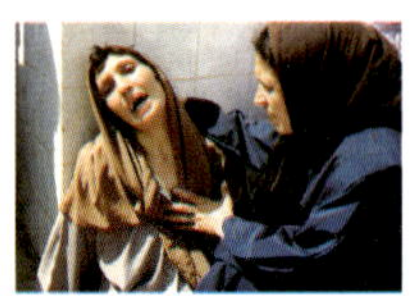

1997

Massaker in Algerien

© **Hocine** 098

AFP

Haben wir das Recht, dieses Foto zu veröffentlichen, obwohl die darauf abgebildete Oum Saâd seine Verbreitung unterbinden will? Nach reiflicher Überlegung sagen wir ja – im Namen des Rechts auf Information: Unsere Recherchen haben uns klargemacht, daß sie das Opfer politischer Manipulation wurde, die ein Bild, das stört, unterdrücken will. Dem damit verbundenen Druck nachzugeben, hieße, ein wertvolles Prinzip, eine der Säulen der Demokratie preiszugeben: die Pressefreiheit.

1997

Dolly

© **Rémi Benali und Stephen Ferry** 099

Gamma

Klonen oder nicht klonen? Manipulieren oder nicht? Nur selten hat die Form eines Fotos so sehr seinem Inhalt entsprochen. Diejenigen, die gerne über die Ethik an sich räsonieren, mögen darüber nachdenken.

1997

Planet Mars

© Aufbereitung durch Olivier de Goursac/NASA/JPL/Caltech/SAF (Société Astronomique de France, 75016 Paris) 100

Es ist das letzte Foto der Serie, und es kündigt die grundlegenden Veränderungen in den Kommunikationstechnologien am Ausgang dieses Jahrtausends an. Werden die Papierfotos, die durch so viele Hände gehen und die man an die Wand pinnt, verschwinden? Unwahrscheinlich …

Bildnachweise

- 004 Courtesy George Eastman House
- 005 Hulton Getty / Fotogram Stone Images
- 006 Florette Lartigue Rita Stevens
- 007 Fonds du Musée Impérial de la guerre, London
- 009 Miguel Casasola
- 011 Privatsammlung von Jane Chaplin
- 013 Sammlung Gerd Sander
- 014 SCAM
- 015 Sammlung Peter Hunter
- 016 Staatsarchiv München
- 017 René Burri / Magnum Gustave Courbet / Musée d'Orsay Text von André Pieyre de Mandiargues
- 018 Privatsammlung
- 020 Privatsammlung
- 021 Magnum
- 023 Sammlung Tatjana Baltermants
- 026 Sammlung J. Rosenthal
- 029 Sammlung Ana Chaldei
- 031 Life Magazine
- 033 Rapho und Sammlung Jacques Carteaud
- 035 Magnum
- 036 Sammlung Marco Bischof
- 039 Sammlung Peter Leibing
- 044 Rechte vorbehalten
- 048 Rechte vorbehalten / Sammlung Marc Riboud
- 050 Sammlung Marianne Caron
- 052 Sammlung Alicia Brelikova
- 063 Sammlung Howard Bingham
- 065 Sammlung F. de Mulder
- 073 Sammlung A. Mingam
- 086 Sammlung Igor Kostin
- 089 Sammlung J. Langevin
- 091 Sammlung Phil Ramey
- 092 Sammlung Roy Gutman
- 094 Magnum

Dank

ICH DANKE ALL DENEN, die bei der Agentur CAPA an der Fernsehserie mitgearbeitet haben, die diesem Buch zugrunde liegt. Da ist zuerst Françoise Boulègue, die das Konzept und die Realisierung des Projektes zwei Jahre lang mit ihren Ideen gefüttert hat. Und Nathalie Bourdon, Delphine de la Selle, Geneviève de Montgolfier, Françoise Khoury, Laurence Serfaty, Marion Aldighieri und Sophie Voiturin, die mit unendlicher Geduld recherchiert haben, um die Urheber und beteiligten Personen der Fotos ausfindig zu machen. Ferner die für die Produktion verantwortliche Cécile Degurse, die mit Karine Balland die Reisen in alle Winkel der Erde organisierte und sich um die Abzüge der Aufnahmen kümmerte, und Élisabeth Beuvain, die Produktionsdirektorin. Schließlich die Kameramänner, die mitunter alleine in alle Welt gereist sind, um fast 300 Interviews zu filmen: Marc de Banville, der Gefährte langer Stunden im Flugzeug, Pascal Vasselin, Martin Blanchard, Didier Barral, Richard Puech und Alexandre Aufort. Ich danke auch Hervé Chabalier, dem Chef von CAPA, und Victor Rocaries von ARTE, dem Koproduzenten der Serie, John Morris für seine wertvollen Ratschläge, Michel Guerrin, dessen Buch über den Fotojournalismus sehr anregend für mich war, Vicki Goldberg, die ein faszinierendes Buch über "Die Macht der Bilder" geschrieben hat, dem Verleger Serge Malik, dem es zu verdanken ist, daß dieses Buch das Licht der Welt erblickt hat, dem Art director Michel Maidenberg, Luc Raimond alias Yvon, dem Verantwortlichen für die Herstellung, den Layoutern Charlotte Rooy und Gilles Guichané und all den anderen, die bereit waren, die Schätze ihres Gedächtnisses mit mir zu teilen.

Ich danke schließlich David, dem Vater meiner drei Kinder, der mich immer unterstützt hat, auch dann, als das Unterfangen auszuufern drohte ...

Marie-Monique Robin